소 소 한 즐 거 움 이 있 는 핸 드 메 이 드

처음 만드는 패브릭 상자

Lady Boutique Series No.3021 GYUNYUU PACK NO TEDZUKURI KOMONO
Copyright ⓒ2010 by BOUTIQUE-SHA, INC.
All rights reserved.
Original Japanese edition published by BOUTIQUE-SHA, INC.
Korean translation rights ⓒ2011 by Happy Dream Publishing co.
Korean translation rights arranged with BOUTIQUE-SHA, INC. Tokyo
through EntersKorea Co., Ltd. Seoul, Korea

처음 만드는 패브릭 상자

1판 1쇄 인쇄 2011년 4월 5일
1판 1쇄 발행 2011년 4월 11일

작품 제작_사이토 아키코 등
옮긴이_김현영
펴낸이_정원정, 김자영
편집_홍현숙
디자인_신지혜

펴낸곳_즐거운상상
주소_서울시 용산구 문배동 11-14 이안1차 101동 오피스텔 202호
전화_02-706-9452 | 팩스_02-706-9458 | 전자우편_happywitches@naver.com
출판등록_2001년 5월 7일
인쇄_백산하이테크

ISBN 978-89-92109-73-4
ISBN 978-89-92109-69-7(세트)

소소한 즐거움이 있는 핸드메이드

처음 만드는 패브릭 상자

my first fabric box

A to Z

즐거운상상

Prologue

패브릭 상자를 처음 만드는 분들을 위한 책입니다.

쉬운 설명과 풍부한 사진, 친절한 일러스트로 구성되어 있어

누구라도 쉽게 따라할 수 있습니다.

친환경적이면서도 튼튼한 우유팩으로 만드는 나만의 상자! 다양한 천을 붙이면

우유팩이라고는 상상도 하지 못할 정도로 멋진 작품이 탄생합니다.

우유팩에 붙일 천은 무엇이든 좋아요. 작아진 아이 옷, 입지 않는 옷도 활용해보세요.

오래도록 곁에 두고 싶은 멋진 친환경 소품이 탄생할 거예요.

우유팩으로 만드는 패브릭 상자, 같이 만들어볼까요?

c.o.n.t.e.n.t.s

Prologue _ 5

시작하기 전에 _ 8
기본 상자 만들어 보기 _ 12

꿀벌 장식 상자 _ 16
뚜껑을 열어둘 수 있는 네모 상자

귀여운 네모 상자 세트 _ 20
뚜껑을 열어둘 수 있는 네모 상자

납작한 상자 세트 _ 25
본체에 뚜껑이 달린 네모 상자

멋스러운 네모 상자 _ 29
본체에 뚜껑이 달린 네모 상자

리본 & 레이스 장식 상자 _ 33
뚜껑을 덮어씌우는 네모 상자

라운드 탑 네모 상자 _ 38
뚜껑이 곡선으로 처리된 네모 상자

로맨틱 둥근 상자 _ 46
뚜껑을 덮어씌우는 둥근 상자

앤티크 스타일 둥근 상자 _ 52
뚜껑이 딱 맞는 둥근 상자

손잡이가 있는 귀여운 바구니 _ 57
타원형 상자

모던 스타일 둥근 상자 _ 62
뚜껑을 덮어씌우는 타원형 상자

칸막이 수납 상자 _ 66
양쪽 손잡이가 있는 칸막이 상자

완소 러블리 상자 _ 70
양쪽 손잡이와 뚜껑이 있는 칸막이 상자

3단 서랍장 _ 77

미니 칸칸 서랍 _ 83

깔끔 수납 상자 _ 89

다용도 수납 정리함 _ 92

2단 수납 트레이 _ 97

트레이 & 미니 쓰레받기 _ 103

레이스 장식 보석함 _ 109

바느질함 & 줄자 케이스 _ 115

테이블 위의 수납 상자 _ 125

주방 잡화 수납 상자 _ 135

**빅 사이즈 수납통 &
미니 휴지통 _ 142**

요술 수납 상자 _ 151

네임택 & 카드지갑 _ 157

문패 & 메모꽂이 _ 164

팬시 테이블 _ 169

큐티 의자 _ 172

상자를 만들기 전에 꼭 읽어보세요.
필요한 도구와 깔끔하게 마무리하는 요령을 익힐 수 있습니다.

재료

우유팩
이 책에서는 주로 1,000㎖
우유팩을 사용해요.

천
리넨이나 면이 우유팩에
잘 붙어서 좋아요.

종이 · 접착 심
종이는 우유팩의 인쇄된 면을 가리거
나 도안을 대고 마름질할 때 사용해
요. 접착 심은 천에 붙여요. 작품을 더
견고하게 만들 때도 접착 심을 써요.

퀼트 솜
뚜껑을 푹신하고 봉긋하게
만들 때 사용해요.

도구

볼펜
우유팩에 선을 그을 때
사용해요.

자
치수를 재거나 선을 그을
때, 그리고 칼로 자를 때
사용해요.

커터
직선이나 세심한 부분을
잘라낼 때 사용해요.

가위
우유팩이나 천을 오릴 때 사
용해요. 두꺼운 종이와 천을
모두 자를 수 있는 다용도 가
위가 좋아요(사진은 다용도
아루스Arusu 가위).

재단판
커터를 사용할 때 밑에
받쳐서 사용해요.

셀로판테이프 · 양면테이프
셀로판테이프는 우유팩을 고정할 때,
양면테이프는 종이나 천을 붙일 때
사용해요.

공예용 접착제
천을 붙일 때 사용해요.
물에 개어서 쓰세요.

작은 용기
접착제를 물에 갤 때
필요해요.

붓
접착제를 바르는 도구예요.
사용하고 나면 꼭 씻어두세요.

우유팩 씻기

식기용 세제로 바닥까지 깨끗하게 씻으세요.
다 씻고 나면 엎어서 말리세요.

도안 그리기

자로 치수를 재서 높이가 어긋나지 않게 선을 그어요.

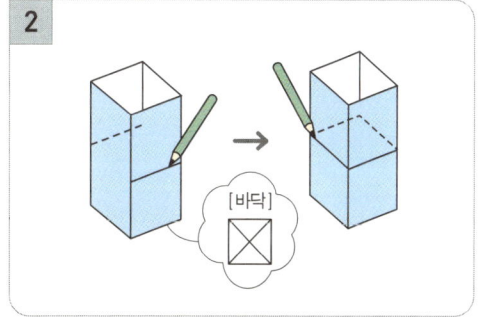

우유팩 밑바닥에는 삼각형의 접합부가 있어서 높이를
잴 때 주의해야 해요. 먼저 마주 보는 두 면의 높이를 재고
그 두 선을 연결하면 높이가 일정해져요.

도안 이용하기

먼저 종이에 본을 뜨고, 그것을 우유팩에 붙여서 그대로
따라 그리면 돼요.

우유팩 자르기 ＊ 커터로 자를 때

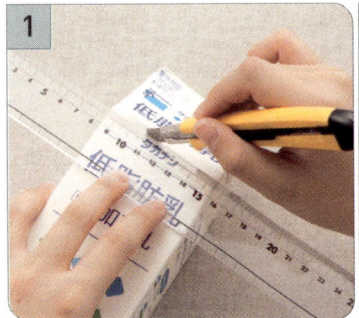

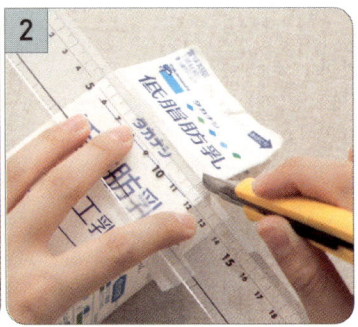

표시해둔 선에 자를 대고 잘라요. 셀로판 테이프로 자를 고정해두면 편리해요.

모서리는 마지막에 자르세요.

＊ 가위로 오릴 때

표시한 선을 따라 오립니다. 천천히 주의를 기울이며 오려야 해요.

우유팩의 인쇄 무늬가 비칠 때 ＊ 종이 붙이기

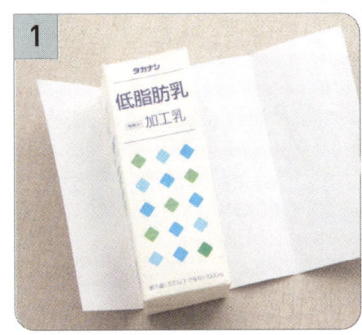

재단해둔 우유팩에 복사지나 흰색 종이를 붙여요. 재단해둔 우유팩 조각과 같은 크기로 잘라서 양면테이프나 접착제로 붙이세요.

＊ 접착 심 붙이기

천의 안쪽에 접착 심을 붙여요. 풀을 바른 면과 천을 맞대고 다리미 온도를 '중' 으로 맞춰서 지그시 눌러줍니다. 스팀은 꺼두세요.

천 붙이기 ＊ 상자 바깥쪽

접착제로 붙이고 나서 다림질을 하면 깔끔하게 붙어서 다음 과정으로 빨리 넘어갈 수 있어요.

우유팩 가장자리에 접착제를 바르고 시접을 붙입니다. 천을 붙일 땐 조금 당기는 느낌으로 붙이세요. 시접을 붙일 때는 우유팩 가장자리에 가지런하게 붙도록 신경 써야 해요.
※천을 자를 때는 시접 부분도 남겨 두어야 합니다.

접착제는 물에 개어서 붓으로 발라요. 얼룩이 지지 않도록 골고루 깔끔하게 바르세요.

✳ 상자 입구

모서리에 가윗밥을 넣고 시접에 접착제를 발라서 안쪽으로 접어 넣으세요.

✳ 상자 바닥

시접에 접착제를 발라서 바닥에 붙이세요.

귀퉁이는 삼각형으로
잘라내요.

✳ 조각에 붙이기

1

2㎝

재단해둔 천을 우유팩에 붙입니다. 접착제는 우유팩에 바르세요. 천의 귀퉁이는 2㎜ 남겨놓고 사선으로 자릅니다.

2

시접에 접착제를 바르고 우유팩을 감싸듯이 붙이세요.

✳ 곡선 처리하기

1

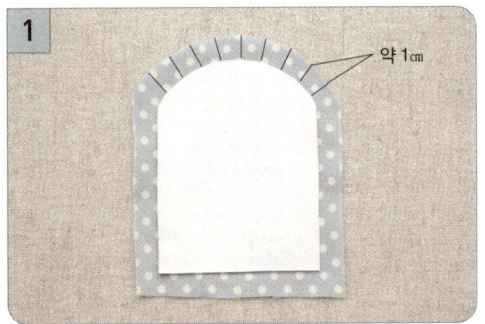

약 1㎝

시접에 약 1㎝ 간격으로 가윗밥을 넣으세요.

2

시접에 접착제를 바르고 조각을 감싸듯이 붙이세요.

상자 만들기 첫걸음입니다. 기본부터 시작해보세요. 29페이지 2번 작품을 예로 들었어요.

 준비물

① 우유팩(1,000㎖) 2개

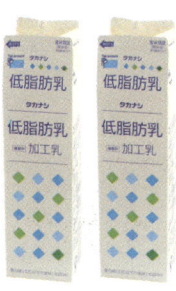

② 겉감(면 · 물방울무늬)
10×50㎝

③ 안감(면 · 꽃무늬)
10×60㎝

④ 퀼트 솜(두꺼운 것)
7×7㎝

⑤ 마 테이프(폭 13㎜) 5㎝

⑥ 레이스(폭 7㎜) 30㎝

⑦ 와펜(꽃) 1개

⑧ 재봉실

★ 우유팩 재단하기

우유팩 1

우유팩(1,000㎖)

7 A

우유팩 2

우유팩(1,000㎖)을 펼친 모습

7 B C C C

7

6.7 C C C C

6.7

★ 만드는 방법

우유팩을 자른다

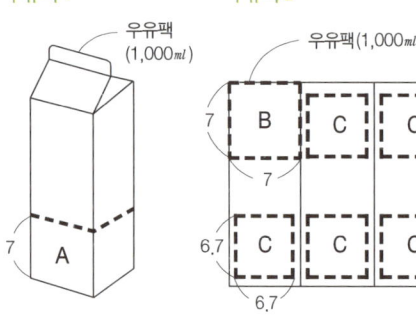

1

A B C

도안을 참고하여 우유팩을 잘라둡니다.

A(본체) 옆면에 겉감을 붙인다

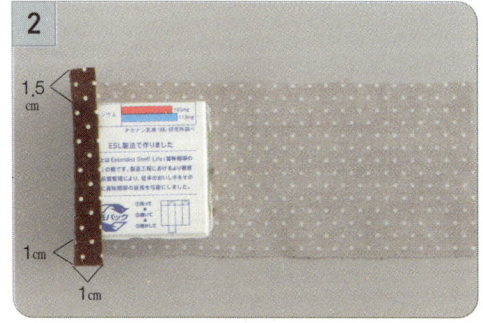

2

1.5㎝

1㎝

1㎝

입구 쪽으로 1.5㎝, 바닥 쪽으로 1㎝의 시접을 두고
겉감을 재단합니다. 천을 붙일 때는 천의 끝을 이웃한
면에 1㎝(시접) 붙이고서 시작합니다.

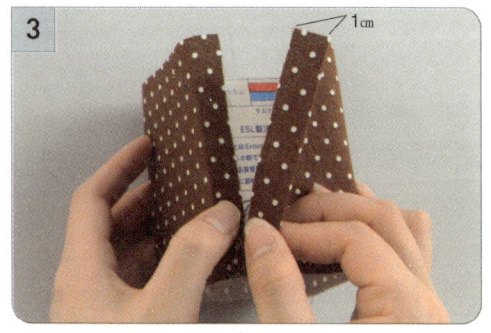

3

1㎝

우유팩에 접착제를 바르고 천을 붙입니다. 겉감의 마지막
1㎝는 접어서 우유팩의 모서리에 맞춥니다.

본체의 입구로 시접을 접어 넣는다

네 모서리에 가윗밥을 넣습니다.

시접에 접착제를 발라서 입구 안쪽으로 접어 넣습니다.

바닥에 시접을 붙인다

시접의 귀퉁이를 잘라내고, 접착제를 발라서 붙입니다.

바깥 바닥을 만든다

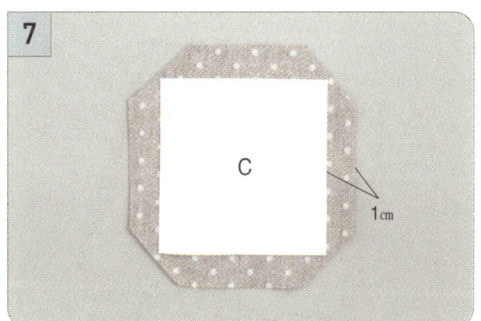

C에 접착제를 바르고, 시접이 1㎝인 겉감을 붙입니다.

시접에 접착제를 발라서 조각을 감싸듯이 붙입니다.

바깥 바닥을 붙인다

8에서 만든 바깥 바닥을 본체의 바닥에 접착제로 붙입니다.

내벽을 만든다

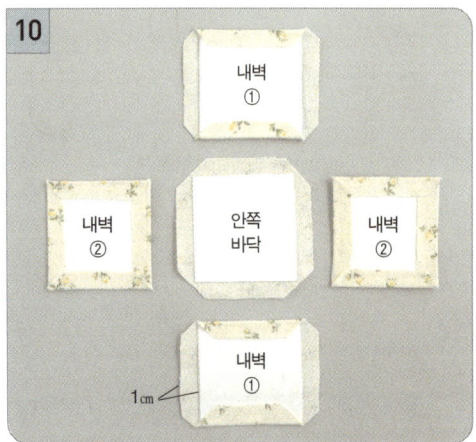

C에 시접이 1㎝인 안감을 붙입니다. 안쪽 바닥과
내벽①의 좌우 시접은 붙이지 않고 남겨둡니다.

안쪽 바닥을 붙인다

본체에 10에서 만든 안쪽 바닥을 접착제로 붙입니다.
남겨둔 시접은 본체 안쪽의 옆면에 붙입니다.

내벽을 붙인다

내벽①을 붙입니다. 좌우에 남겨둔 시접은 이웃한 옆면에
붙입니다.

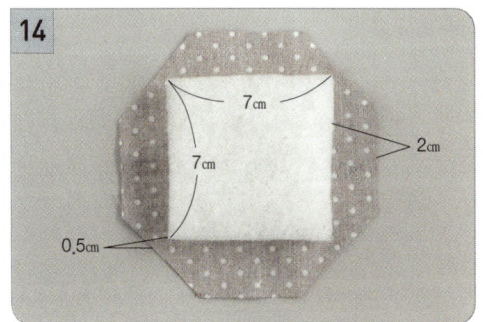

계속해서 내벽②를 붙입니다.

바깥 뚜껑을 만든다

시접이 2㎝인 겉감의 안쪽에 7㎝×7㎝로 자른 퀼트 솜을
얹습니다.

퀼트 솜 위에 B를 놓고, 그것을 감싸듯이 겉감을 접어
붙입니다.

안쪽 뚜껑을 만든다

시접이 1㎝인 안감을 C에 붙입니다.

바깥 뚜껑에 손잡이를 단다

1.5㎝

바깥 뚜껑에 반으로 접은 마 테이프를 강력접착제로 붙입니다.

바깥 뚜껑과 안쪽 뚜껑을 각 뚜껑의 안쪽이 만나도록 접착제로 붙입니다.

본체에 뚜껑을 단다

18에서 만든 뚜껑을 본체에 이어붙입니다.

※ 사진에서는 알기 쉽게 눈에 띄는 색을 골랐지만, 실제로 만들 때는 같은 계통의 실을 사용하세요.

장식한다

본체의 4면에 레이스를 두르고, 레이스의 이음매가 보이지 않도록 와펜을 붙여 가립니다.

뚜껑 달린 네모상자 완성!

꿀벌 장식 상자

* 뚜껑을 열어둘 수 있는 네모 상자

예스러운 느낌이 나는 정육면체 상자입니다. 청초한 꽃무늬 천은 아이가 어릴 때 입던 원피스예요. 뚜껑의 핀 턱(주름 장식)은 원피스의 디자인을 그대로 이용했습니다.

모스그린의 격자무늬 원단을 안감으로 사용했어요.

디자인 · 제작 / Atelier Kotori(사이토 아키코)

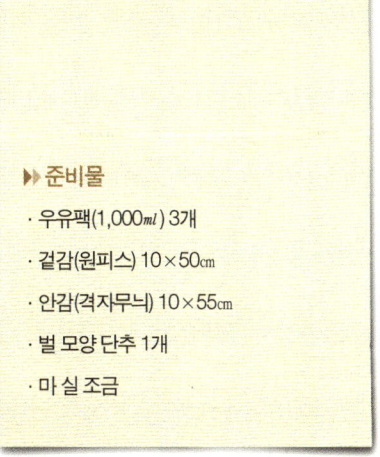

★ 우유팩 재단하기

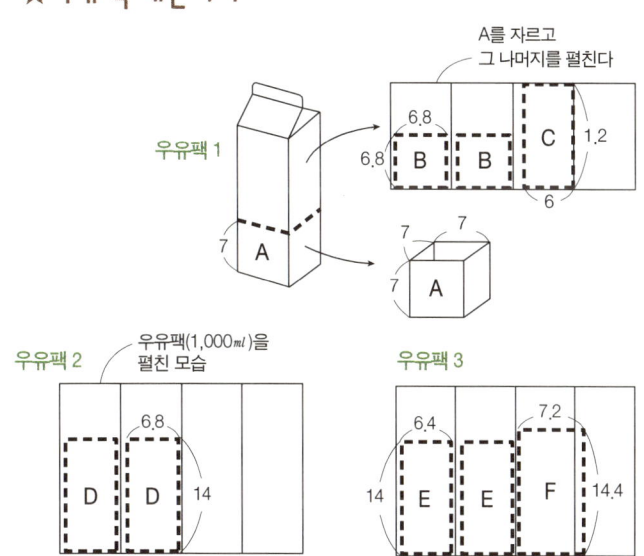

A를 자르고
그 나머지를 펼친다

우유팩 1

6.8
6.8 | B | B | C | 1.2
6

7 | A
7 | 7
7 | A

우유팩 2
우유팩(1,000㎖)을 펼친 모습
6.8
D | D | 14

우유팩 3
6.4 | 7.2
14 | E | E | F | 14.4

★ 만드는 방법

① A(본체)의 둘레에 겉감을 붙인다.

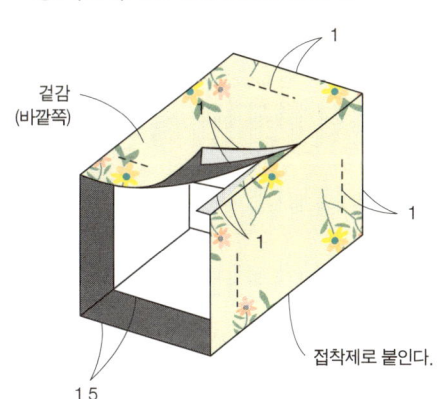

1

겉감
(바깥쪽)

1

1

접착제로 붙인다.

1.5

② 입구로 접어 넣는다.

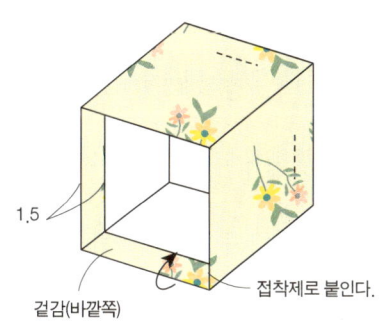

1.5

겉감(바깥쪽)

접착제로 붙인다.

③ 바닥에 시접을 붙인다.

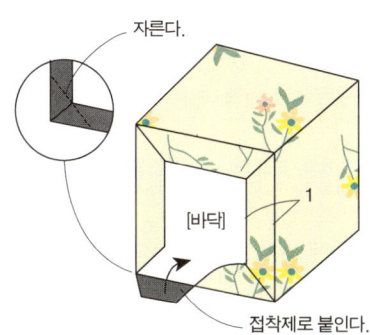

자른다.

[바닥]

1

접착제로 붙인다.

④ 바깥 바닥을 만든다.

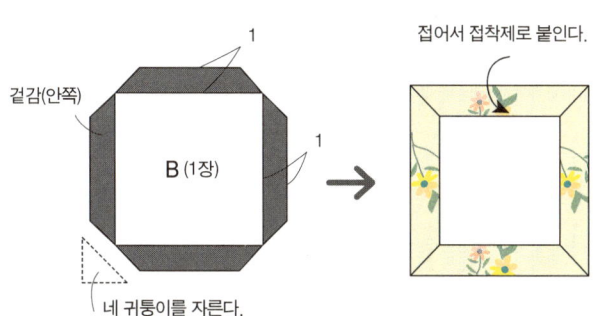

접어서 접착제로 붙인다.

1

겉감(안쪽)

1

B (1장)

→

네 귀퉁이를 자른다.

⑤ 본체에 바깥 바닥을 붙인다.

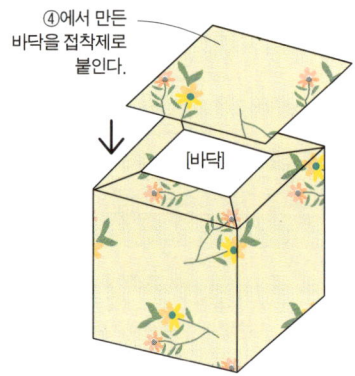

④에서 만든
바닥을 접착제로
붙인다.

[바닥]

⑥ C, D, E, F의 모든 조각을 반으로 접어
　 양면테이프로 붙인다.

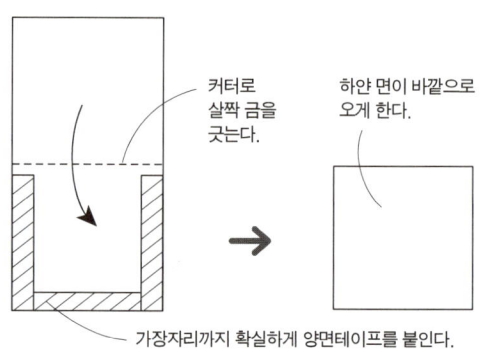

커터로
살짝 금을
긋는다.

하얀 면이 바깥으로
오게 한다.

가장자리까지 확실하게 양면테이프를 붙인다.

⑦ 본체의 내벽을 만든다.

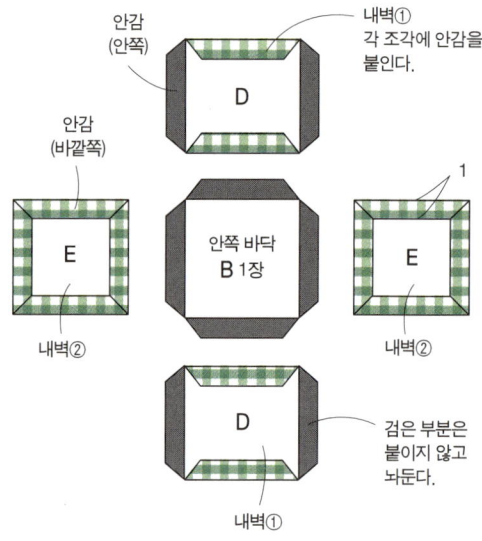

안감
(안쪽)

내벽①
각 조각에 안감을
붙인다.

D

안감
(바깥쪽)

E

1

E

내벽②

내벽②

안쪽 바닥
B 1장

D

검은 부분은
붙이지 않고
놔둔다.

내벽①

⑧ 본체에 안쪽 바닥을 붙인다.

시접은 본체 안쪽의 옆면에 붙인다.

⑨ 본체에 내벽을 붙인다.

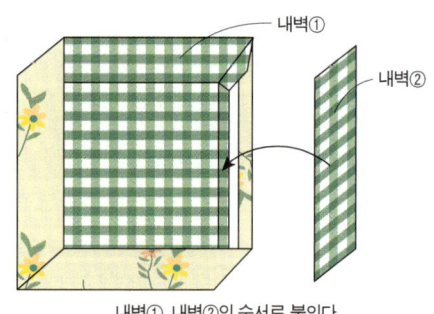

내벽①

내벽②

내벽①, 내벽②의 순서로 붙인다.

⑩ 바깥 바닥을 만든다.

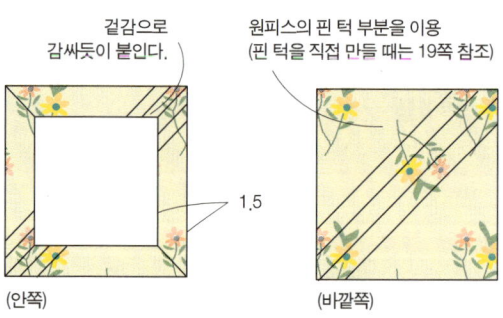

겉감으로
감싸듯이 붙인다.

원피스의 핀 턱 부분을 이용
(핀 턱을 직접 만들 때는 19쪽 참조)

1.5

(안쪽)

(바깥쪽)

⑪ 바깥 뚜껑에 단추를 단다.

안쪽

송곳으로 구멍을 뚫고 단추에 마 실을 꿰어 매듭을 짓는다.

단단히 매듭을 짓는다.

셀로판테이프

⑫ 안쪽 뚜껑을 만든다.

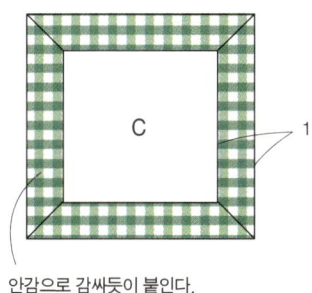

C

1

안감으로 감싸듯이 붙인다.

⑬ 바깥 뚜껑의 안쪽에 안쪽 뚜껑을 붙이면 완성.

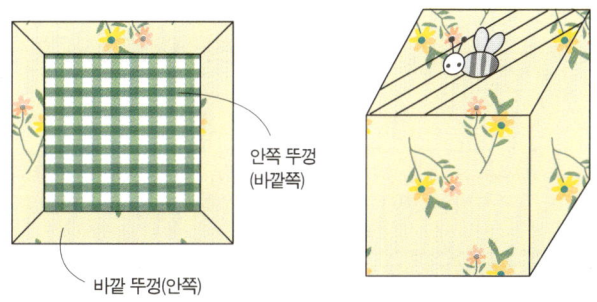

안쪽 뚜껑
(바깥쪽)

바깥 뚜껑(안쪽)

★ 핀 턱 만드는 방법

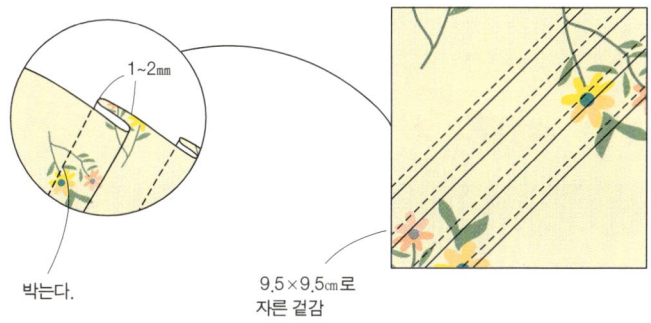

1~2㎜

박는다.

9.5×9.5㎝로
자른 겉감

귀여운 네모 상자 세트

* 뚜껑을 열어둘 수 있는 네모 상자

뚜껑에 퀼트 솜을 넣어 푹신하게 만들었습니다.
꽃무늬, 격자무늬, 물방울무늬를 넣은
귀엽고 깜찍한 상자들이랍니다.

안쪽에도 화려한 천을
사용했어요. 뚜껑의 모서리를
살짝 잘라내면 본체와 뚜껑이
따로 놀지 않아요.

디자인 · 제작 / Atelier Kotori(사이토 아키코)

▶▶ **준비물 (1개분)**

· 우유팩(1,000㎖) 3개

· **작품1** 천a(꽃무늬) 10×40㎝
　　　　천b(격자무늬) 10×65㎝
　　　　천c(물방울무늬) 10×10㎝

　작품2 천a(꽃무늬) 10×50㎝
　　　　천b(격자무늬 · 파란색) 10×50㎝
　　　　천c(물방울무늬) 10×10㎝
　　　　천d(격자무늬 · 초록색) 5×5㎝

　작품3 천a(꽃무늬) 10×40㎝
　　　　천b(물방울무늬 · 황록색) 10×40㎝
　　　　천c(격자무늬) 10×10㎝
　　　　천d(물방울무늬 · 분홍색) 10×25㎝

· 퀼트 솜(두꺼운 것) 10×10㎝

· 싸개 단추(지름 13㎜) 1개

· 철사 6㎝

★ **우유팩 재단하기**

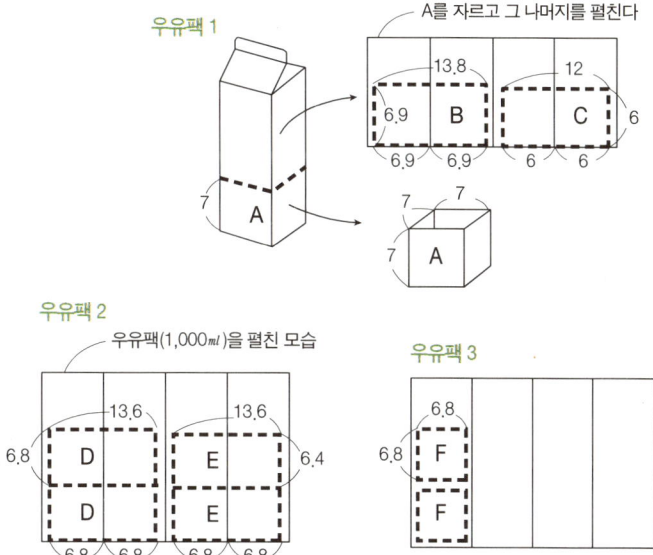

우유팩 1 — A를 자르고 그 나머지를 펼친다

우유팩 2 — 우유팩(1,000㎖)을 펼친 모습

우유팩 3

★ **만드는 방법**

① A(본체) 둘레에 천a를 붙인다.

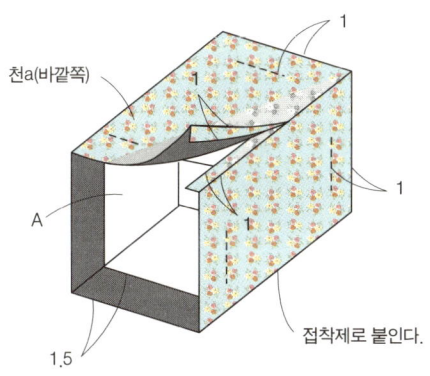

천a(바깥쪽)
A
접착제로 붙인다.
1.5

② 상자 입구의 안쪽으로 접어 넣는다.

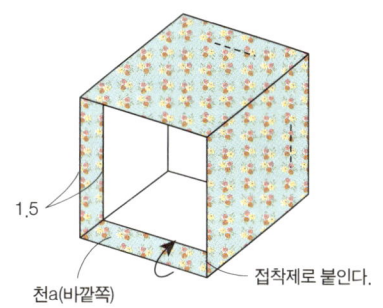

1.5
천a(바깥쪽)
접착제로 붙인다.

③ 바닥에 시접을 붙인다.

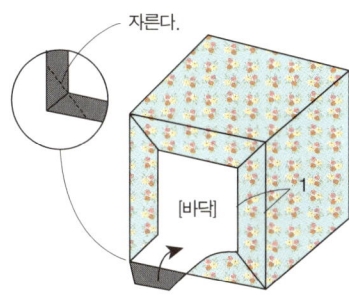

자른다.
[바닥]
1

④ 바깥 바닥을 만든다.

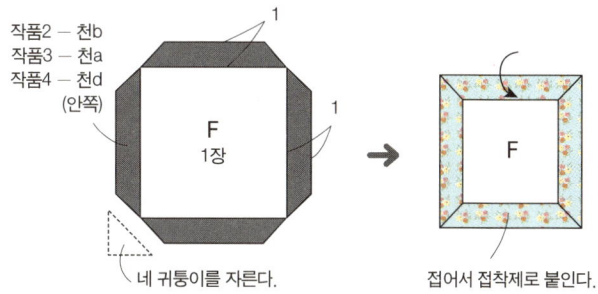

작품2 — 천b
작품3 — 천a
작품4 — 천d
(안쪽)
F
1장
네 귀퉁이를 자른다.
접어서 접착제로 붙인다.

⑤ 본체에 바깥 바닥을 붙인다.

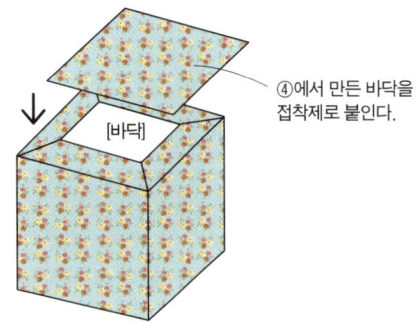

④에서 만든 바닥을 접착제로 붙인다.

[바닥]

⑥ B, C, D, E의 모든 조각을 반으로 접어 양면테이프로 붙인다.

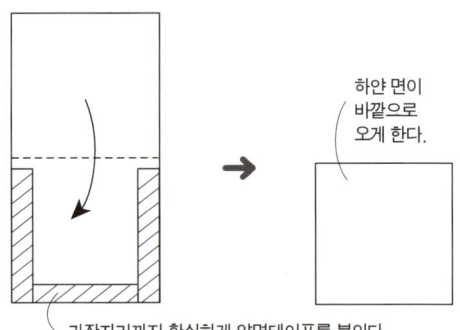

하얀 면이 바깥으로 오게 한다.

가장자리까지 확실하게 양면테이프를 붙인다.

⑦ 본체의 내벽을 만든다.

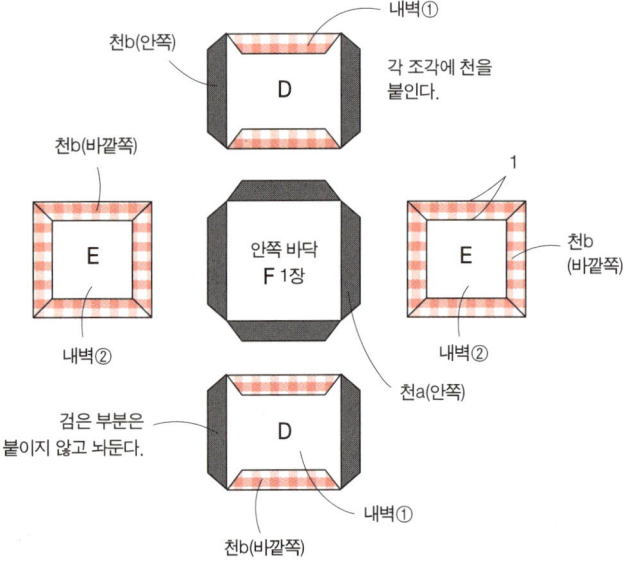

내벽①

천b(안쪽)

D

각 조각에 천을 붙인다.

천b(바깥쪽)

E

내벽②

안쪽 바닥 F 1장

1

E

천b (바깥쪽)

내벽②

천a(안쪽)

검은 부분은 붙이지 않고 놔둔다.

D

천b(바깥쪽)

내벽①

⑧ 본체에 안쪽 바닥을 붙인다.

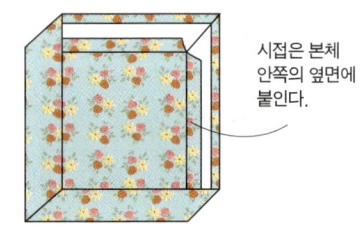

시접은 본체 안쪽의 옆면에 붙인다.

⑨ 본체에 내벽을 붙인다.

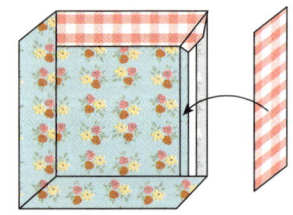

내벽①, 내벽②의 순서로 붙인다.

⑩ 바깥 뚜껑을 만든다.

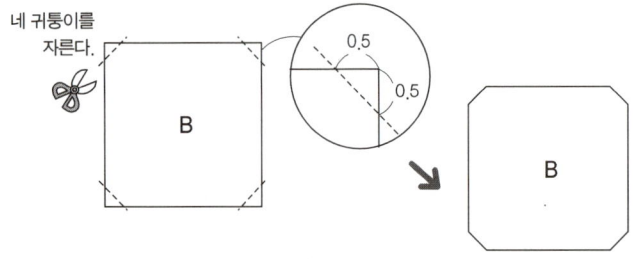

네 귀퉁이를 자른다.

B

0.5

0.5

B

⑪ B의 가장자리에 양면테이프를 붙이고 퀼트 솜을 얹는다.

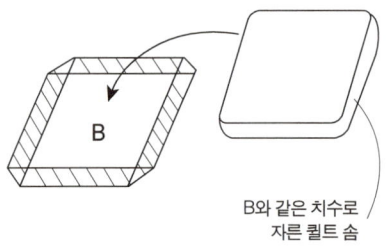

B

B와 같은 치수로 자른 퀼트 솜

⑫ B에 천c를 감싼다.

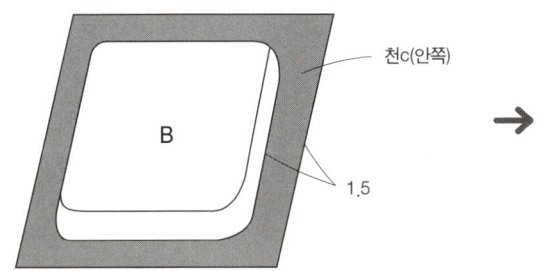

천c(안쪽)

1.5

네 귀퉁이를 접어 붙인다.

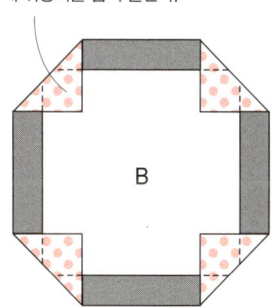

네 변을 접어 붙인다.

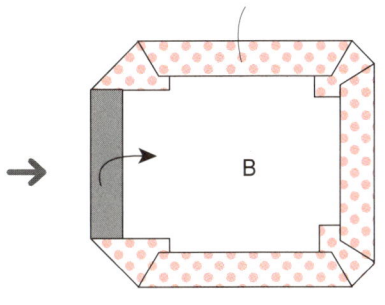

⑬ **바깥 뚜껑에 단추를 단다.**

싸개 단추를 만든다.

작품2 — 천b
작품3·4 — 천d

바깥 뚜껑의 중앙에 송곳으로 구멍을 뚫는다.

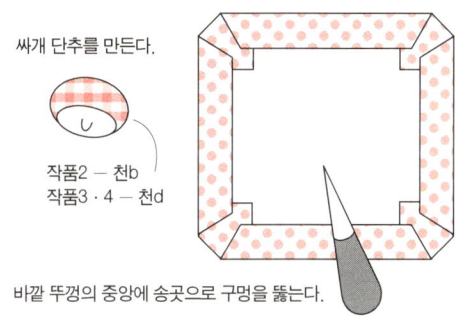

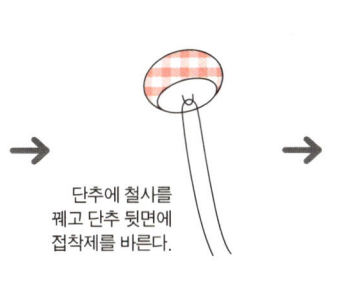

단추에 철사를
꿰고 단추 뒷면에
접착제를 바른다.

(바깥쪽)

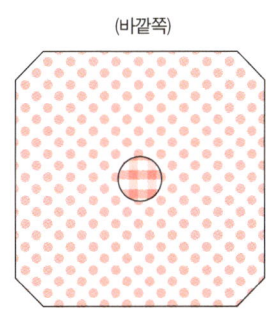

철사를 구멍에
통과시켜서
꼰 다음 좌우로
펼친다.

(안쪽)

셀로판테이프

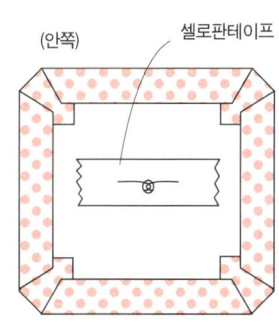

⑭ 안쪽 뚜껑을 만든다.

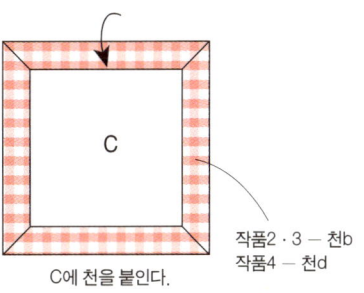

작품2·3 — 천b
작품4 — 천d

C에 천을 붙인다.

⑮ 바깥 뚜껑과 안쪽 뚜껑을 맞붙인다.

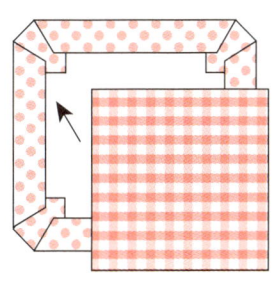

⑯ 본체에 뚜껑을 얹으면 완성.

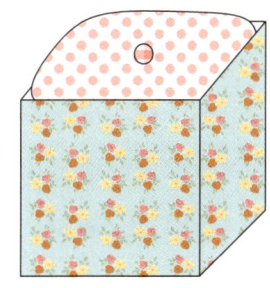

★ 천을 배합하는 방법

작품 1

천b(격자무늬)
천c(물방울무늬)
천a(꽃무늬)
천b(격자무늬)
안쪽 뚜껑
바깥 뚜껑

작품 2

천d(격자무늬 · 초록색)
천c(물방울무늬)
천a(꽃무늬)
천b(격자무늬 · 파란색)
안쪽 뚜껑
바깥 뚜껑

작품 3

천d(물방울 · 분홍색)
천c(격자무늬)
천a(꽃무늬)
천b(물방울무늬 · 황록색)
천d(물방울무늬 · 분홍색)
안쪽 뚜껑
바깥 뚜껑

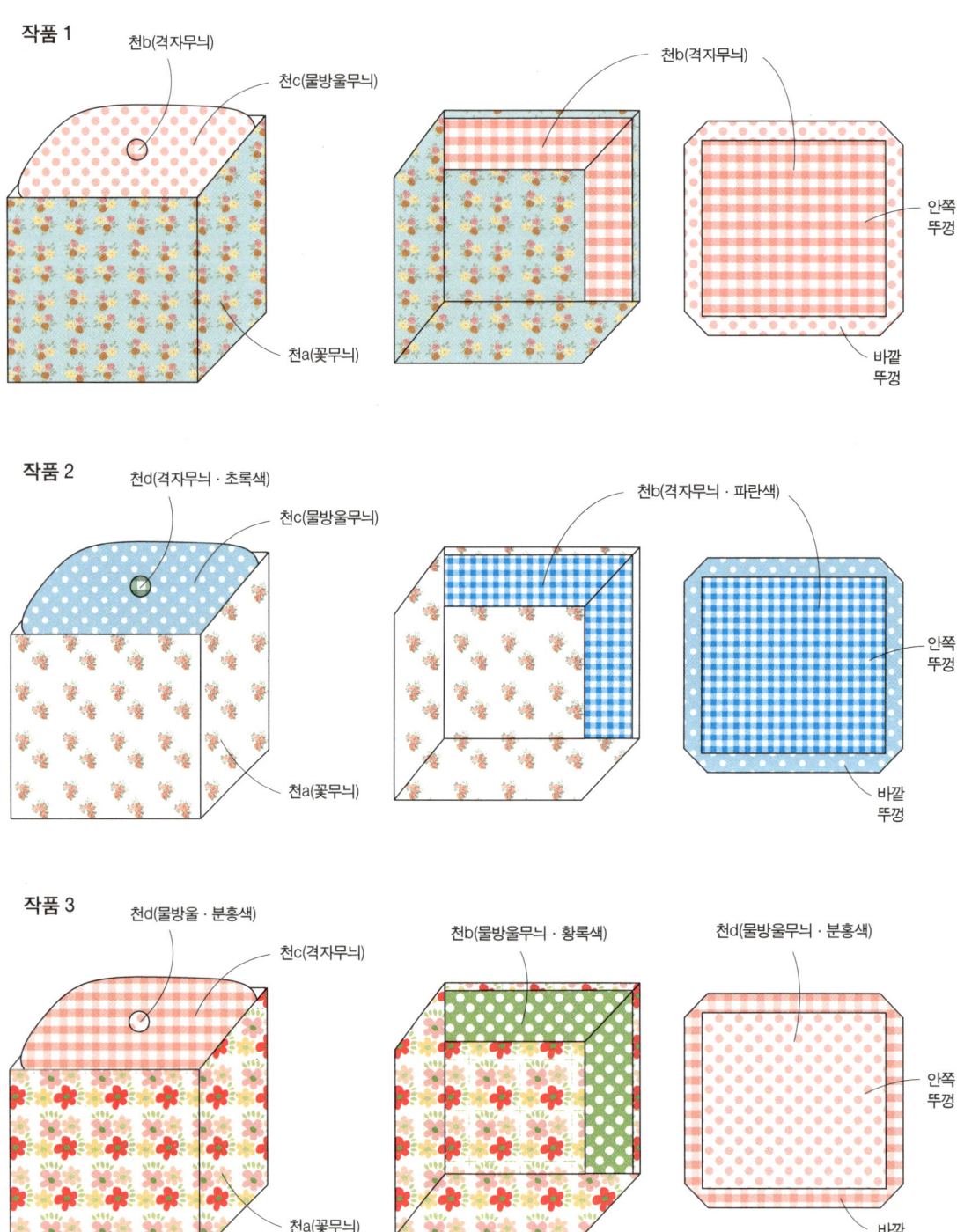

납작한 상자 세트

* 본체에 뚜껑이 달린 네모 상자

작고 나지막해서 쓰기 편한 네모 상자입니다.
여닫기가 편해서 액세서리같은
작은 소품을 넣어두기 좋아요.

1

2

상자의 겉감이 꽃무늬면
안감은 민무늬로,
상자의 겉감이 민무늬면
안감은 줄무늬로 해 보세요.

제작 / 니시무라 아키코

★ 우유팩 재단하기

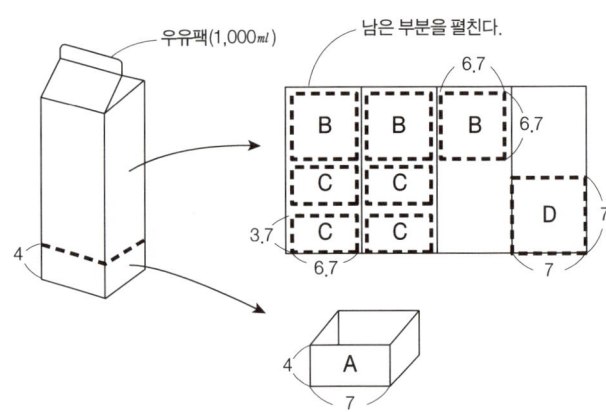

★ 만드는 방법

① A(본체)의 둘레에 겉감을 붙인다.

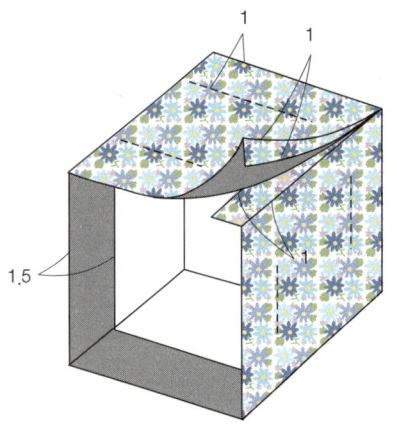

② 상자의 입구에 시접을 접어 넣는다.

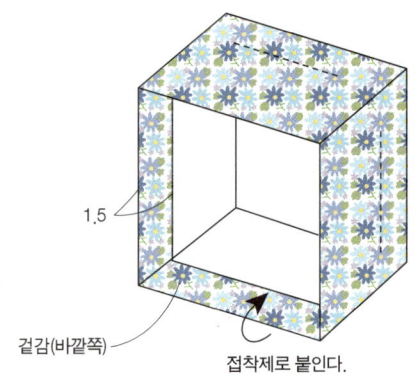

③ 바닥에 붙인다.

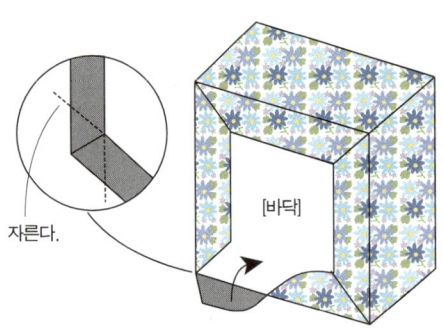

④ 바깥 바닥을 만든다.

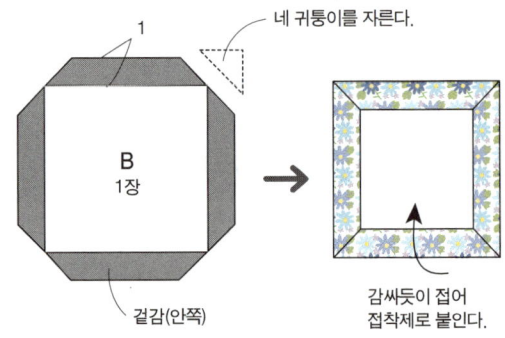

⑤ 본체에 바깥 바닥을 붙인다.

④에서 만든 바닥을
접착제로 붙인다.

[바닥]

⑥ 본체 내벽을 만든다.

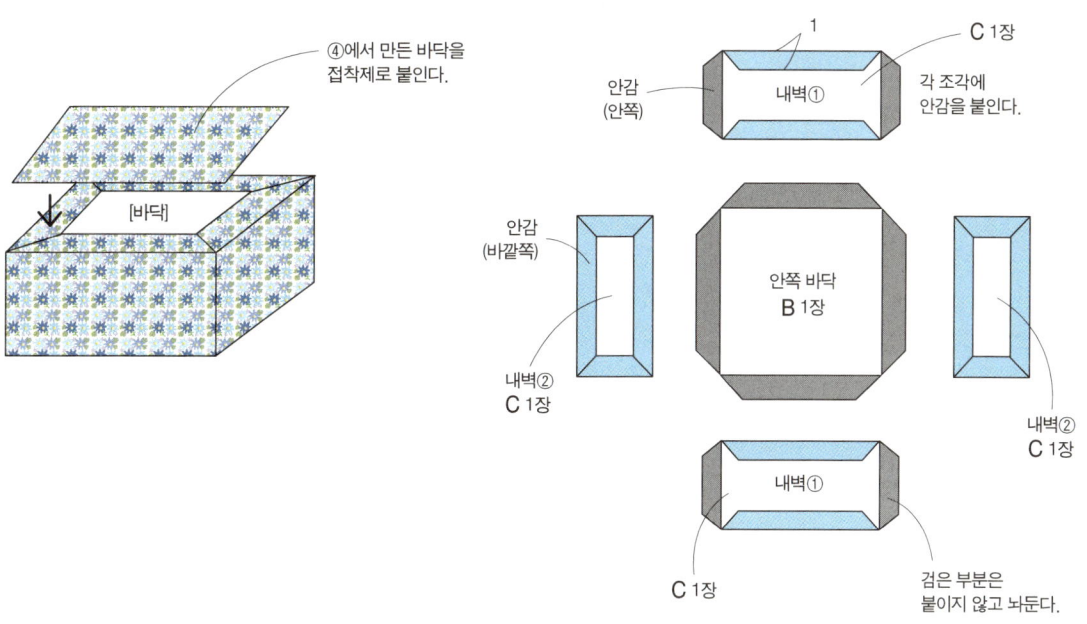

1
C 1장
안감
(안쪽)
내벽①
각 조각에
안감을 붙인다.

안감
(바깥쪽)
안쪽 바닥
B 1장

내벽②
C 1장

내벽②
C 1장

내벽①

C 1장

검은 부분은
붙이지 않고 놔둔다.

⑦ 본체에 안쪽 바닥을 붙인다.

시접은 본체의
안쪽 옆면에 붙인다.

⑧ 본체에 내벽을 붙인다.

내벽①, 내벽②의 순서로 붙인다.

⑨ 바깥 뚜껑과 안쪽 뚜껑을 만든다.

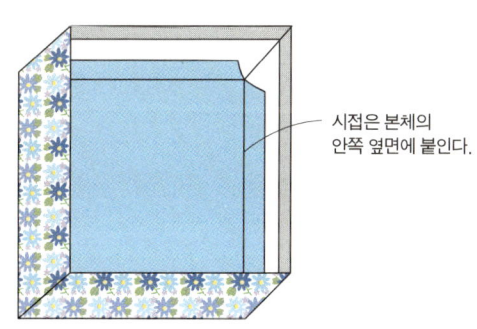

바깥 뚜껑
D

1

각각의 천으로
감싸듯이 붙인다.

→

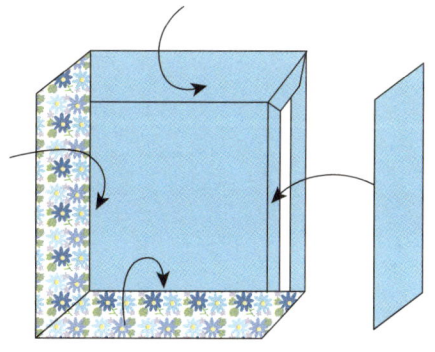

안쪽 뚜껑
B 1장

1

겉감(바깥쪽)

안감(바깥쪽)

⑩ 바깥 뚜껑과 안쪽 뚜껑을 맞붙인다.

반으로 접은 마 테이프를
접착제로 붙인다.

1.5   1

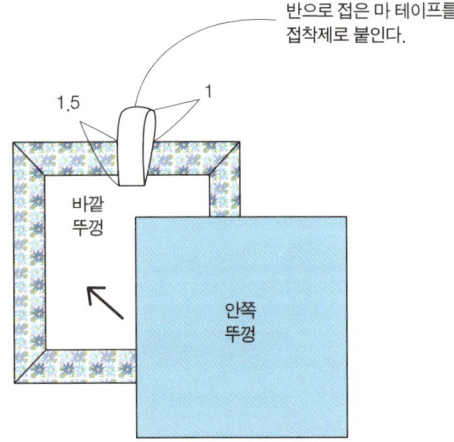

바깥
뚜껑

안쪽
뚜껑

⑪ 본체에 뚜껑을 단다.

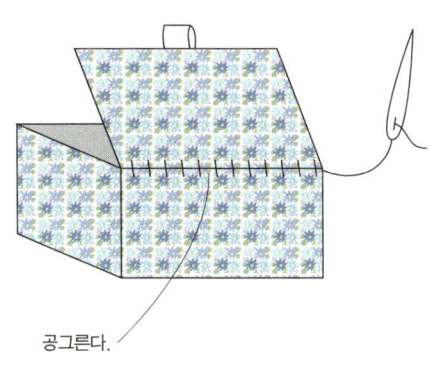

공그른다.

⑫ 완성.

작품1

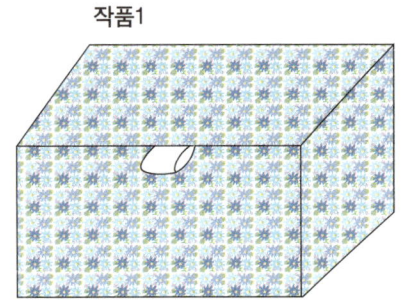

작품2

작품2는 옆면에 레이스를 둘러 장식한다.

뚜껑을 열면
안감 특유의 분위기가
살아나요.

멋스러운 네모 상자

＊ 본체에 뚜껑이 달린 네모 상자

직사각형 상자와 정사각형 상자에 퀼트 솜을 넣은 뚜껑을 달아
부드러운 느낌이 들어요. 와펜과 레이스로 앙증맞게 장식해보았어요.
뚜껑을 열면 더 멋스러워요.

1

2

제작 / 니시무라 아키코

★ 우유팩 재단하기

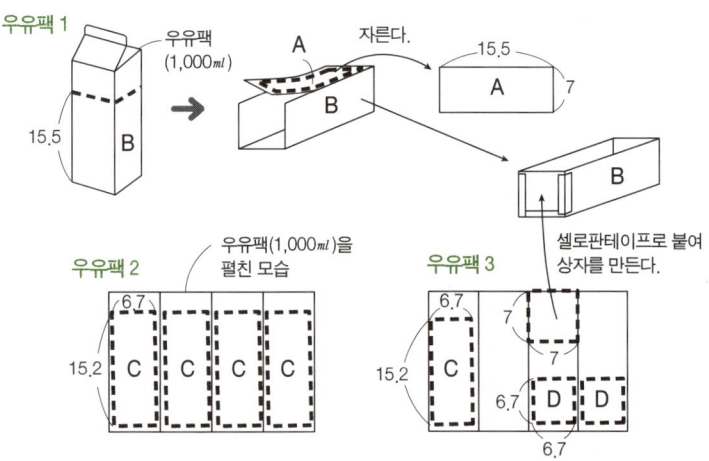

우유팩 1

우유팩(1,000㎖)

자른다.

A

15.5

B

B

15.5

A

7

셀로판테이프로 붙여 상자를 만든다.

B

우유팩 2

우유팩(1,000㎖)을 펼친 모습

6.7

15.2

C C C C

우유팩 3

6.7

15.2

C

7

7

7

6.7

D D

6.7

★ 만드는 방법

① B의 둘레에 겉감을 붙인다.

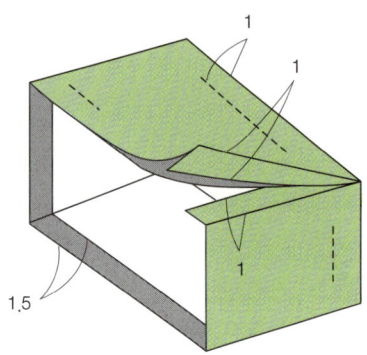

1

1

1

1.5

② 상자의 입구에 시접을 접어 넣는다.

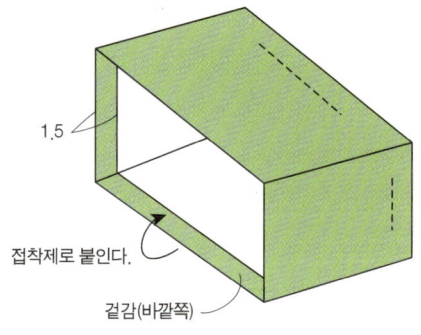

1.5

접착제로 붙인다.

겉감(바깥쪽)

③ 바닥에 시접을 붙인다.

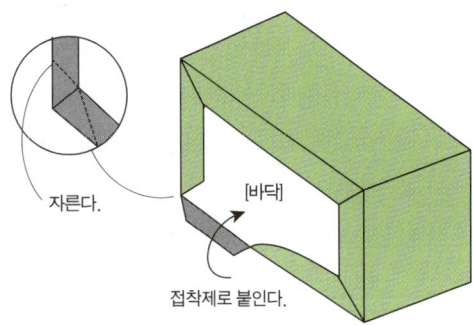

자른다.

[바닥]

접착제로 붙인다.

④ 바깥 바닥을 만든다.

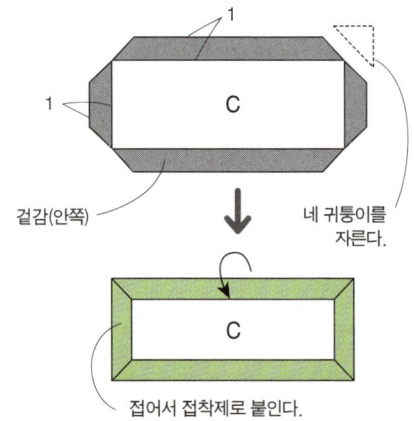

1

1

C

겉감(안쪽)

네 귀퉁이를 자른다.

C

접어서 접착제로 붙인다.

⑤ B에 바깥 바닥을 붙인다.

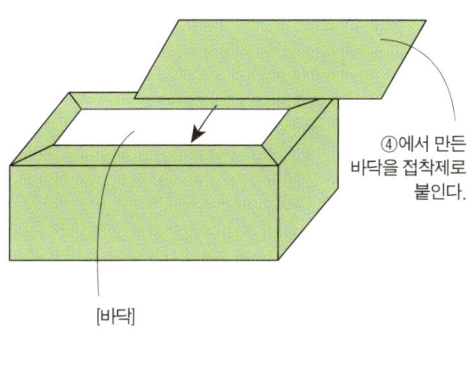

④에서 만든
바닥을 접착제로
붙인다.

[바닥]

⑥ 본체 내벽을 만든다.

각 조각에 안감을 붙인다.

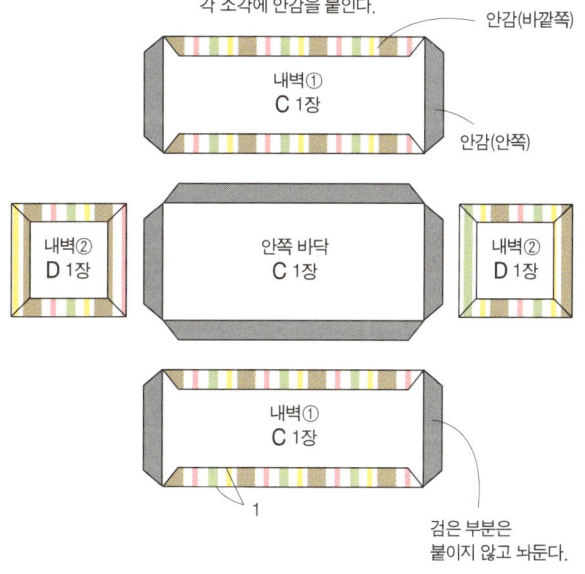

안감(바깥쪽)

내벽①
C 1장

안감(안쪽)

내벽②
D 1장

안쪽 바닥
C 1장

내벽②
D 1장

내벽①
C 1장

1

검은 부분은
붙이지 않고 놔둔다.

⑦ 본체에 안쪽 바닥을 붙인다.

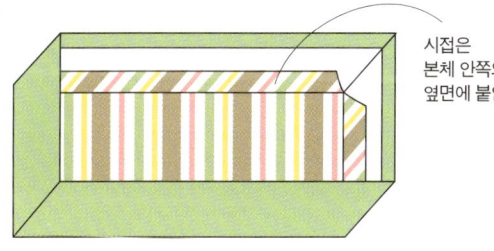

시접은
본체 안쪽의
옆면에 붙인다.

⑧ 본체에 내벽을 붙인다.

내벽①, 내벽②의 순서로 붙인다.

⑨ 바깥 뚜껑을 만든다.

얹는다.

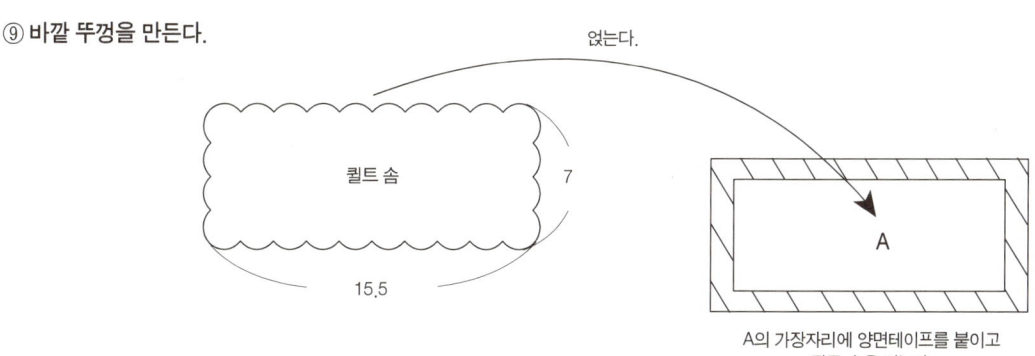

퀼트 솜

7

15.5

A

A의 가장자리에 양면테이프를 붙이고
퀼트 솜을 얹는다.

⑩ 뚜껑에 겉감천을 붙인다.

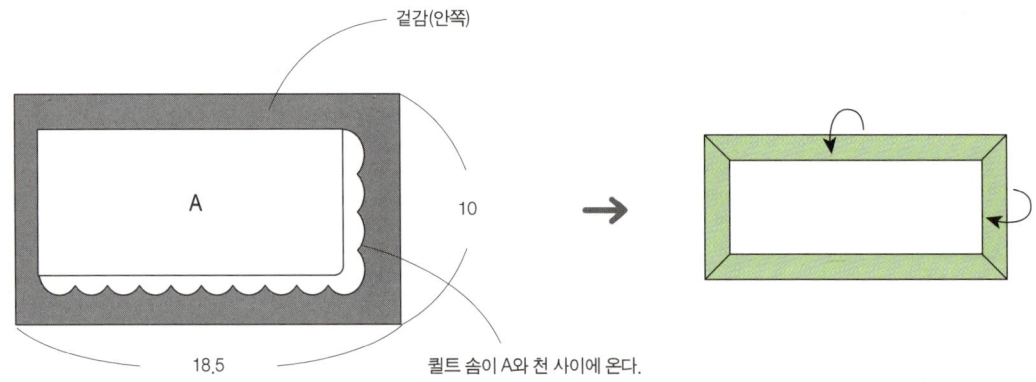

겉감(안쪽)

A

10

18.5

퀼트 솜이 A와 천 사이에 온다.

⑪ 안쪽 뚜껑을 만든다.

C에 안감을 붙인다.

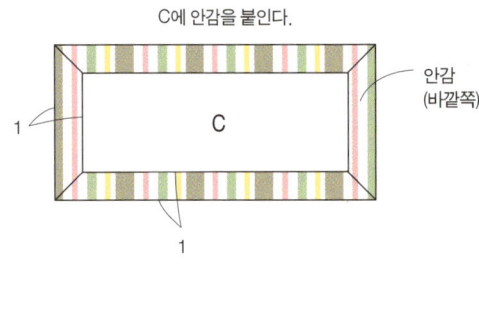

C

안감
(바깥쪽)

1

1

⑫ 바깥 뚜껑과 안쪽 뚜껑을 맞붙인다.

마 테이프를 반으로
접어 강력접착제로
붙인다.

1.5

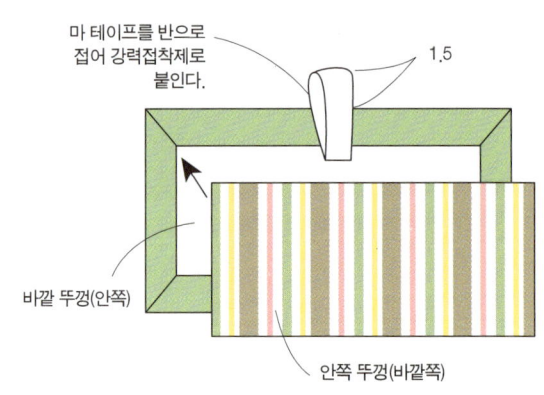

바깥 뚜껑(안쪽)

안쪽 뚜껑(바깥쪽)

⑬ 뚜껑을 단다.

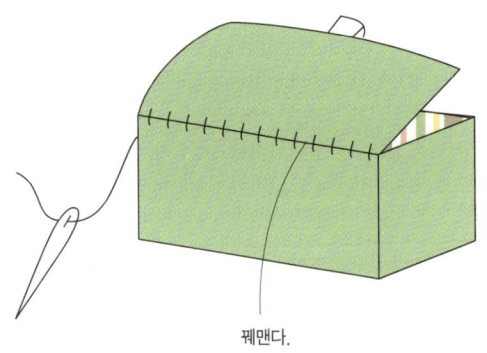

꿰맨다.

⑭ 와펜을 달면 완성.

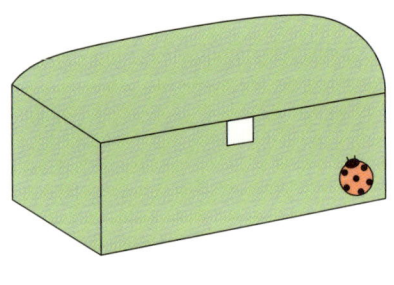

1

2

리본&레이스 장식 상자

* 뚜껑을 덮어씌우는 네모 상자

선명한 색의 천으로 강렬한 느낌을 주는 상자들이에요.
퀼트 솜이 들어간 뚜껑에 리본이나 레이스를 붙이면
선물용 상자로도 손색이 없어요.

상자 안쪽은
뚜껑의 천과 같은 천을
사용했어요.

▶▶ 준비물

(작품1)
- 우유팩(1,000㎖) 2개
- 천a(면 · 줄무늬) 10×40㎝
- 천b(면 · 민무늬) 20×50㎝
- 새틴 리본(폭 1.2㎝) 20㎝
- 퀼트 솜(가장 두꺼운 것) 7×7㎝

(작품2)
- 우유팩(1,000㎖) 2개
- 천a(면 · 민무늬) 20×50㎝
- 천b(면 · 꽃무늬) 10×40㎝
- 레이스(폭 15㎜) 15㎝
- 퀼트 솜(가장 두꺼운 것) 7×7㎝

★ 우유팩 재단하기

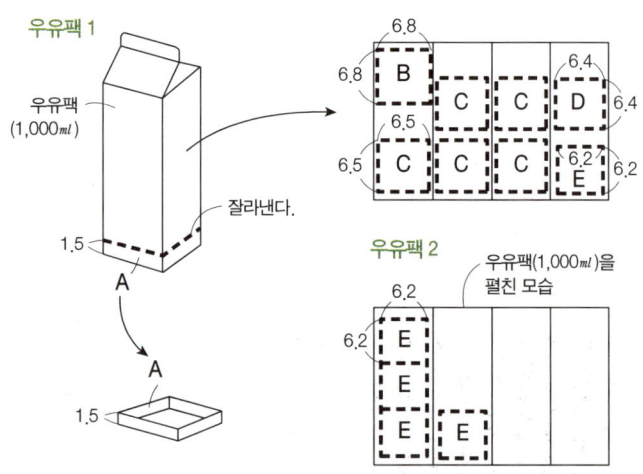

우유팩 1

우유팩 (1,000㎖)

1.5

A

잘라낸다.

A

1.5

우유팩 2

우유팩(1,000㎖)을 펼친 모습

★ 만드는 방법

① C 5장으로 본체를 조립한다.

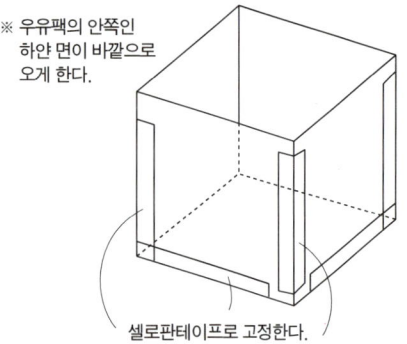

※ 우유팩의 안쪽인 하얀 면이 바깥으로 오게 한다.

셀로판테이프로 고정한다.

② 본체 둘레에 천a를 붙인다.

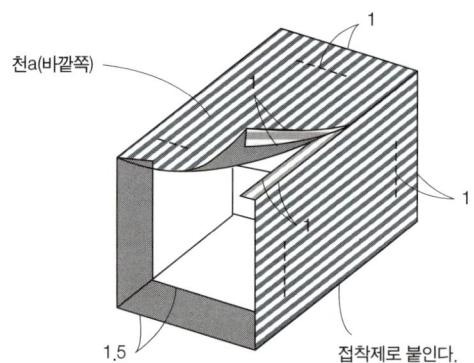

천a(바깥쪽)

1.5

1

1

접착제로 붙인다.

③ 시접을 입구에 접어 넣는다.

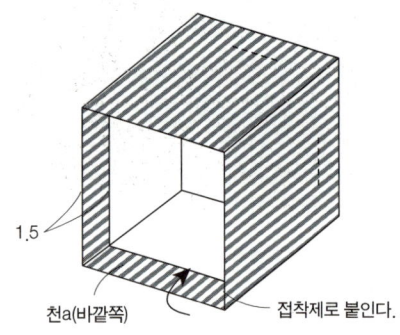

1.5

천a(바깥쪽)

접착제로 붙인다.

④ 바닥 부분에 접착제로 시접을 붙인다.

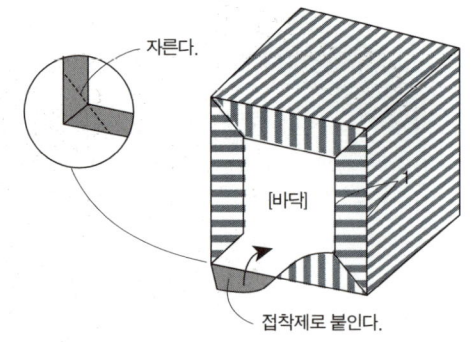

자른다.

[바닥]

접착제로 붙인다.

⑤ 바깥 바닥을 만든다.

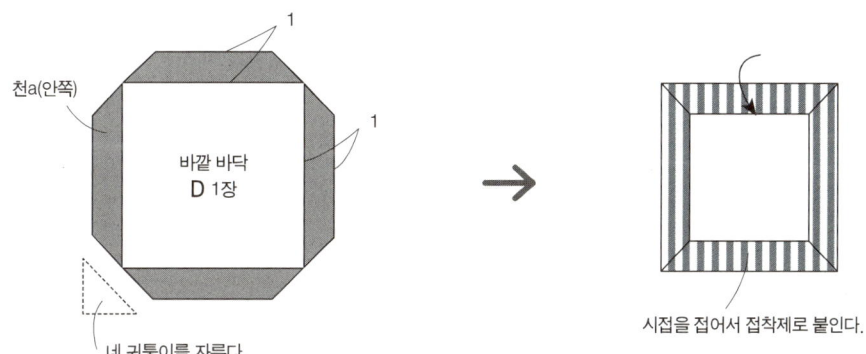

천a(안쪽)

1

1

바깥 바닥
D 1장

네 귀퉁이를 자른다.

시접을 접어서 접착제로 붙인다.

⑥ 본체에 바깥 바닥을 붙인다.

⑤에서 만든 바닥을
접착제로 붙인다.

[바닥]

⑦ 본체 내벽을 만든다.

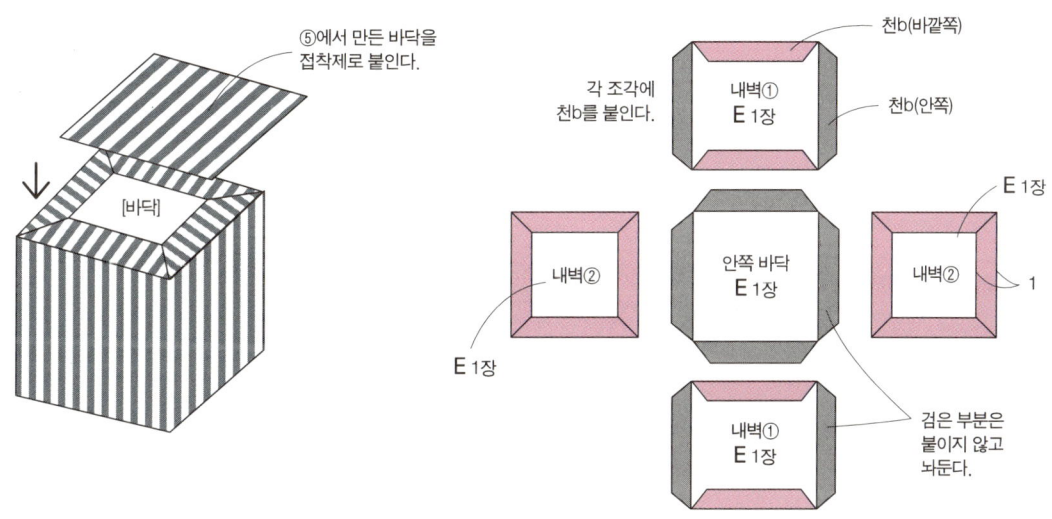

천b(바깥쪽)

내벽①
E 1장

천b(안쪽)

각 조각에
천b를 붙인다.

내벽②

안쪽 바닥
E 1장

E 1장

내벽②

1

E 1장

내벽①
E 1장

검은 부분은
붙이지 않고
놔둔다.

⑧ 본체에 안쪽 바닥을 붙인다.

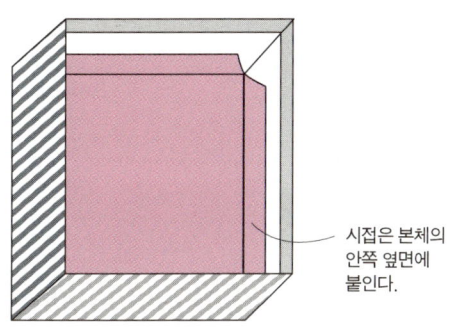

시접은 본체의
안쪽 옆면에
붙인다.

⑨ 본체에 내벽을 붙인다.

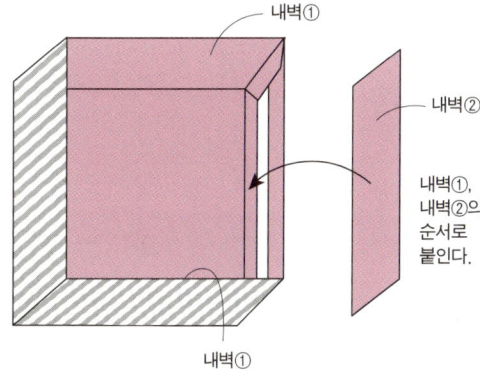

내벽①

내벽②

내벽①,
내벽②의
순서로
붙인다.

내벽①

⑩ 뚜껑 위에 퀼트 솜을 붙인다.

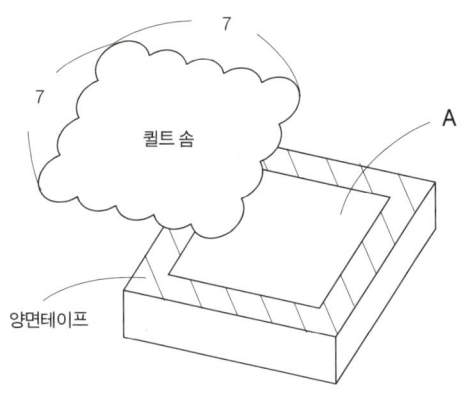

7

7

퀼트 솜

A

양면테이프

⑪ 뚜껑 윗부분에 천b를 붙인다.

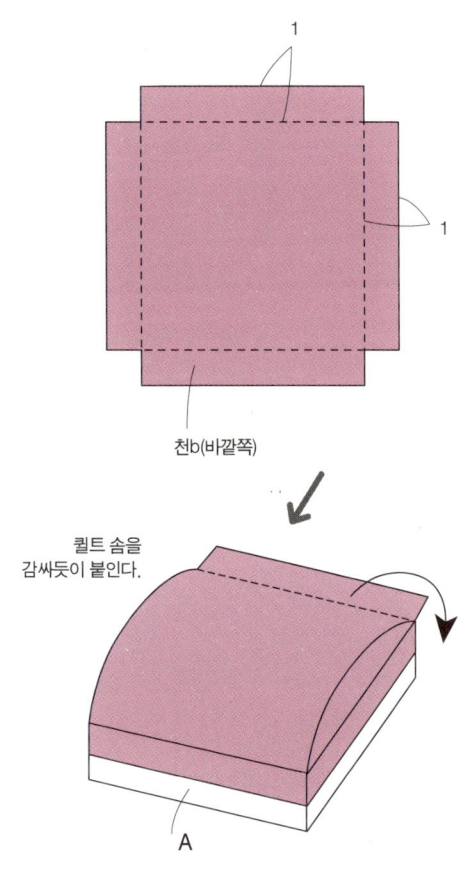

1

1

천b(바깥쪽)

퀼트 솜을
감싸듯이 붙인다.

A

⑫ 뚜껑 옆면에 천b를 붙인다.

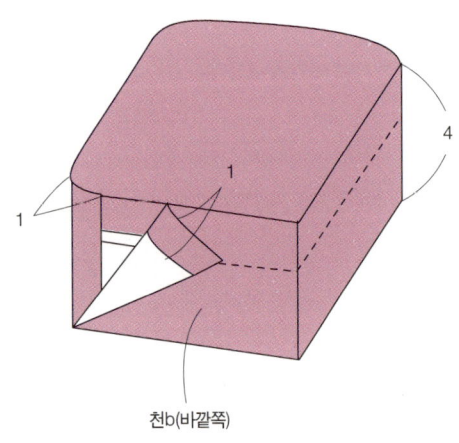

4

1

1

천b(바깥쪽)

⑬ 뚜껑 옆면의 시접을 안쪽으로 접어 넣는다.

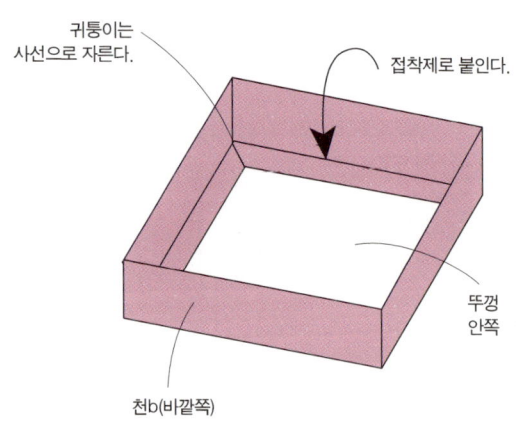

귀퉁이는
사선으로 자른다.

접착제로 붙인다.

뚜껑
안쪽

천b(바깥쪽)

⑭ 안쪽 천장을 만든다.

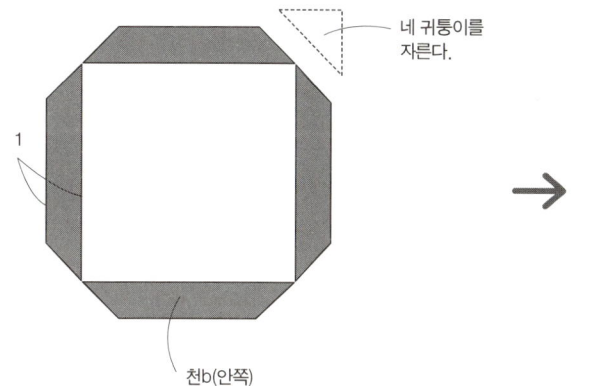

네 귀퉁이를 자른다.

1

천b(안쪽)

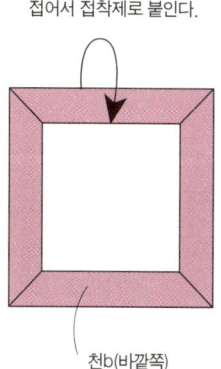

접어서 접착제로 붙인다.

천b(바깥쪽)

⑮ 뚜껑에 안쪽 천장을 붙인다.

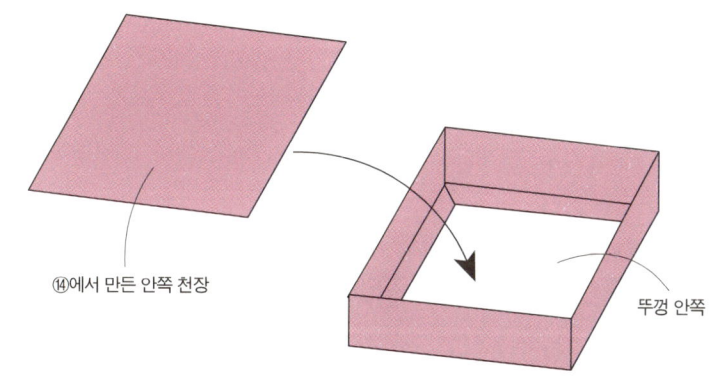

⑭에서 만든 안쪽 천장

뚜껑 안쪽

⑯ 뚜껑 위쪽에 장식을 달면 뚜껑이 있는 네모 상자 완성.

작품 1

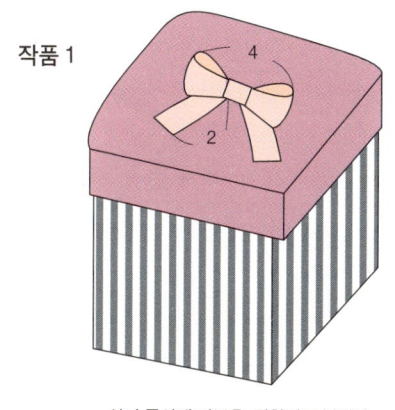

4

2

상자 중심에 리본을 접착제로 붙인다.

작품 2

레이스를 접착제로 붙인다.

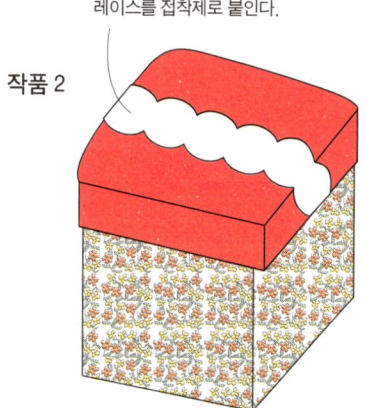

레이스의 끝은 안쪽으로 접어 넣어 붙인다.

1

2

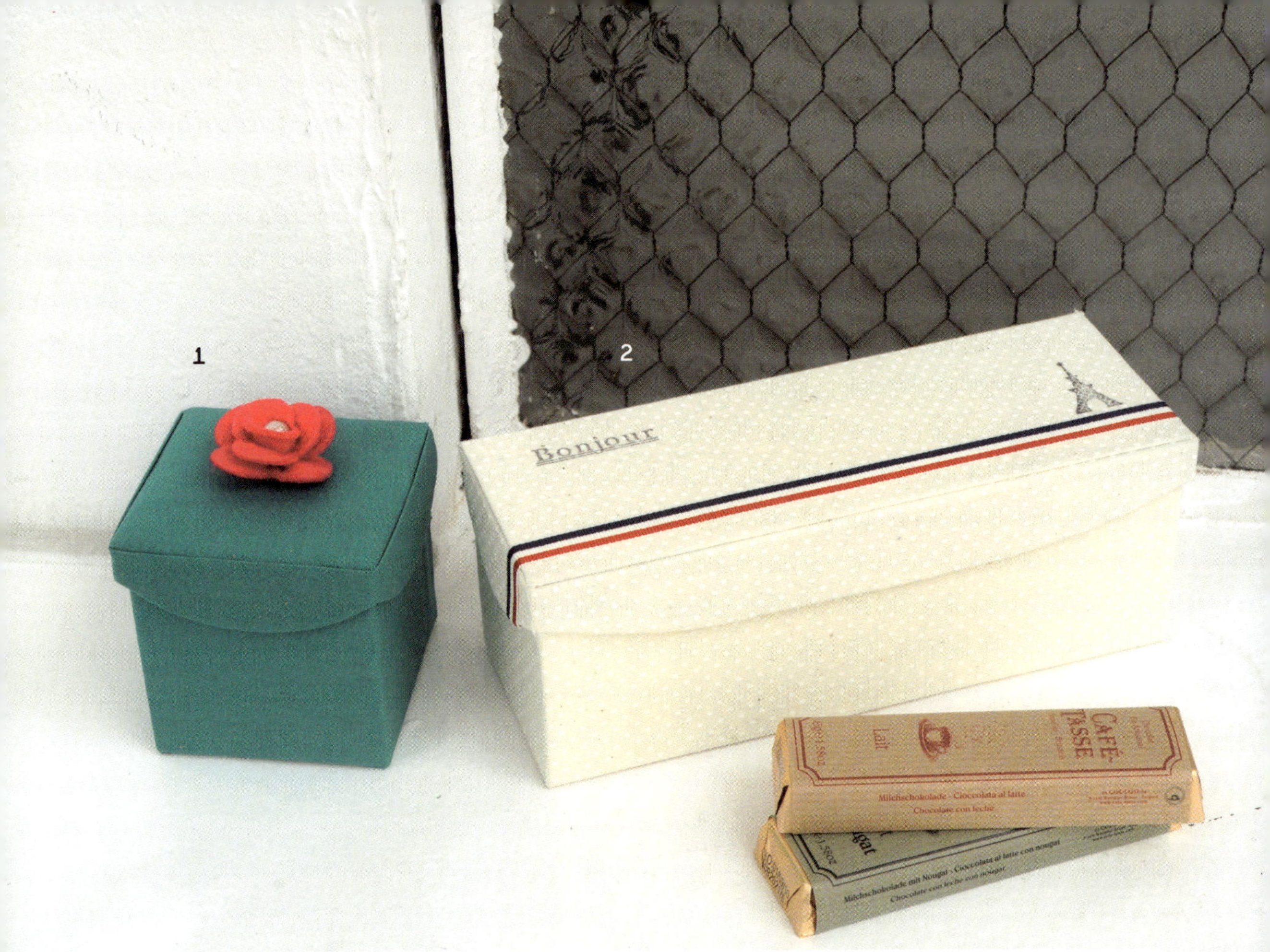

라운드 탑 네모 상자

* 뚜껑을 곡선으로 처리한 네모 상자

뚜껑의 가장자리를 곡선으로 처리해 멋스러운 상자예요. 터키블루색 상자에 빨간 장미가 장식된 1번 작품은 본체와 뚜껑이 하나로 이어져 있어요. 2번 작품에는 파리의 기념품이 들어 있을 것 같지 않나요? 뚜껑을 덮어씌우는 직사각형 상자랍니다.

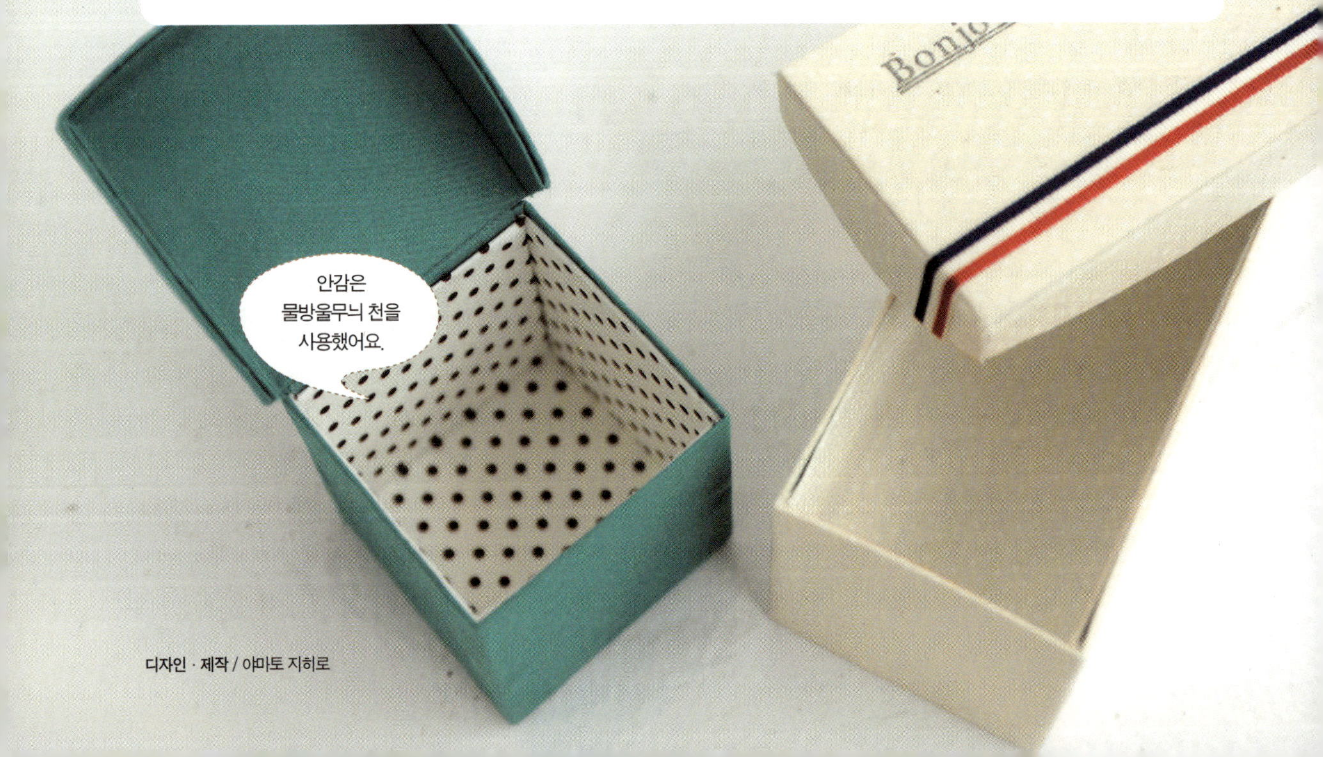

안감은 물방울무늬 천을 사용했어요.

디자인 · 제작 / 야마토 지히로

★ 우유팩 재단하기

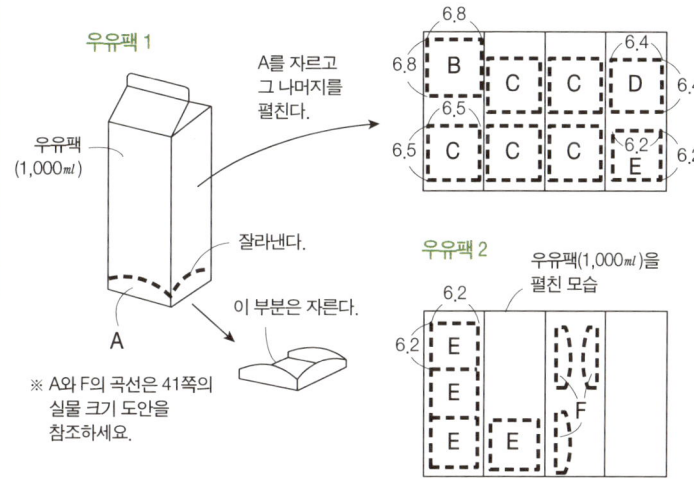

우유팩 1

우유팩
(1,000㎖)

A를 자르고
그 나머지를
펼친다.

잘라낸다.

이 부분은 자른다.

A

※ A와 F의 곡선은 41쪽의
실물 크기 도안을
참조하세요.

6.8

6.8 | B

6.5

6.5 | C

C | C | D

C | C

6.4

6.4

6.2

6.2 | E

우유팩 2

우유팩(1,000㎖)을
펼친 모습

6.2

6.2 | E

E

E | E

F

★ 만드는 방법

① ~ ⑧은 34~35쪽과 같아요.

⑨ 본체의 옆면에 천a를 붙인다.

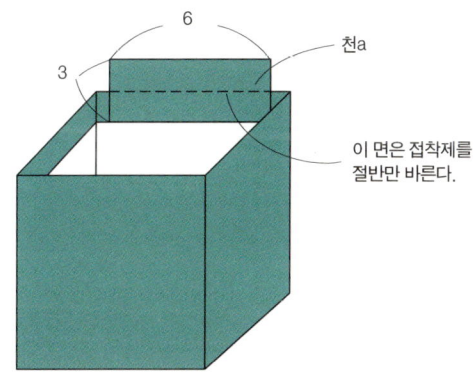

6

3

천a

이 면은 접착제를
절반만 바른다.

⑩ 본체에 내벽을 붙인다.

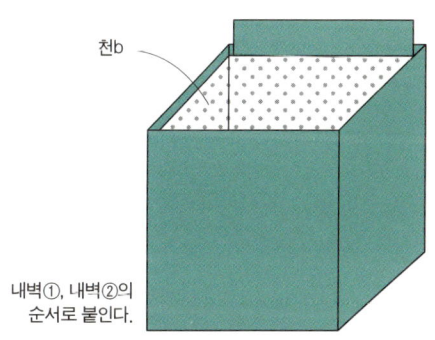

천b

내벽①, 내벽②의
순서로 붙인다.

⑪ 뚜껑 윗부분에 퀼트 솜을 붙인다.

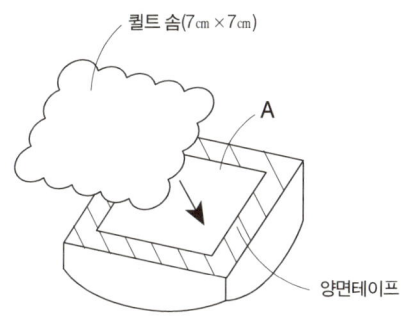

퀼트 솜(7㎝×7㎝)

A

양면테이프

⑫ 뚜껑 윗부분에 천a를 붙인다.

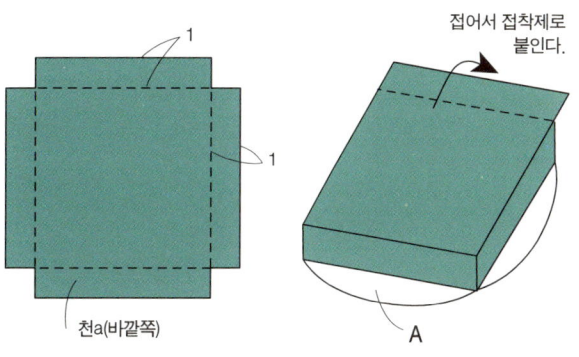

1

1

천a(바깥쪽)

접어서 접착제로
붙인다.

A

39

⑬ 뚜껑 옆면에 천a를 붙인다.

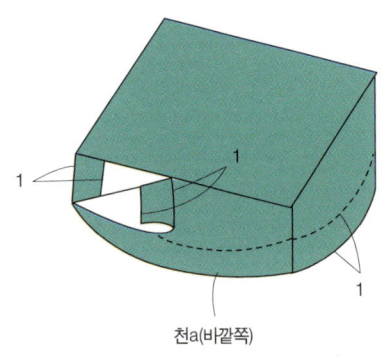

1
1
1
천a(바깥쪽)

⑭ 뚜껑 옆면의 시접을 접어 붙인다.

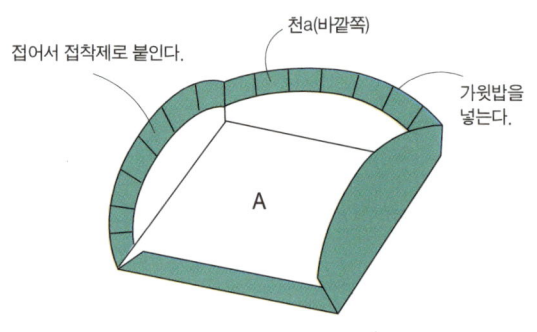

접어서 접착제로 붙인다.
천a(바깥쪽)
가윗밥을 넣는다.
A

⑮ 뚜껑의 내벽을 만든다.

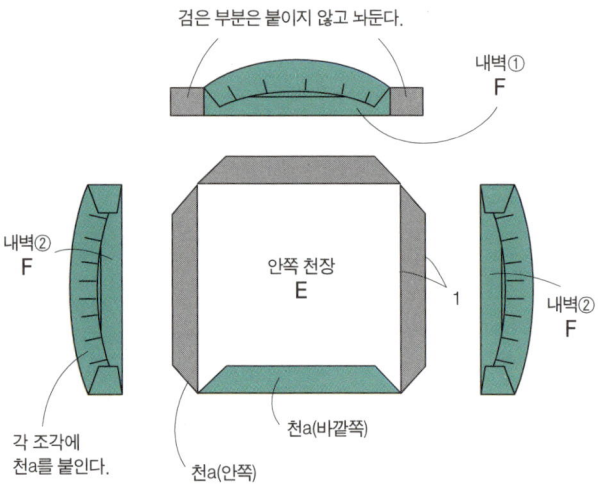

검은 부분은 붙이지 않고 놔둔다.
내벽①
F
내벽②
F
안쪽 천장
E
1
내벽②
F
각 조각에 천a를 붙인다.
천a(안쪽)
천a(바깥쪽)

⑯ 본체와 뚜껑을 이어 붙인다.

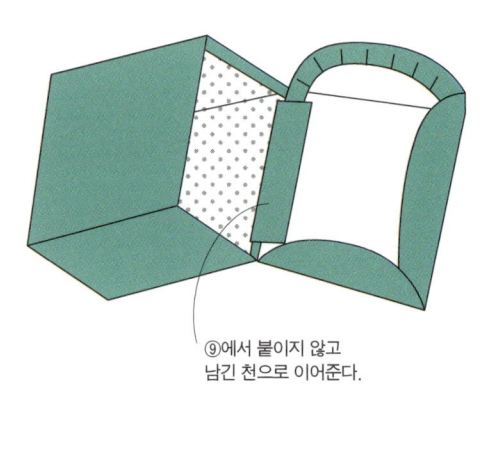

⑨에서 붙이지 않고 남긴 천으로 이어준다.

⑰ 뚜껑에 안쪽 천장을 붙인다.

⑱ 뚜껑에 내벽을 붙인다.

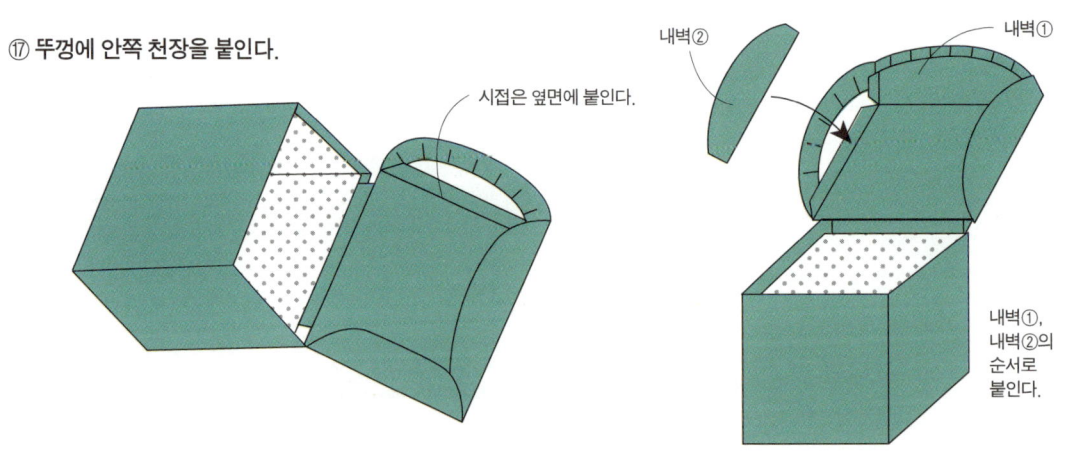

시접은 옆면에 붙인다.

내벽②
내벽①
내벽①, 내벽②의 순서로 붙인다.

⑲ 장미를 만들어 뚜껑 윗부분에 붙이면 완성.

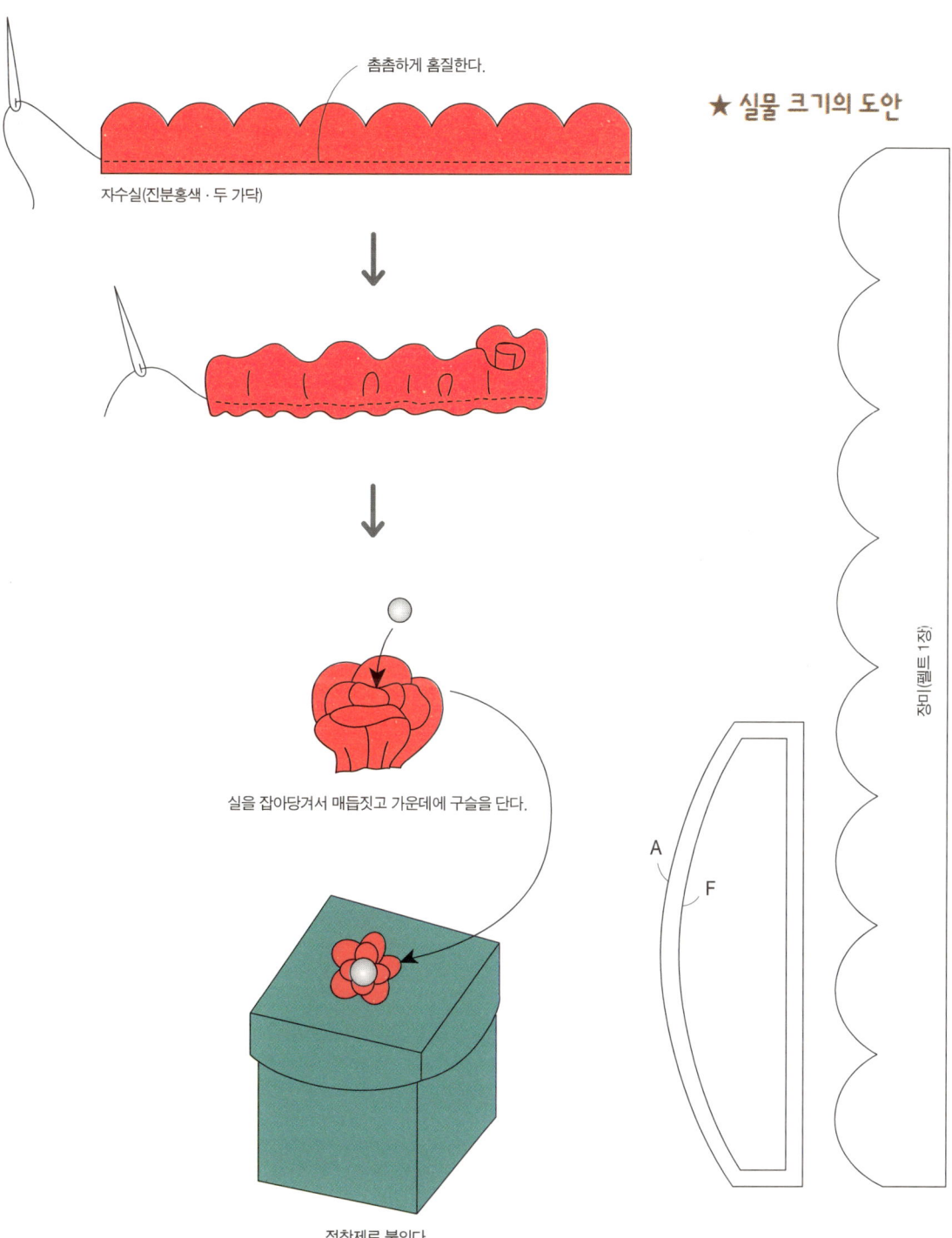

촘촘하게 홈질한다.

자수실(진분홍색 · 두 가닥)

실을 잡아당겨서 매듭짓고 가운데에 구슬을 단다.

접착제로 붙인다.

★ 실물 크기의 도안

장미(펠트 1장)

A

F

▶▶ 준비물 (작품2)

· 우유팩(1,000㎖) 4개
· 천(면 · 줄무늬) 40×80㎝
· 리본(폭 9㎜) 25㎝

★ 만드는 방법

① F 3장, G 2장으로 본체 사각상자를 만든다.

※ 우유팩의 하얀 면이 바깥으로 오게 한다.

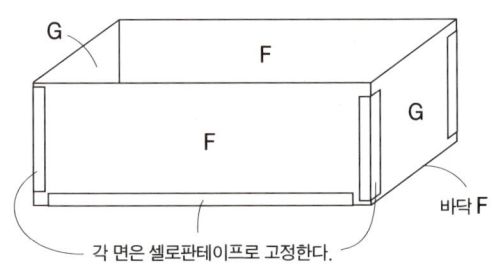

G

F

G

F

바닥 F

각 면은 셀로판테이프로 고정한다.

★ 우유팩 재단하기

※ A, B, C, D의 곡선은 45쪽 실물 크기의 도안을 참조하세요.

우유팩 1

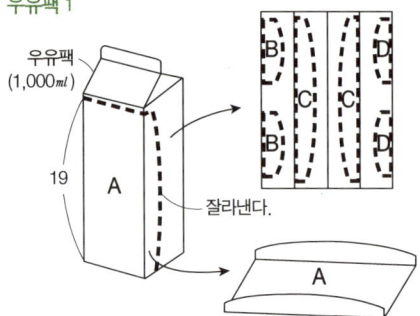

우유팩
(1,000㎖)

19

A

잘라낸다.

B
C
B
D
C
D

A

우유팩 2

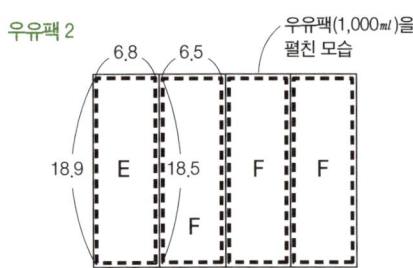

우유팩(1,000㎖)을
펼친 모습

6.8   6.5

18.9   E   18.5   F   F

F

② 본체 둘레에 천을 붙인다.

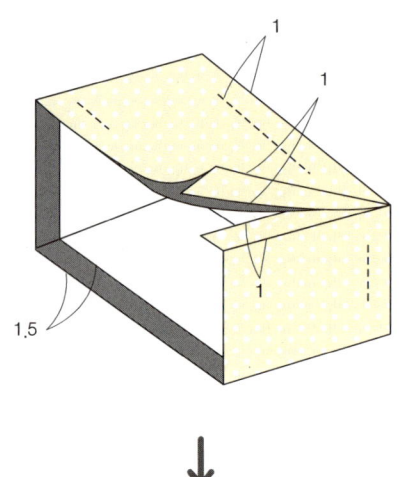

1
1
1
1.5

우유팩 3

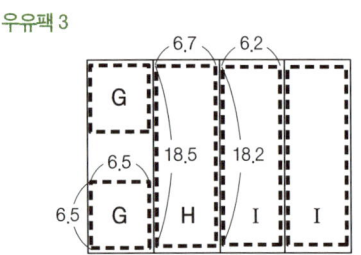

6.7   6.2

G

6.5   18.5   18.2

6.5   G   H   I   I

우유팩 4

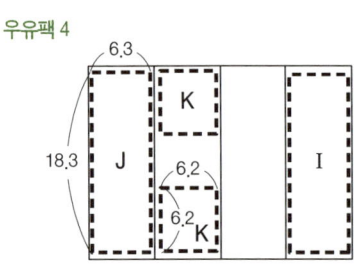

6.3

K

18.3   J   6.2   I

6.2   K

③ 입구로 접어 넣는다.

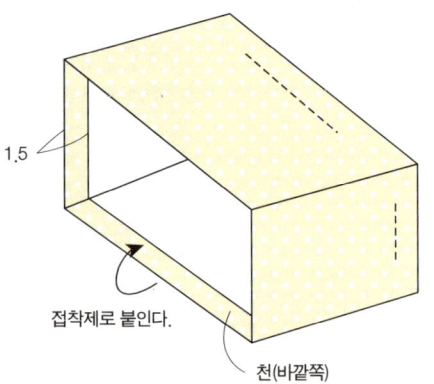

1.5

접착제로 붙인다.

천(바깥쪽)

④ 상자의 바닥에 시접을 붙인다.

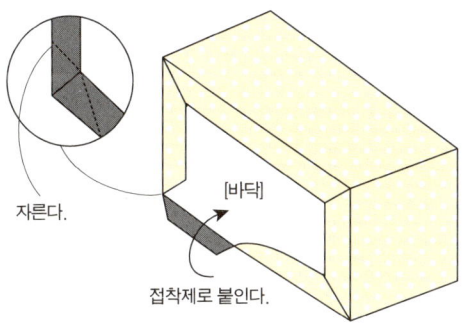

자른다.

[바닥]

접착제로 붙인다.

⑤ 바깥 바닥을 만든다.

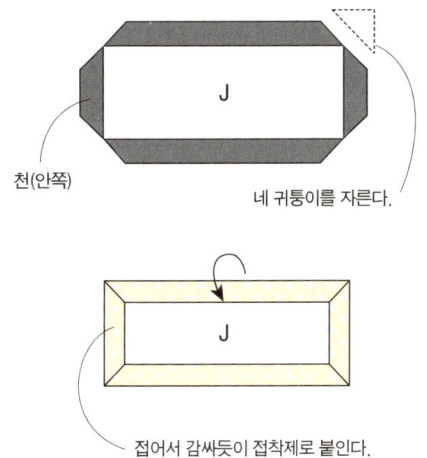

천(안쪽)

네 귀퉁이를 자른다.

J

접어서 감싸듯이 접착제로 붙인다.

⑥ 본체에 바깥 바닥을 붙인다.

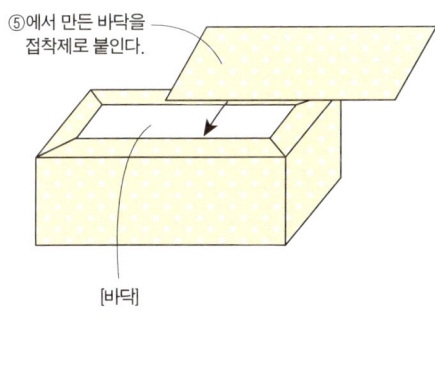

⑤에서 만든 바닥을
접착제로 붙인다.

[바닥]

⑦ 본체상자의 내벽을 만든다.

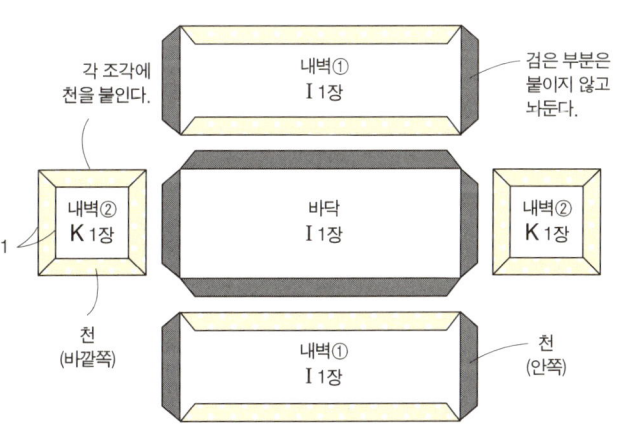

각 조각에
천을 붙인다.

내벽①
I 1장

검은 부분은
붙이지 않고
놔둔다.

내벽②
K 1장

바닥
I 1장

내벽②
K 1장

천
(바깥쪽)

내벽①
I 1장

천
(안쪽)

⑧ 본체상자에 안쪽 바닥을 붙인다.

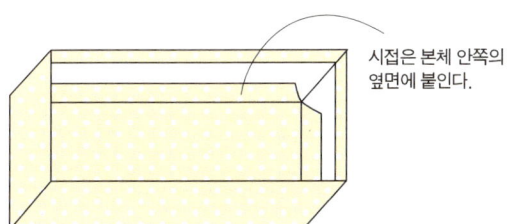

시접은 본체 안쪽의
옆면에 붙인다.

⑨ 본체에 내벽을 붙인다.

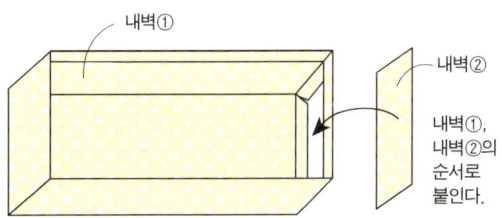

내벽①

내벽②

내벽①,
내벽②의
순서로
붙인다.

⑩ A에 B를 붙여 뚜껑을 만든다.

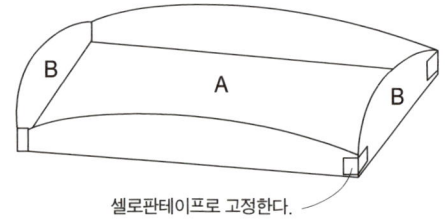

B A B

셀로판테이프로 고정한다.

⑪ 뚜껑 옆면에 천을 붙인다.

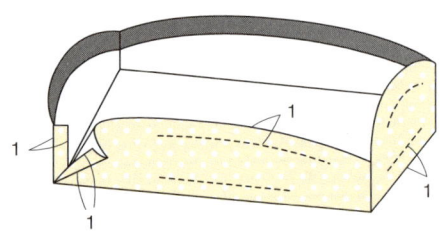

1
1
1
1

⑫ 곡선 부분의 시접을 접어 붙인다.

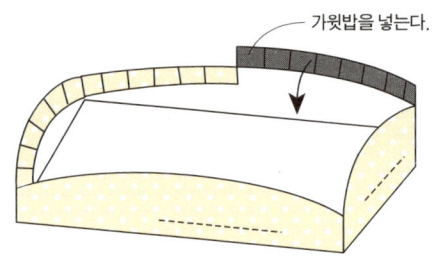

가윗밥을 넣는다.

⑬ 뚜껑의 윗부분에 시접을 붙인다.

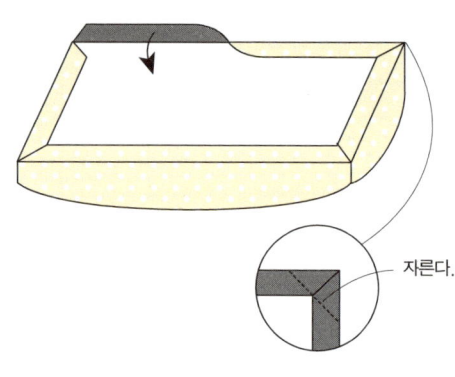

자른다.

⑭ 뚜껑의 내벽을 만든다.

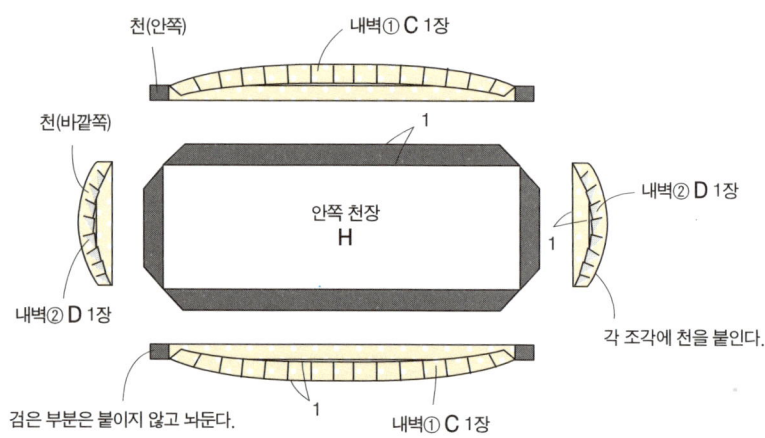

천(안쪽)
내벽① C 1장

천(바깥쪽)

1

안쪽 천장
H

내벽② D 1장

내벽② D 1장

1

각 조각에 천을 붙인다.

검은 부분은 붙이지 않고 놔둔다.
1
내벽① C 1장

⑮ 뚜껑에 안쪽 천장을 붙인다.

시접은 옆면에 붙인다.

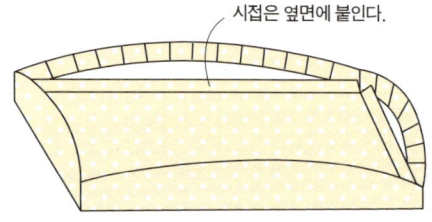

⑯ 뚜껑에 내벽을 붙인다.

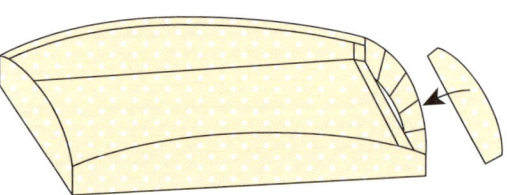

⑰ 위 뚜껑을 만든다.

네 귀퉁이를
자른다.

1

E

1

천(안쪽)

E

접어서 접착제로 붙인다.

⑱ 위 뚜껑을 ⑬에서 만든 뚜껑 위에 붙인다.

⑰에서 만든 위 뚜껑

⑬에서 만든 뚜껑

⑲ 뚜껑의 위에 리본을 붙이면 완성.

자신이 좋아하는 스탬프를 찍는다.

Bonjour

접착제로 리본을 붙인다.

0.9

리본의 끝은 안쪽으로
접어 넣어 붙인다.

★ 실물 크기의 도안

B

D

A

C

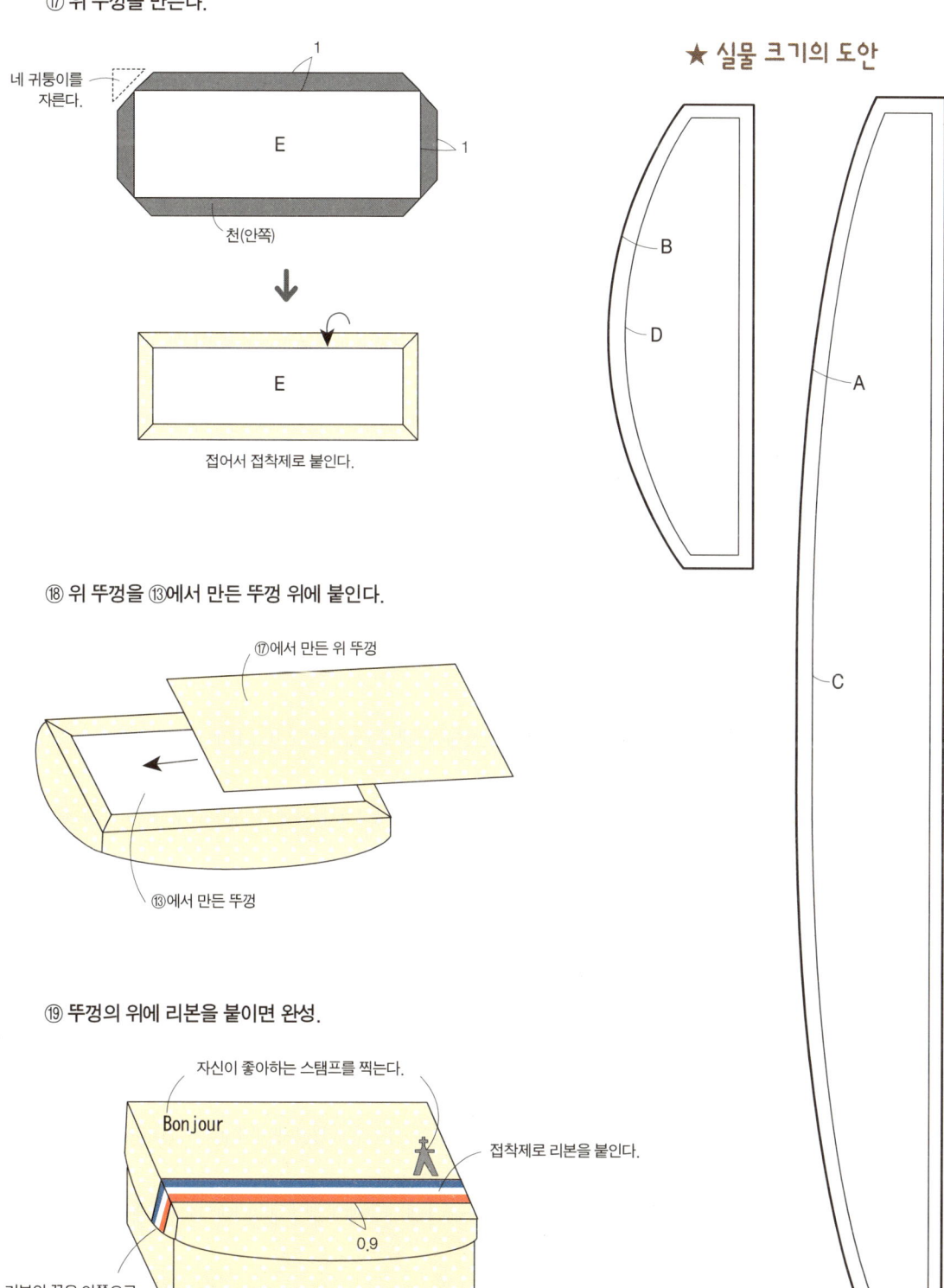

화려한 격자무늬와
물방울무늬가
아주 깜찍해요.

로맨틱 둥근 상자

❋ 뚜껑을 덮어씌우는 둥근 상자

모서리가 없는 둥근 상자는 우아한 느낌이 납니다.
뚜껑에 퀼트 솜을 넣으면 푹신하면서도 부드러운 느낌이 들지요.
둥근 상자의 겉감 무늬가 서로 잘 어울리도록 배치해보았어요.

1

2

3

디자인·제작 / Atelier Kotori(사이토 아키코)

★ 우유팩 재단하기

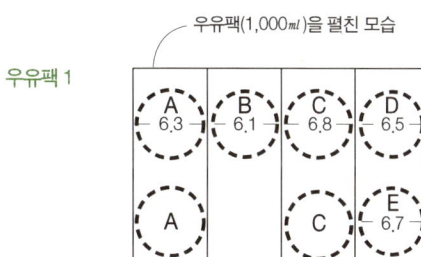

우유팩(1,000㎖)을 펼친 모습

우유팩 1

A 6.3 | B 6.1 | C 6.8 | D 6.5

A | C | E 6.7

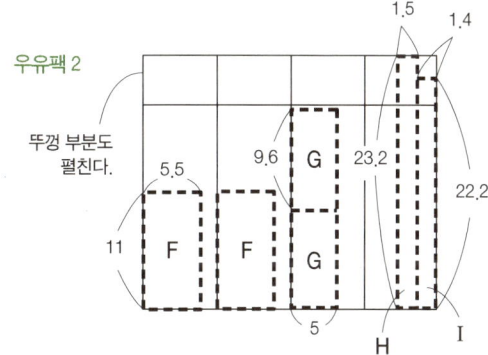

우유팩 2

뚜껑 부분도 펼친다.

1.5 1.4

9.6 G 23.2

22.2

5.5 F F G

11 H I

5

★ 만드는 방법

① 원형 2장을 맞붙여 바닥을 만든다.

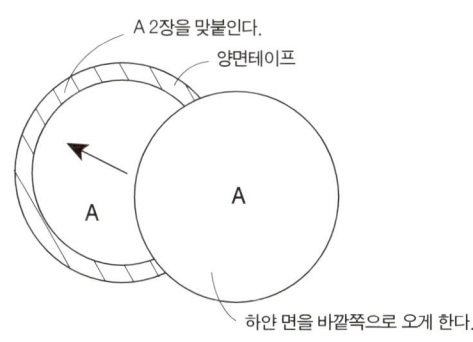

A 2장을 맞붙인다.

양면테이프

A

A

하얀 면을 바깥쪽으로 오게 한다.

② 옆면을 만든다.

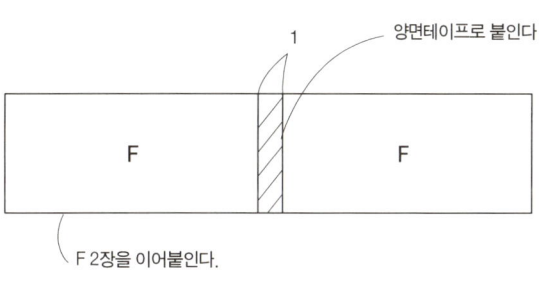

1

양면테이프로 붙인다

F

F

F 2장을 이어붙인다.

③ ①에서 만든 바닥을 따라 둥글게 말아
   양끝을 겹쳐서 붙인다.

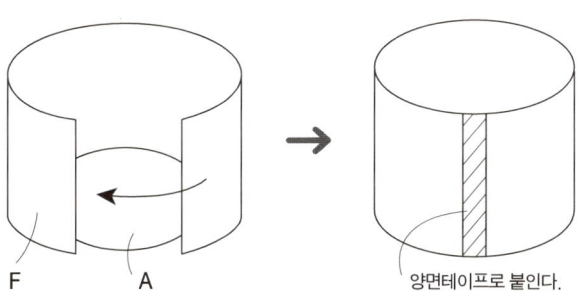

F   A

양면테이프로 붙인다.

④ 바닥이 찌그러지지 않았는지, 옆면과
   바닥이 직각을 이루는지 확인한다.

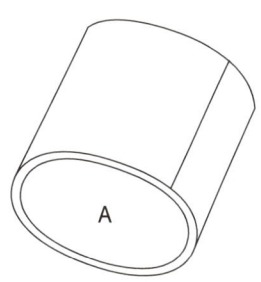

A

⑤ 바닥과 옆면을 붙인다.

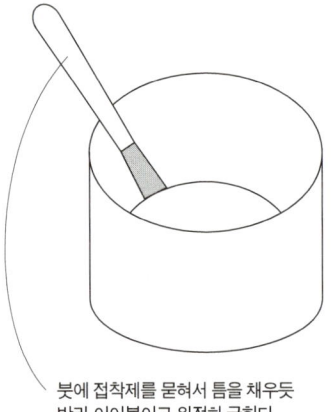

붓에 접착제를 묻혀서 틈을 채우듯
발라 이어붙이고 완전히 굳힌다.

⑥ 둥근 상자 옆면에 겉감을 붙인다.

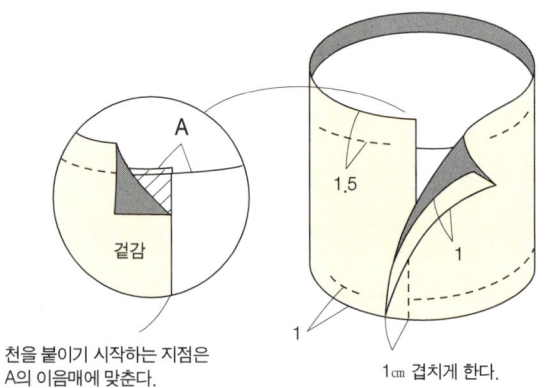

A

겉감

1.5

1

1

1㎝ 겹치게 한다.

천을 붙이기 시작하는 지점은
A의 이음매에 맞춘다.

⑦ 시접은 상자의 입구에 접어 넣는다.

접착제로 붙인다.

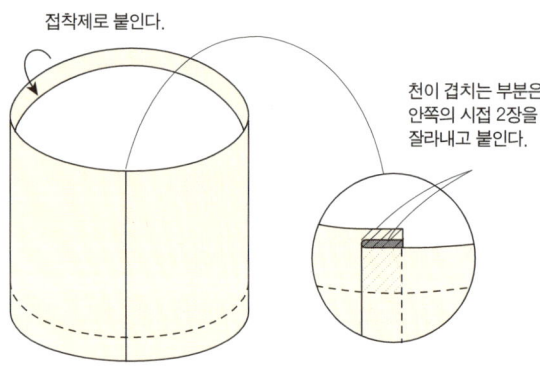

천이 겹치는 부분은
안쪽의 시접 2장을
잘라내고 붙인다.

⑧ 바닥으로 접어 붙인다.

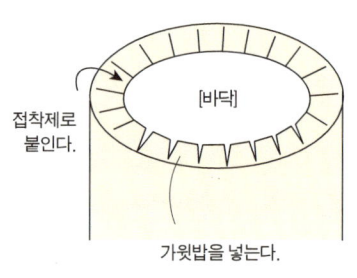

[바닥]

접착제로
붙인다.

가윗밥을 넣는다.

⑨ 바깥 바닥을 붙인다.

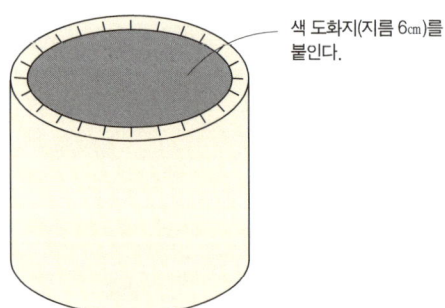

색 도화지(지름 6㎝)를
붙인다.

⑩ 안쪽 바닥을 만든다.

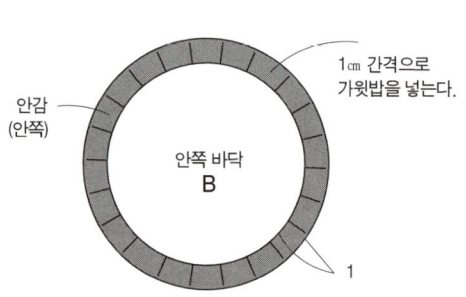

1㎝ 간격으로
가윗밥을 넣는다.

안감
(안쪽)

안쪽 바닥
B

1

⑪ 안쪽 바닥을 붙인다.

시접은 옆면에 붙인다.

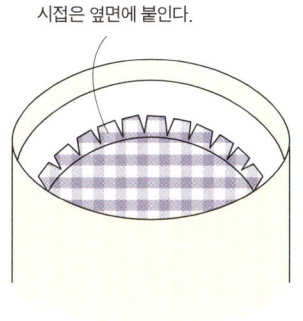

⑫ 내벽을 만든다.

내벽①

안감(안쪽)

G

이 두 변은 시접을 붙이지 않고 놔둔다.

내벽②

G

안감
(바깥쪽)

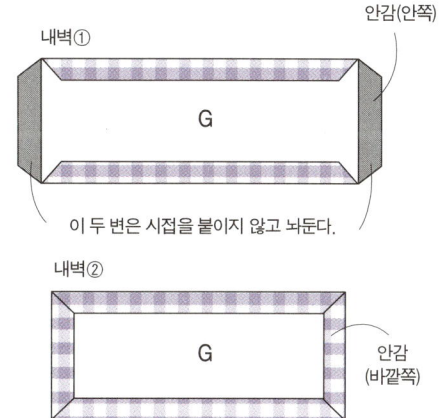

⑬ 본체에 내벽을 붙인다.

우선 내벽①을 붙인다.

시접도 붙인다.

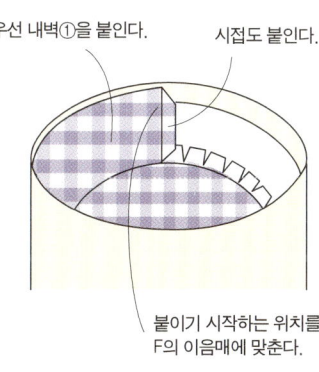

붙이기 시작하는 위치를
F의 이음매에 맞춘다.

내벽②를 붙인다.

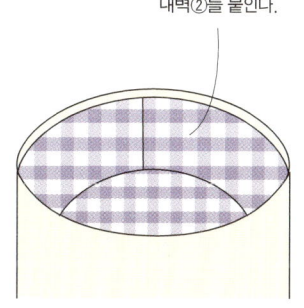

⑭ 뚜껑을 만든다.

양면테이프

C

C

C 2장을 맞붙인다.

하얀 면이 바깥쪽으로 온다.

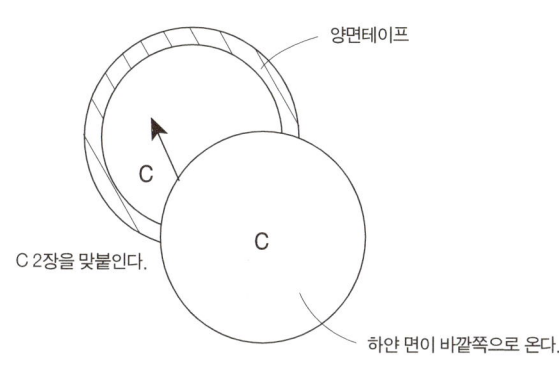

⑮ C를 따라 H를 둥글게 말고, 딱 맞는 위치에서
양쪽 끝을 겹쳐 붙인다.

C

H

우유팩의 인쇄된 면이
바깥쪽으로 온다.

C

H

양면테이프로 고정

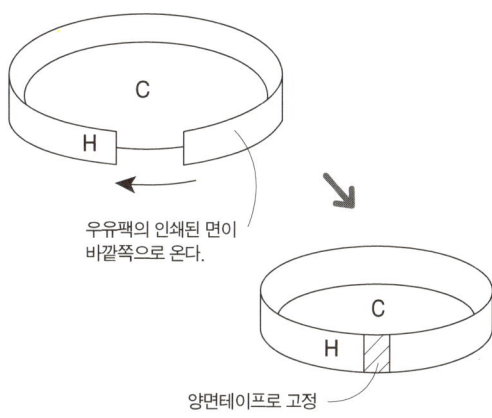

⑯ 뚜껑의 옆면을 만든다.

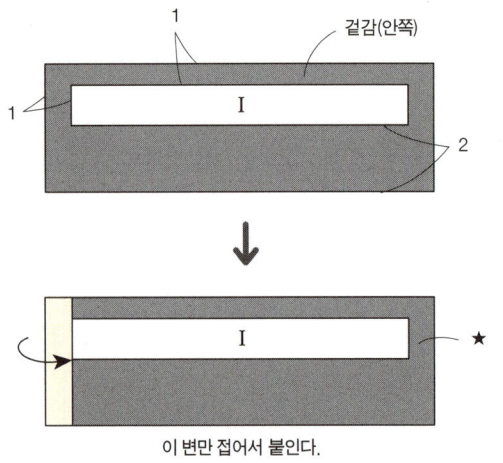

1

겉감(안쪽)

1

I

2

I

★

이 변만 접어서 붙인다.

⑰ 뚜껑에 옆면을 붙인다.

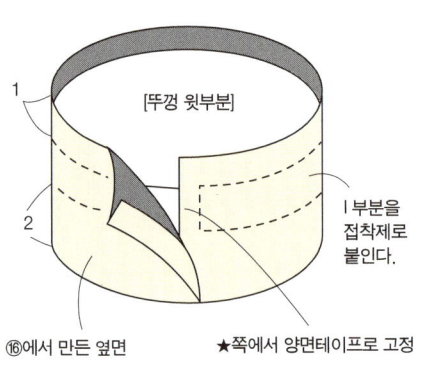

1

[뚜껑 윗부분]

2

I 부분을
접착제로
붙인다.

⑯에서 만든 옆면

★쪽에서 양면테이프로 고정

⑱ 뚜껑 윗부분에 시접을 접어 붙인다.

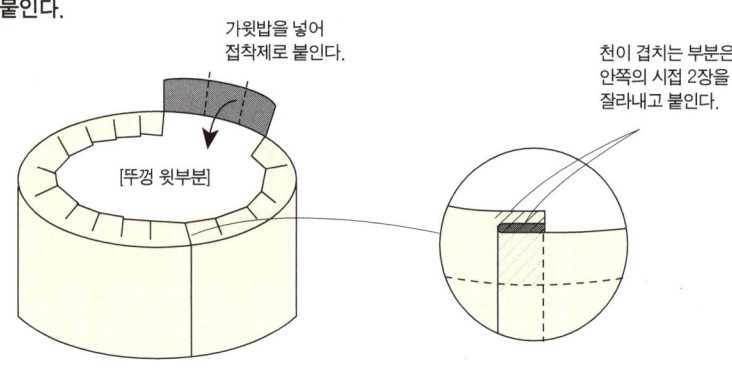

가윗밥을 넣어
접착제로 붙인다.

[뚜껑 윗부분]

천이 겹치는 부분은
안쪽의 시접 2장을
잘라내고 붙인다.

⑲ 뚜껑의 안쪽에 시접을 붙인다.

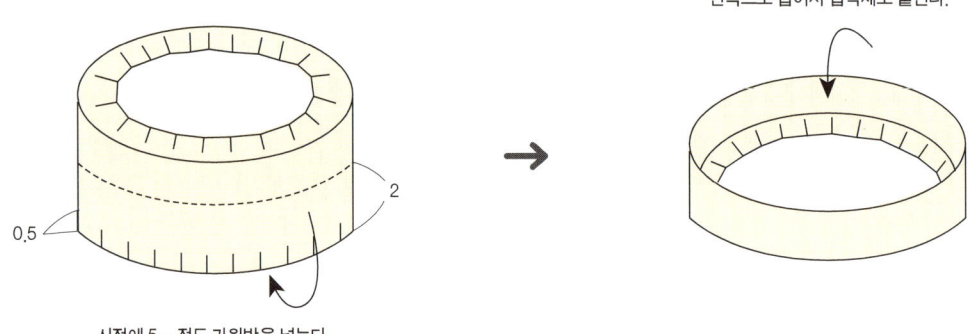

안쪽으로 접어서 접착제로 붙인다.

0.5

2

시접에 5㎜ 정도 가윗밥을 넣는다.

⑳ 뚜껑의 안쪽 천장을 만들어
　뚜껑에 붙인다.

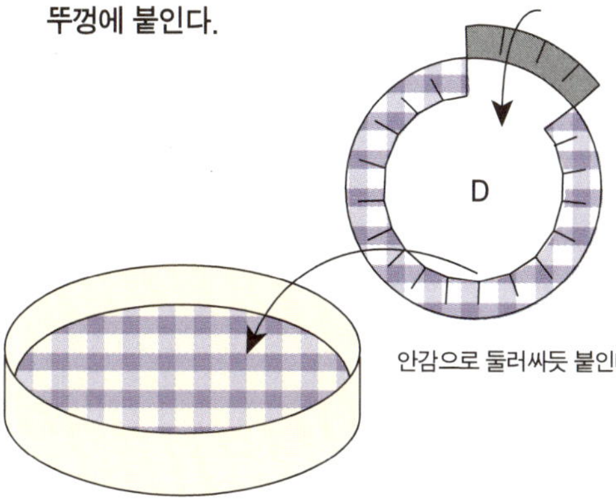

D

안감으로 둘러싸듯 붙인다.

㉑ 뚜껑의 바깥 천장을 만든다.

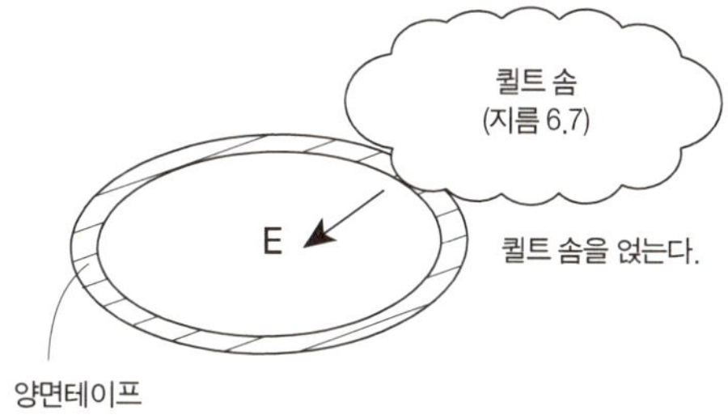

퀼트 솜
(지름 6.7)

E

퀼트 솜을 얹는다.

양면테이프

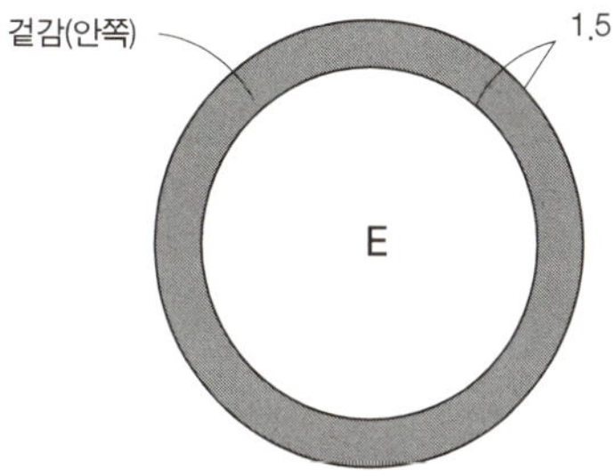

↓

겉감(안쪽)

1.5

E

겉감 안쪽과 조각 사이에
퀼트 솜이 위치하게 한다.

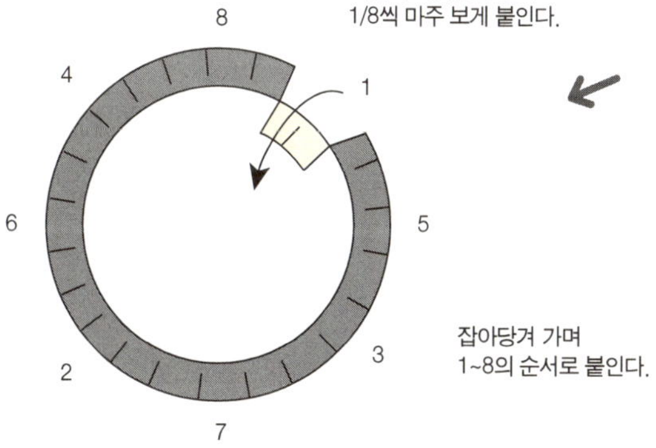

시접에 가윗밥을 넣어
1/8씩 마주 보게 붙인다.

8

4

1

6

5

2

3

7

잡아당겨 가며
1~8의 순서로 붙인다.

↙

㉒ 뚜껑에 바깥 천장을 붙인다.

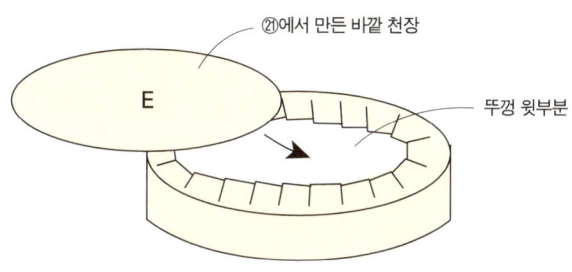

㉑에서 만든 바깥 천장

E

뚜껑 윗부분

㉓ 본체에 뚜껑을 얹으면 둥근 상자 완성.

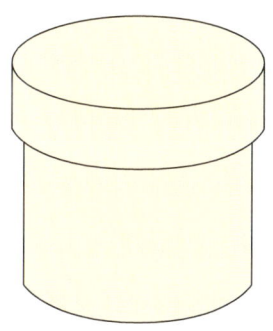

안쪽 옆면에는 격자무늬 천을,
바닥에는 알파벳이 희미하게
보이는 천을 사용했어요.

앤티크 스타일 둥근 상자

※ 뚜껑이 딱 맞는 둥근 상자

뚜껑을 빈틈없이 꼭 맞게 닫을 수 있는 깔끔한 상자예요.
고풍스러운 느낌의 천을 사용하면 간결하고 멋스럽습니다.

1

2

디자인 · 제작 / Atelier Kotori(사이토 아키코)

▶ 준비물

· 우유팩(1,000㎖) 2개
· 천a(영자무늬) 15㎝×35㎝
· 천b(격자무늬) 10㎝×30㎝
· 천c(흰색×알파벳무늬) 10㎝×20㎝
· 색 도화지(지름 6.3㎝의 원) 1장

★ 우유팩 재단하기

우유팩(1,000㎖)을 펼친 모습

우유팩 1

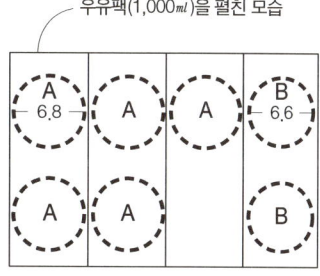

우유팩 2

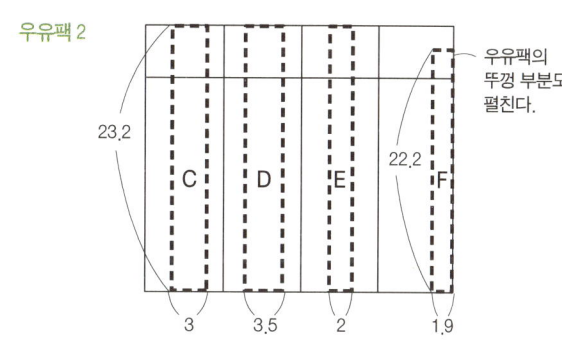

우유팩의 뚜껑 부분도 펼친다.

★ 만드는 방법

① A 2장을 맞붙인다.

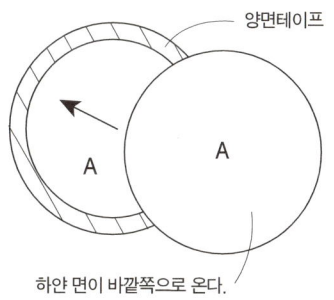

양면테이프

하얀 면이 바깥쪽으로 온다.

② A를 따라 C를 둥글게 말고, 딱 맞는 위치에서 양쪽 끝을 겹쳐 붙인다.

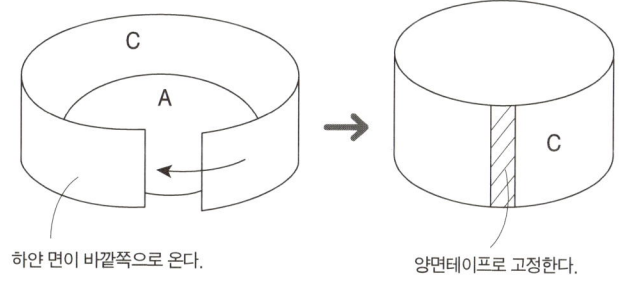

하얀 면이 바깥쪽으로 온다.

양면테이프로 고정한다.

③ 바닥이 찌그러지지 않았는지, 옆면과 바닥이 직각을 이루는지 확인한다.

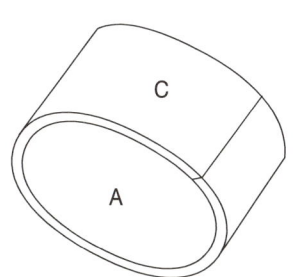

④ 바닥과 옆면을 접착제로 붙인다.

붓에 접착제를 묻혀서 틈을 채우듯 발라 이어붙이고 완전히 굳힌다.

⑤ 옆면에 천a를 붙인다.

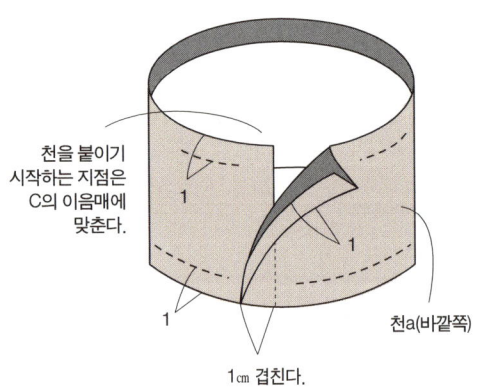

천을 붙이기
시작하는 지점은
C의 이음매에
맞춘다.

1

1

1

천a(바깥쪽)

1㎝ 겹친다.

⑥ 입구로 시접을 접어 넣는다.

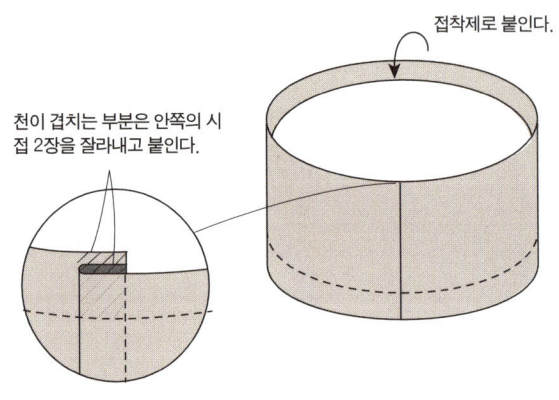

접착제로 붙인다.

천이 겹치는 부분은 안쪽의 시
접 2장을 잘라내고 붙인다.

⑦ 바닥에 시접을 붙인다.

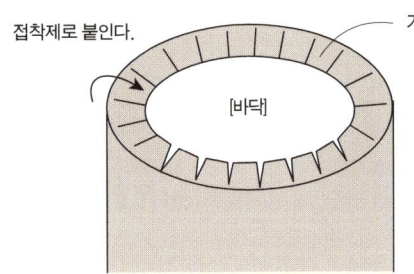

접착제로 붙인다.

가윗밥을 넣는다.

[바닥]

⑧ 바깥 바닥을 붙인다.

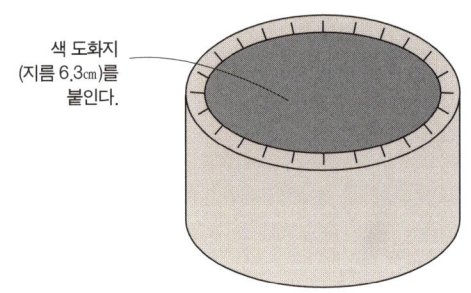

색 도화지
(지름 6.3㎝)를
붙인다.

⑨ 안쪽 바닥을 만든다.

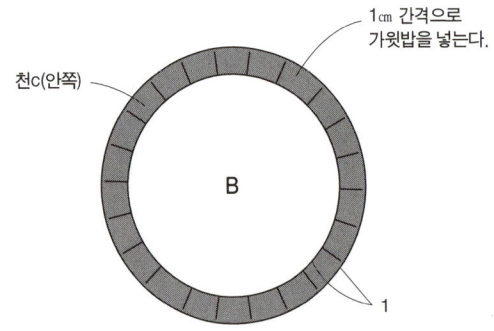

1㎝ 간격으로
가윗밥을 넣는다.

천c(안쪽)

B

1

⑩ 안쪽 바닥을 붙인다.

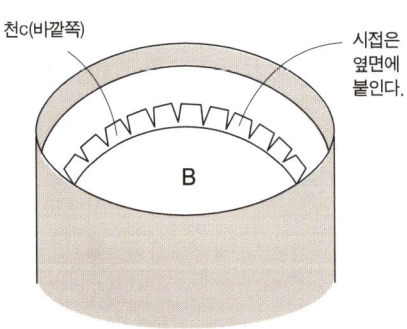

천c(바깥쪽)

시접은
옆면에
붙인다.

B

⑪ 내벽을 만든다.

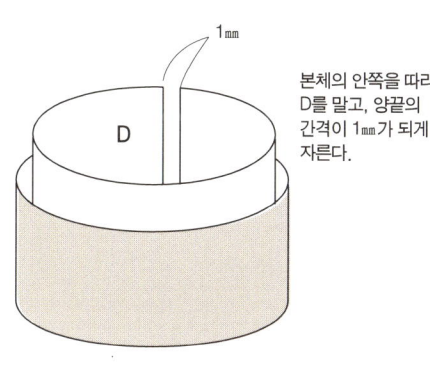

1㎜

본체의 안쪽을 따라
D를 말고, 양끝의
간격이 1㎜가 되게
자른다.

D

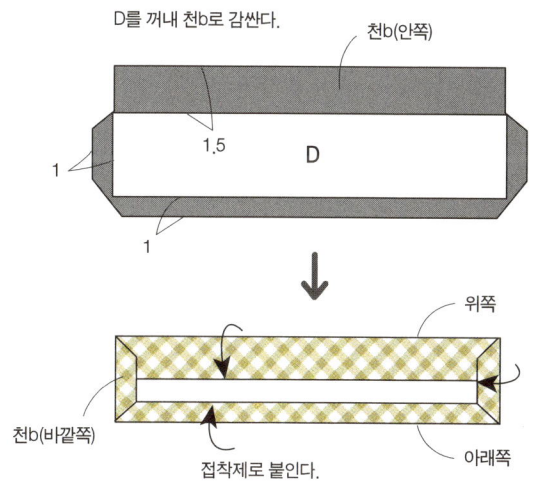

D를 꺼내 천b로 감싼다.

천b(안쪽)

1

1.5

D

1

위쪽

천b(바깥쪽)

아래쪽

접착제로 붙인다.

⑫ 상자 본체에 내벽을 붙인다.

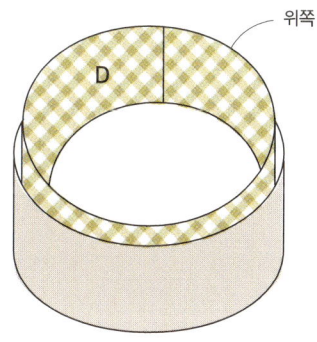

위쪽

D

⑬ 뚜껑을 만든다.

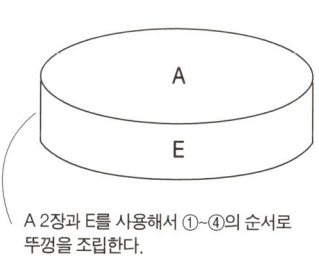

A

E

A 2장과 E를 사용해서 ①~④의 순서로
뚜껑을 조립한다.

⑭ 뚜껑의 바깥 천장을 만든다.

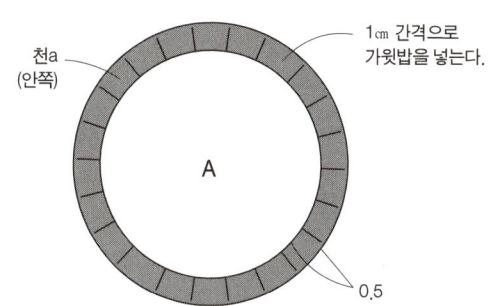

천a
(안쪽)

1㎝ 간격으로
가윗밥을 넣는다.

A

0.5

⑮ 뚜껑에 바깥 천장을 붙인다.

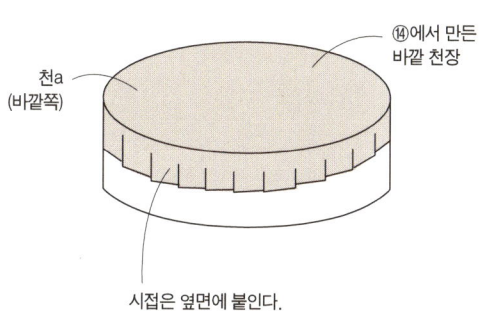

천a
(바깥쪽)

⑭에서 만든
바깥 천장

시접은 옆면에 붙인다.

⑯ 뚜껑의 옆면을 만든다.

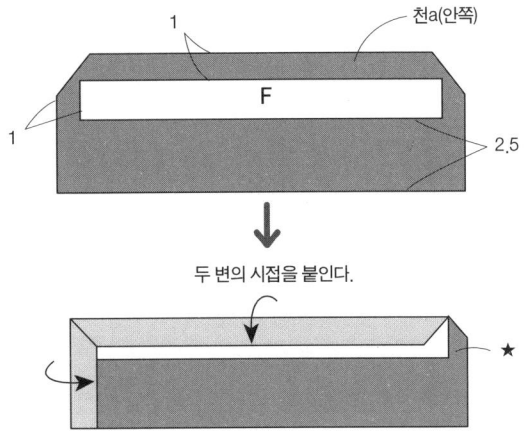

천a(안쪽)

1

F

1

2.5

두 변의 시접을 붙인다.

★

⑰ 뚜껑에 옆면을 붙인다.

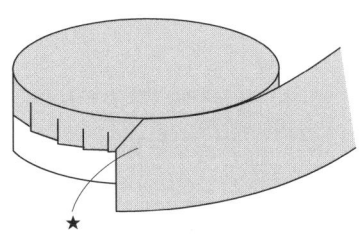

★

★의 부분부터 양면테이프로 빙 둘러 붙인다.

⑱ 뚜껑의 안쪽으로 시접을 접어 넣는다.

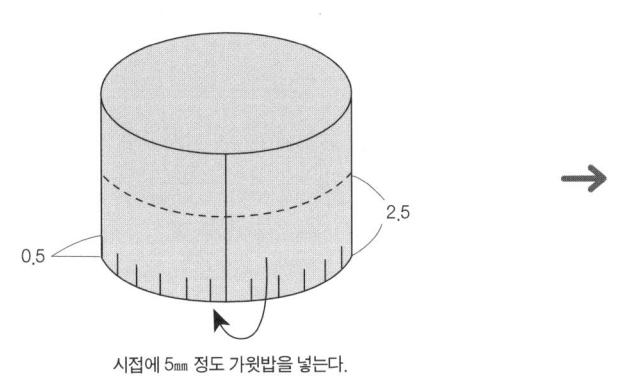

2.5

0.5

시접에 5㎜ 정도 가윗밥을 넣는다.

안쪽으로 접어
접착제로 붙인다.

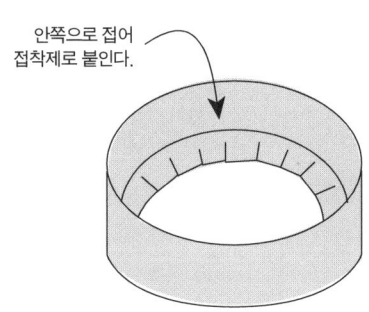

⑲ 뚜껑의 안쪽 천장을 만들어
뚜껑에 붙인다.

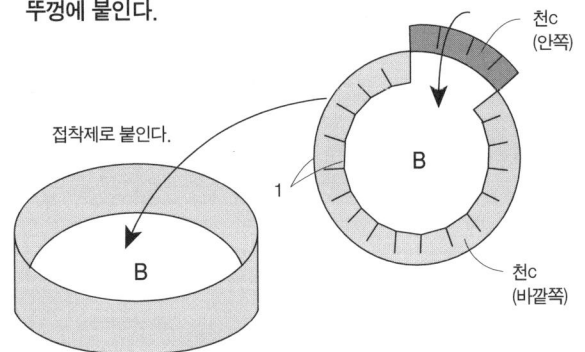

접착제로 붙인다.

B

천c
(안쪽)

B

1

천c
(바깥쪽)

⑳ 본체에 뚜껑을 얹으면 둥근 상자 완성.

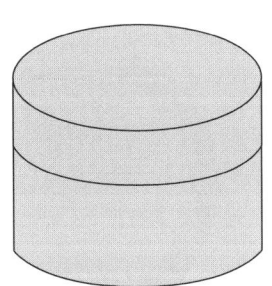

손잡이가 있는 귀여운 바구니

* 타원형 상자

손잡이를 달아 바구니처럼 사용할 수 있는 타원형 상자예요.
폭이 넓은 손잡이를 좌우로 내릴 수도 있답니다.
과자나 사탕을 넣어두고 차와 함께 즐겨보세요.

디자인 · 제작 / 야마토 지히로

★ 우유팩 재단하기 ※ A와 B의 도안은 65쪽 실물 크기의 도안을 참조하세요.

우유팩(1,000㎖)을 펼친 모습

우유팩 1

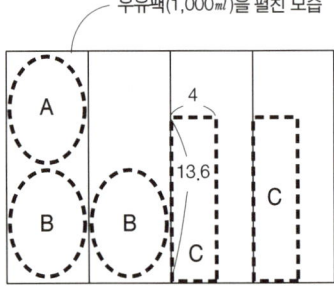

우유팩 2

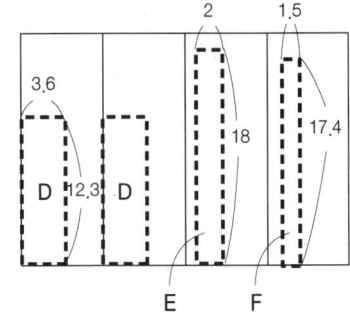

★ 만드는 방법

① 옆면을 만든다.

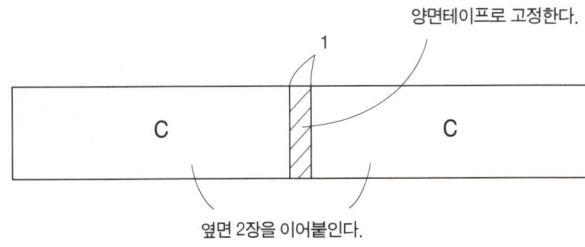

양면테이프로 고정한다.

옆면 2장을 이어붙인다.

② 바닥을 따라 둥글게 말고, 딱 맞는
   위치에서 양끝을 겹쳐 붙인다.

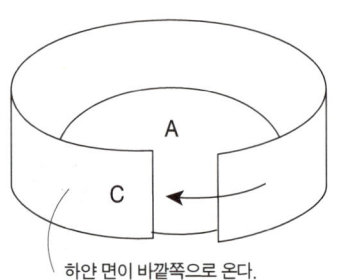

하얀 면이 바깥쪽으로 온다.

③ 바닥이 찌그러지지 않았는지, 옆면과 바닥이
   직각을 이루었는지 확인한다.

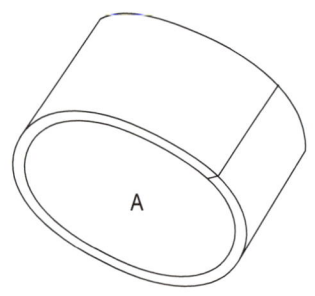

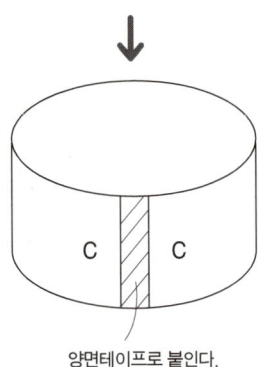

양면테이프로 붙인다.

④ 바닥과 옆면을 붙인다.

붓을 이용해서 틈을 채우듯
접착제를 빙 둘러 바른다.

⑤ 옆면에 천a를 붙인다.

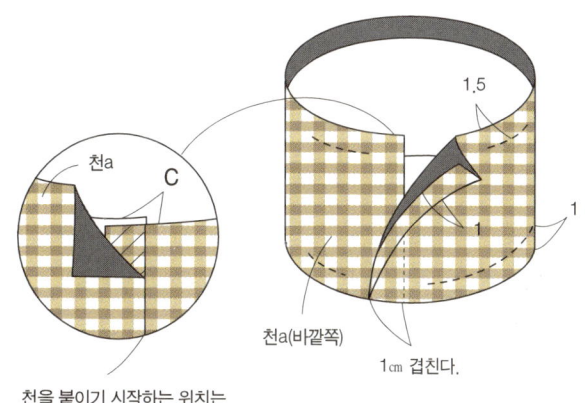

천a

C

1.5

1

1

천a(바깥쪽)

1㎝ 겹친다.

천을 붙이기 시작하는 위치는
C의 겹쳐진 부분과 맞춘다.

⑥ 입구로 접어 넣는다.

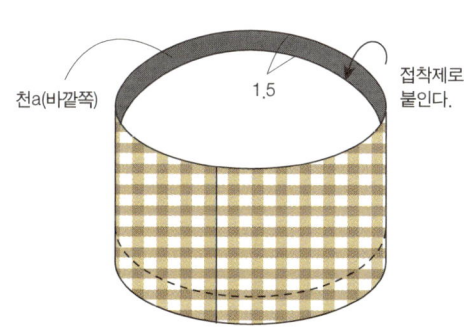

천a(바깥쪽)

1.5

접착제로
붙인다.

⑦ 바닥으로 시접을 접어 붙인다.

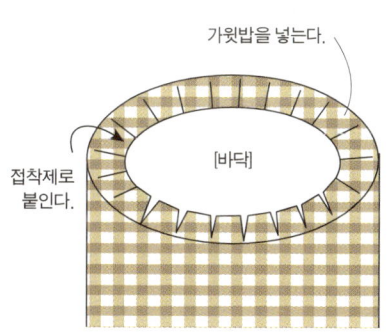

가윗밥을 넣는다.

[바닥]

접착제로
붙인다.

⑧ 안쪽 바닥을 만든다.

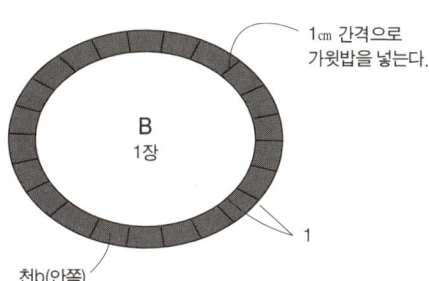

1㎝ 간격으로
가윗밥을 넣는다.

B
1장

1

천b(안쪽)

⑨ 안쪽 바닥을 붙인다.

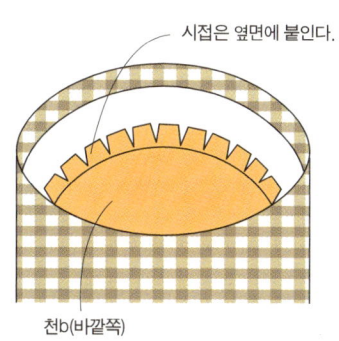

시접은 옆면에 붙인다.

천b(바깥쪽)

⑩ 내벽을 만든다.

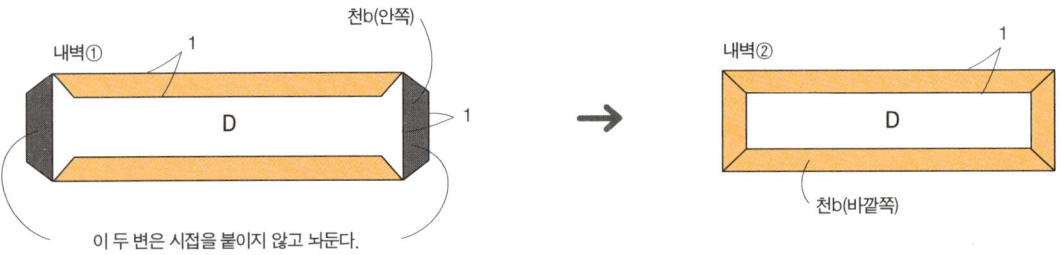

내벽① 　1 　천b(안쪽) 　　내벽② 　1

D 　　　　　　　　　　　　　　　　D

1

이 두 변은 시접을 붙이지 않고 놔둔다. 　　천b(바깥쪽)

⑪ 상자 본체에 내벽을 붙인다.

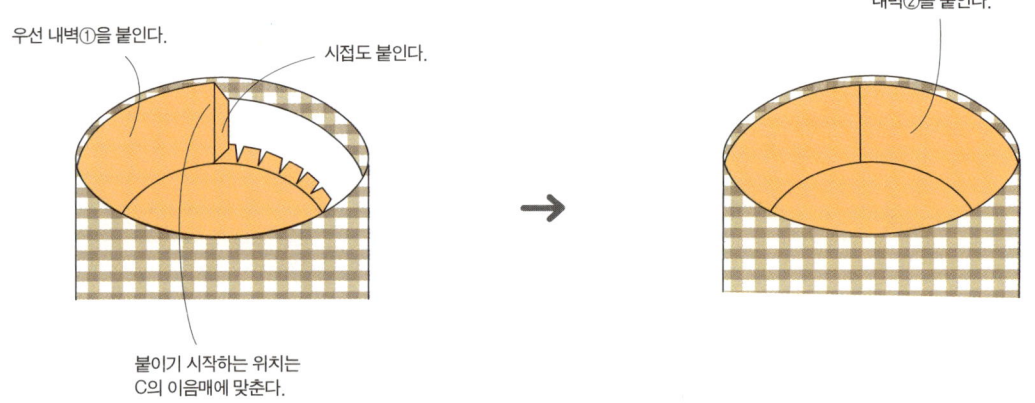

우선 내벽①을 붙인다. 　시접도 붙인다. 　　　　내벽②를 붙인다.

붙이기 시작하는 위치는
C의 이음매에 맞춘다.

⑫ 바깥 바닥을 만든다.

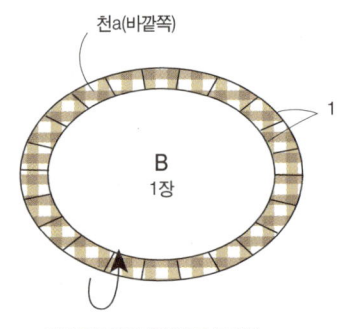

천a(바깥쪽)

1

B
1장

감싸듯이 접어 접착제로 붙인다.

⑬ 바깥 바닥을 붙인다.

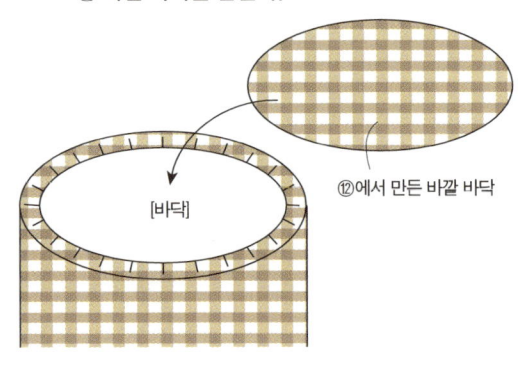

[바닥] 　⑫에서 만든 바깥 바닥

⑭ 손잡이를 만든다.

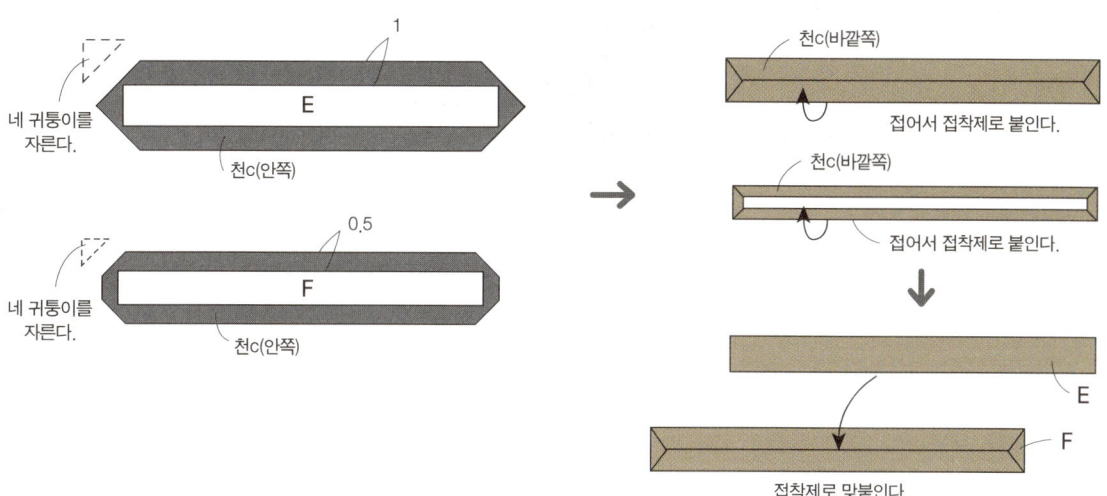

네 귀퉁이를
자른다.

1

E

천c(안쪽)

0.5

F

천c(안쪽)

천c(바깥쪽)

접어서 접착제로 붙인다.

천c(바깥쪽)

접어서 접착제로 붙인다.

E

F

접착제로 맞붙인다.

⑮ 본체에 손잡이를 단다.

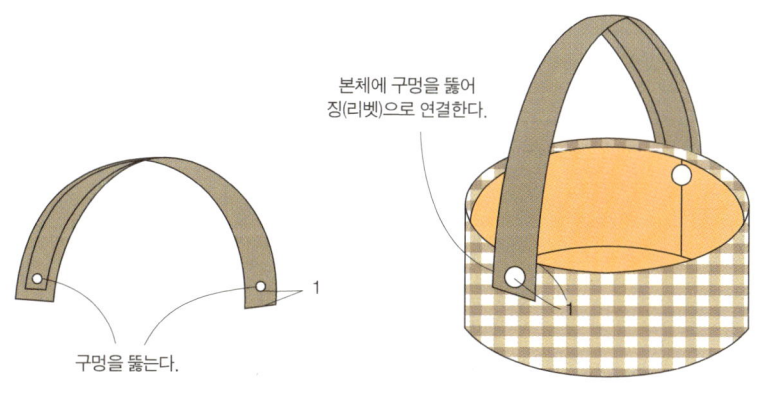

본체에 구멍을 뚫어
징(리벳)으로 연결한다.

1

구멍을 뚫는다.

1

⑯ 본체에 장식을 달면 손잡이가 있는 둥근 상자 완성.

작품 1

꽃무늬를 보기
좋게 붙인다.

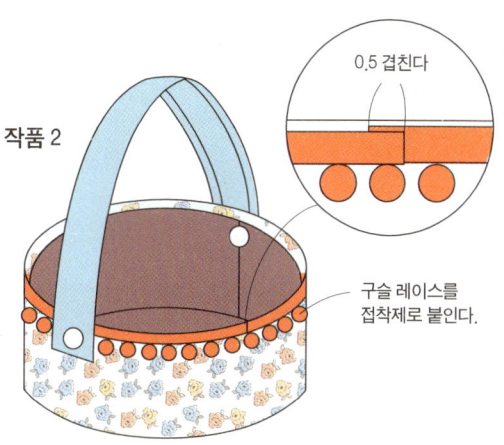

0.5 겹친다

작품 2

구슬 레이스를
접착제로 붙인다.

뚜껑을 열면
선명한 안감이 짜잔!

모던 스타일 둥근 상자

＊ 뚜껑을 덮어씌우는 타원형 상자

모던한 분위기가 물씬 나는 타원형 상자예요.
줄무늬 천과 물방울무늬 천에 레이스와 리본 장식을 달았어요.
작품 1은 뚜껑에 메시지를 넣을 수 있답니다.

1

2

디자인 · 제작 / 야마토 지히로

▶▶준비물

(작품1)
- 우유팩(1,000㎖) 2개
- 천a(줄무늬) 15×30㎝
- 천b(보라색·민무늬) 20×40㎝
- 레이스(폭 10㎜) 25㎝
- 도화지 8㎝×6㎝
- 스탬프

(작품2)
- 우유팩(1,000㎖) 2개
- 천a(물방울무늬) 25×40㎝
- 천b(빨간색·민무늬) 10×40㎝
- 레이스(폭 8㎜) 30㎝
- 리본(폭 5㎜) 13㎝

★ 우유팩 재단하기   ※ A, B, E, F, G의 도안은 65쪽을 참조하세요.

우유팩(1,000㎖)을 펼친 모습

우유팩 1

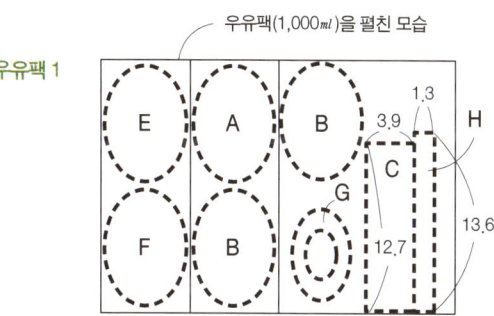

우유팩 2

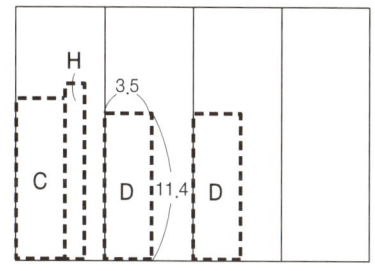

★ 만드는 방법

본체를 만드는 방법은
58~60쪽의 ①~⑬과 같아요.

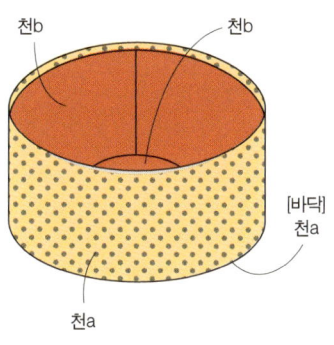

천b 천b

[바닥] 천a

천a

⑭ 뚜껑의 옆면을 만든다.

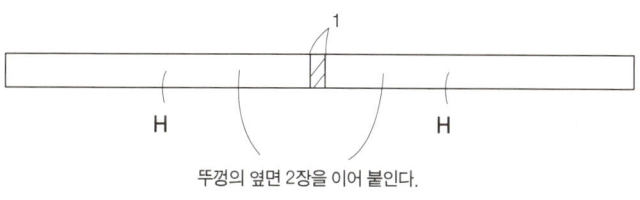

뚜껑의 옆면 2장을 이어 붙인다.

⑮ E에 맞춰서 뚜껑의 옆면을 겹쳐 붙인다.

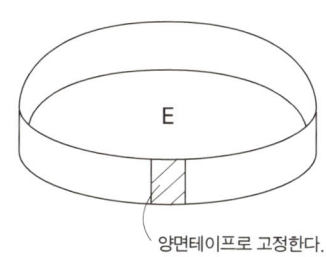

E

양면테이프로 고정한다.

⑯ 뚜껑과 뚜껑 옆면을 붙인다.

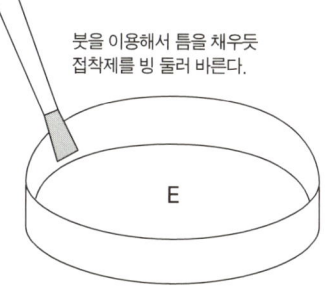

붓을 이용해서 틈을 채우듯
접착제를 빙 둘러 바른다.

E

⑰ 뚜껑 윗부분에 천을 붙인다.

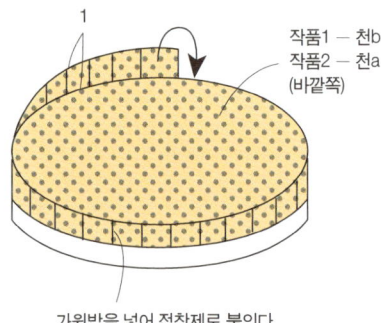

작품1 ― 천b
작품2 ― 천a
(바깥쪽)

가윗밥을 넣어 접착제로 붙인다.

⑱ 뚜껑 옆면에 천을 붙인다.

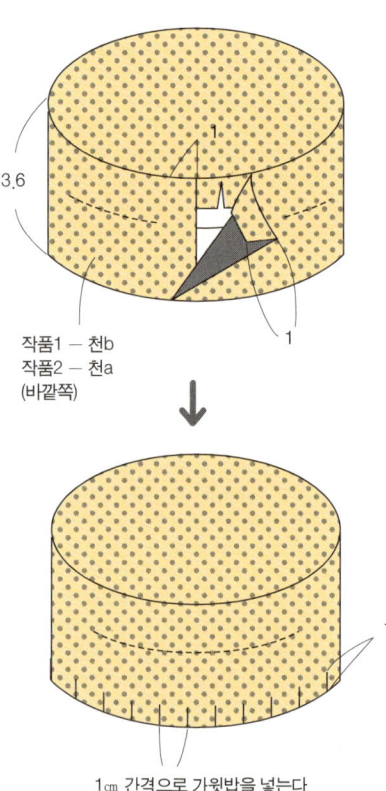

3.6

작품1 ― 천b
작품2 ― 천a
(바깥쪽)

1㎝ 간격으로 가윗밥을 넣는다.

⑲ 뚜껑의 안쪽으로 시접을 접어 넣는다.

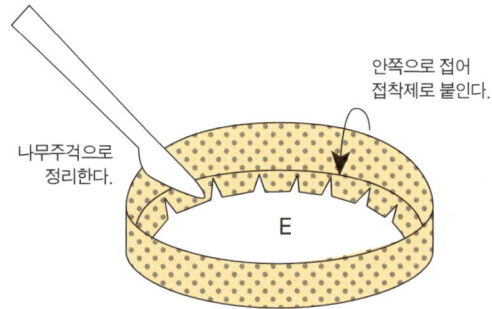

안쪽으로 접어
접착제로 붙인다.

나무주걱으로
정리한다.

E

⑳ 뚜껑의 안쪽 천장을 만든다.

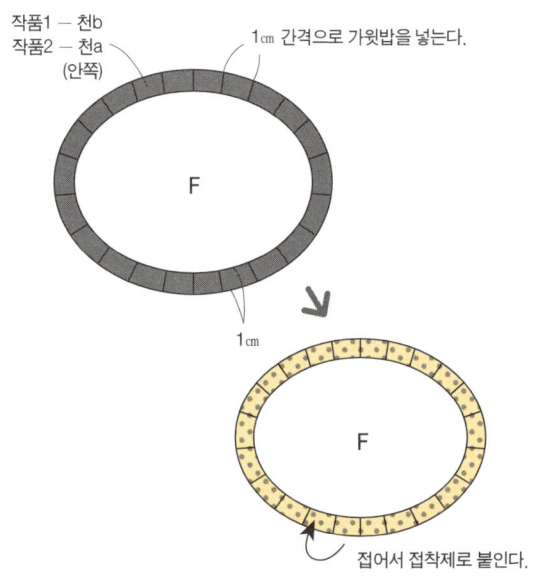

작품1 ― 천b
작품2 ― 천a
(안쪽)

1㎝ 간격으로 가윗밥을 넣는다.

F

1㎝

F

접어서 접착제로 붙인다.

㉑ 뚜껑에 안쪽 천장을 붙인다.

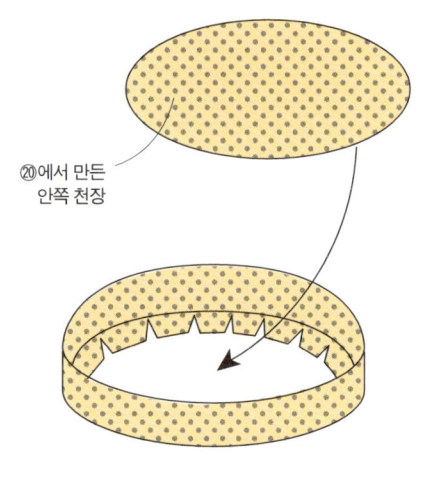

⑳에서 만든
안쪽 천장

㉒ 뚜껑에 장식을 달면 완성.

작품 2

새틴 리본테이프 13㎝를 묶어
리본을 만들고 접착제로 붙인다.

뚜껑 옆면

0.4

레이스

2.5

뚜껑의
가장자리에
접착제로
레이스를
붙인다.

작품 1

천a(안쪽)

G

천a(바깥쪽)

가윗밥을 넣어 접착제로 붙인다.

레이스(안쪽)

G

테두리에 접착제로
레이스를 붙인다.

잘라내는 위치

0.5

스탬프를
찍는다.

Merci

색 도화지

색 도화지는 잘라내는
위치보다 0.5 크게 자른다.

색 도화지를 붙이고
그 위에 G를 붙인다.

Merci

0.5

★ 실물 크기의 도안

쓰기편한 귀여운 바구니 : ●
모던 스타일 둥근 상자 : ●●

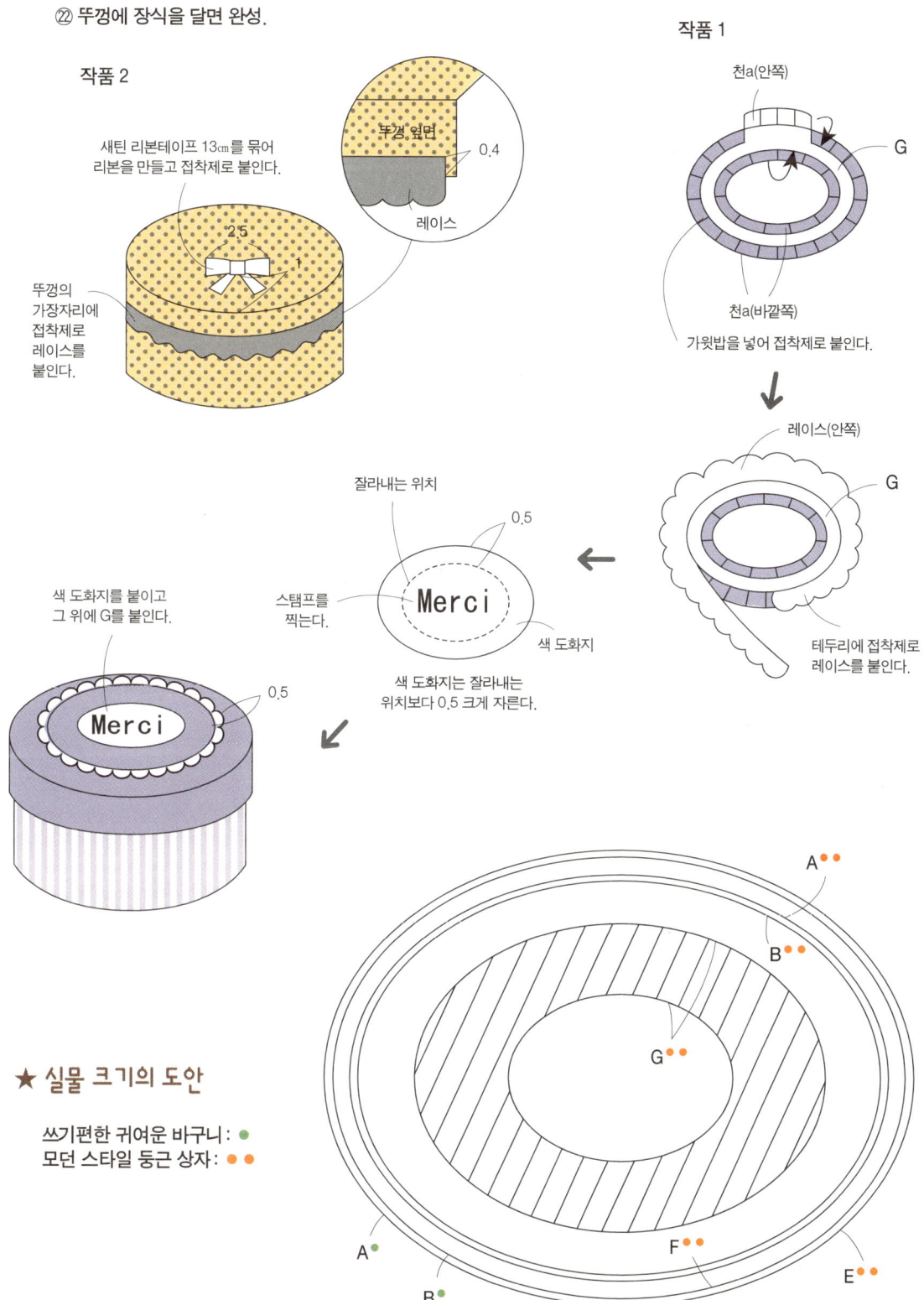

A ●●
B ●●
G ●●
A ●
B ●
F ●●
E ●●

65

같은 색감의 격자무늬 천과
물방울무늬 천이 세련미를
더해줘요.

칸막이 수납 상자

* 양쪽 손잡이가 있는 칸막이 상자

칸막이가 있어서 사용하기에 편리한 수납 상자는 주방과 거실에
두루두루 잘 어울려요. 옮기기 쉽게 손잡이도 양쪽에 달았답니다.
칸막이 상자를 이용하여 탁자 위를 깔끔하게 정리해보세요.

디자인 · 제작 / 우라베 히로코

★ 우유팩 재단하기

우유팩 1 · 2

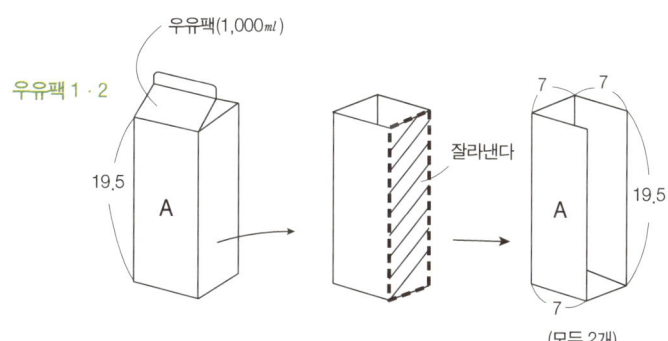

(모두 2개)

우유팩 3

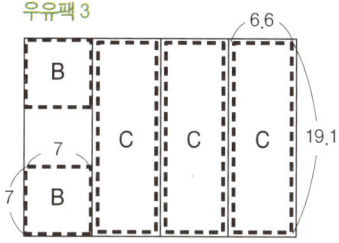

우유팩 4

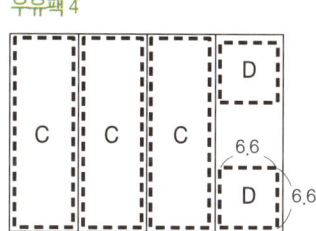

우유팩 15

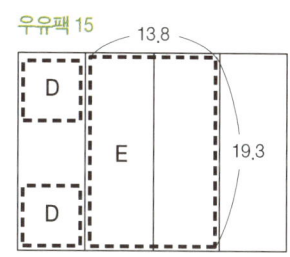

★ 만드는 방법

① 칸막이 상자의 본체를 조립한다.

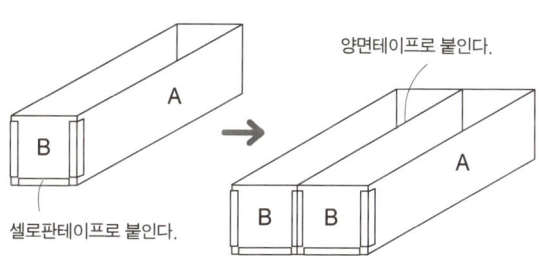

셀로판테이프로 붙인다.

양면테이프로 붙인다.

② 본체의 옆면에 천a를 붙인다.

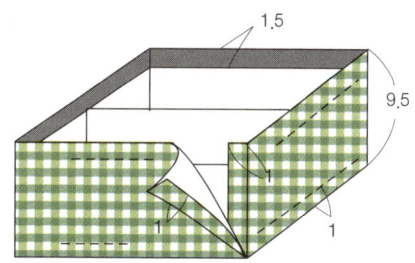

③ 시접을 상자 입구로 접어 붙인다.

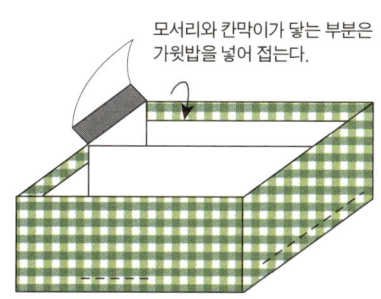

모서리와 칸막이가 닿는 부분은 가윗밥을 넣어 접는다.

④ 바닥에 시접을 붙인다.

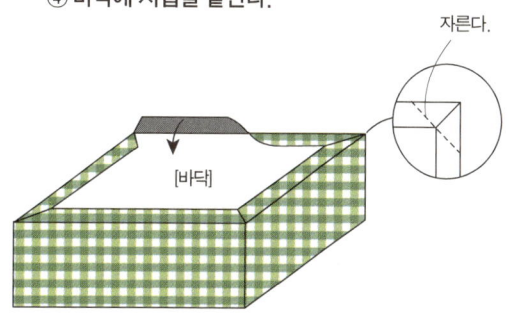

자른다.

[바닥]

⑤ 칸막이에 천b를 붙인다.

천b

6

19.3

반으로 접는다.

천b(바깥쪽)

칸막이 윗부분에
접착제로 붙인다.

3

칸막이

⑥ 상자의 내벽을 만든다.

각 조각에 천을 붙인다.

천b
(안쪽)

내벽① C 1장

1

천b
(바깥쪽)

천c(안쪽)

안쪽 바닥 C 1장

천b
(바깥쪽)

1

천b
(바깥쪽)

내벽②
D 1장

내벽②
D 1장

내벽① C 1장

검은 부분은 붙이지 않고 놔둔다.

⑦ 상자 본체에 안쪽 바닥을 붙인다.

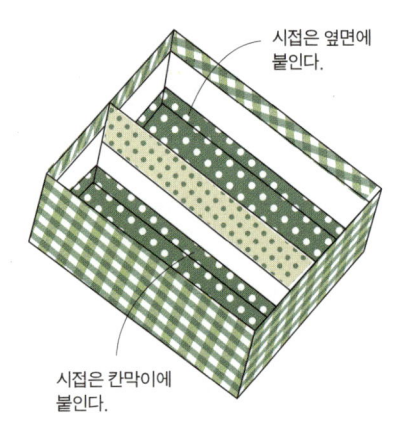

시접은 옆면에
붙인다.

시접은 칸막이에
붙인다.

⑧ 상자 본체에 내벽을 붙인다.

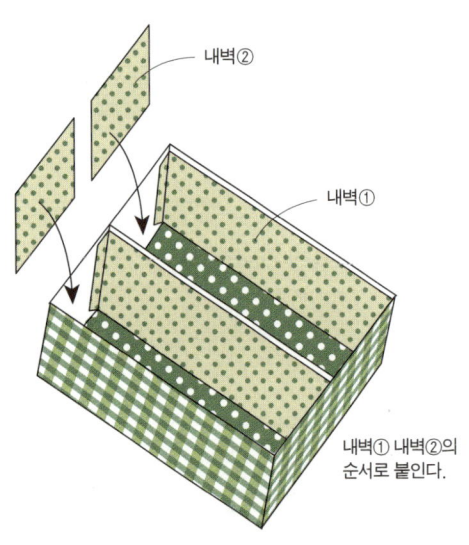

내벽②

내벽①

내벽① 내벽②의
순서로 붙인다.

⑨ 본체의 바깥 바닥을 만든다.

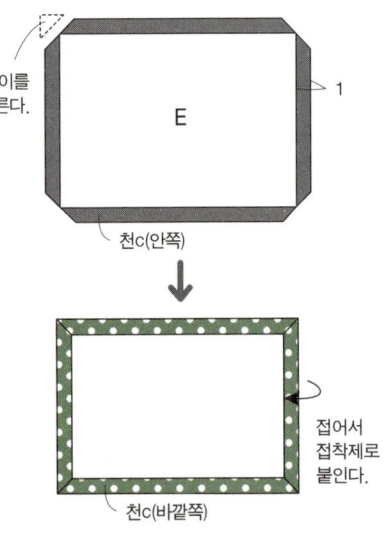

네 귀퉁이를
자른다.

E

1

천c(안쪽)

접어서
접착제로
붙인다.

천c(바깥쪽)

⑩ 상자 본체에 바깥 바닥을 붙인다.

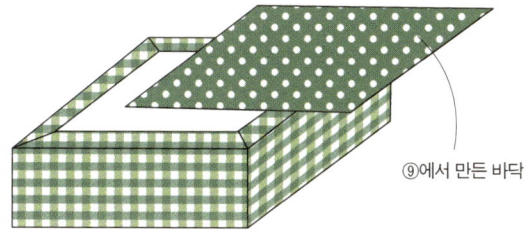

⑨에서 만든 바닥

⑪ 상자 본체 옆면에 손잡이 구멍을 뚫는다.

송곳으로
구멍을
뚫는다.

⑫ 가죽 테이프에 구멍을 뚫는다.

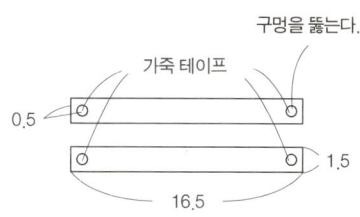

구멍을 뚫는다.

가죽 테이프

0.5

1.5

16.5

⑬ 본체에 손잡이를 단다.

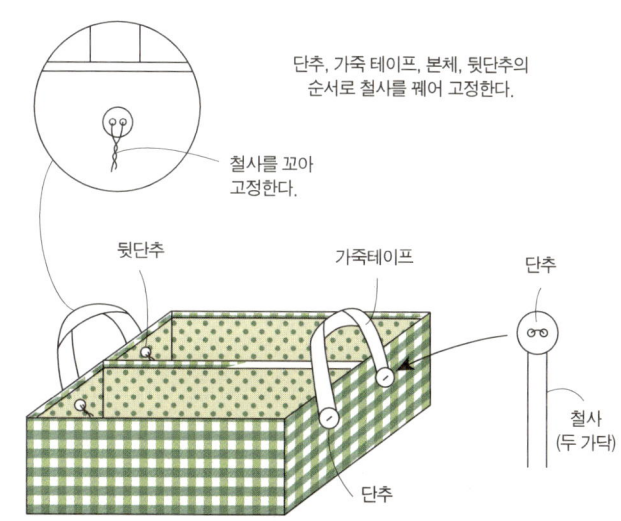

단추, 가죽 테이프, 본체, 뒷단추의
순서로 철사를 꿰어 고정한다.

철사를 꼬아
고정한다.

뒷단추

가죽테이프

단추

단추

철사
(두 가닥)

완소 러블리 상자

* 양쪽 손잡이와 뚜껑이 있는 칸막이 상자

뚜껑이 달린 수납 상자예요. 꽃무늬 천과 레이스로 만들어
여성스러운 느낌이 물씬 나는 소품 상자예요.
레이스를 말아서 만든 꽃 장식도 멋지죠?

칸막이를 빼낼 수도
있어요. 수납할 물건에
맞춰서 자유롭게
사용하세요.

디자인 · 제작 / 우라베 히로코

★ 우유팩 재단하기

우유팩 1 · 2

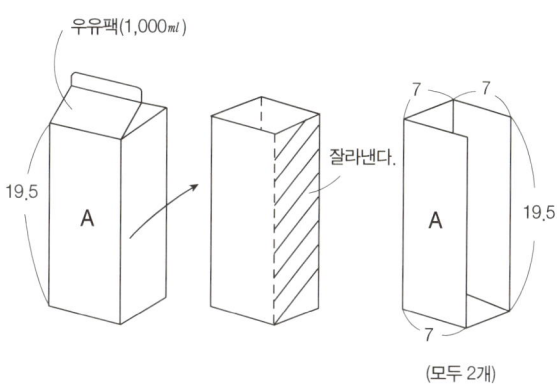

(모두 2개)

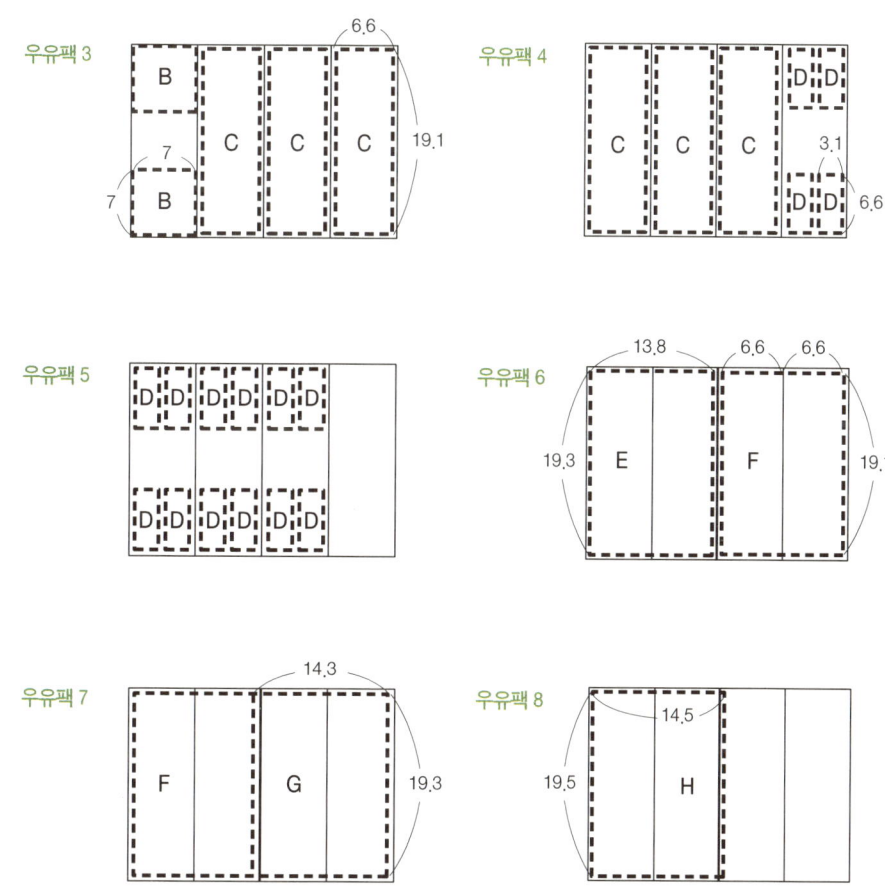

★ 만드는 방법

①~⑤는 67~68과 같아요.

⑥ 내벽을 만든다.

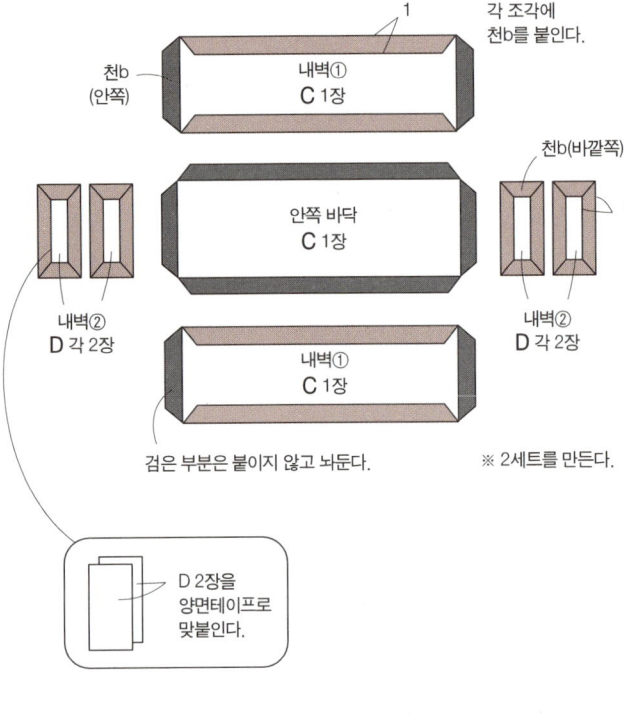

각 조각에
천b를 붙인다.

1

천b
(안쪽)

내벽①
C 1장

안쪽 바닥
C 1장

천b(바깥쪽)

1

내벽②
D 각 2장

내벽②
D 각 2장

내벽①
C 1장

검은 부분은 붙이지 않고 놔둔다.

※ 2세트를 만든다.

D 2장을
양면테이프로
맞붙인다.

⑦ 상자 본체에 안쪽 바닥을 붙인다.

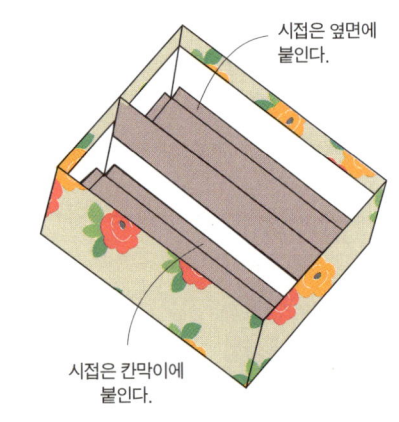

시접은 옆면에
붙인다.

시접은 칸막이에
붙인다.

⑧ 상자 본체에 내벽을 붙인다.

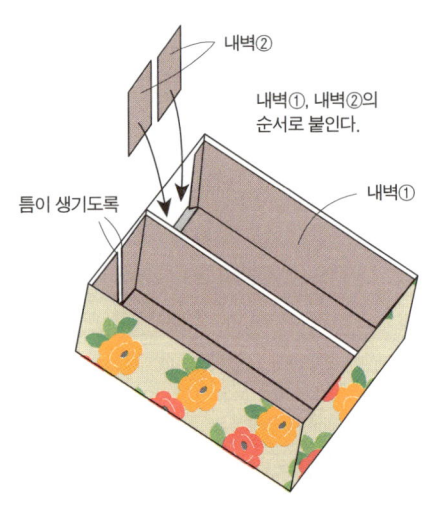

내벽②

내벽①, 내벽②의
순서로 붙인다.

내벽①

틈이 생기도록

⑨ 상자 본체의 바깥 바닥을 만든다.

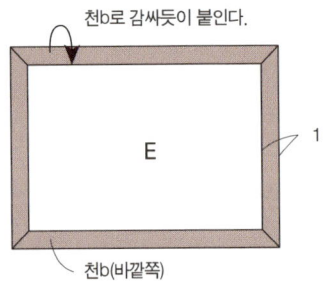

천b로 감싸듯이 붙인다.

E

1

천b(바깥쪽)

⑩ 본체에 바깥 바닥을 붙인다.

⑨에서 만든 바닥

⑪ 칸막이를 만든다.

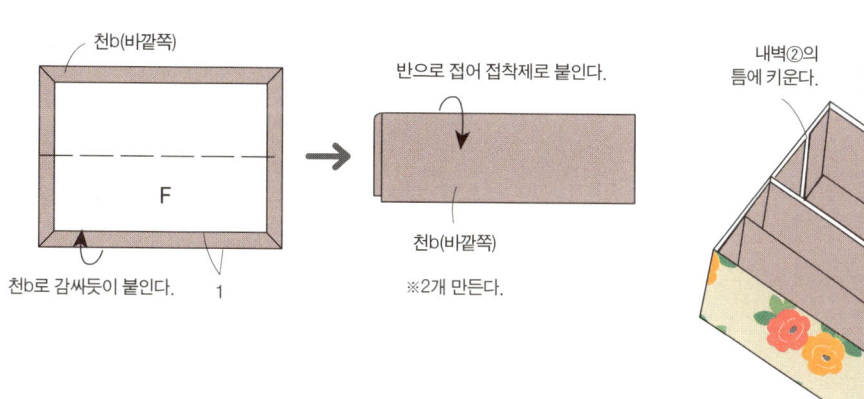

천b(바깥쪽)

F

천b로 감싸듯이 붙인다.

1

반으로 접어 접착제로 붙인다.

천b(바깥쪽)

※2개 만든다.

⑫ 본체에 칸막이를 끼워 넣는다.

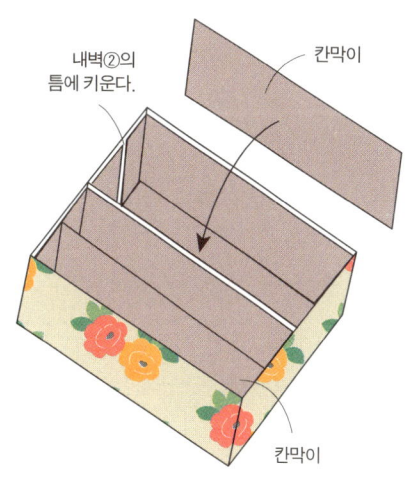

칸막이

내벽②의
틈에 키운다.

칸막이

⑬ 바깥 뚜껑을 만든다.

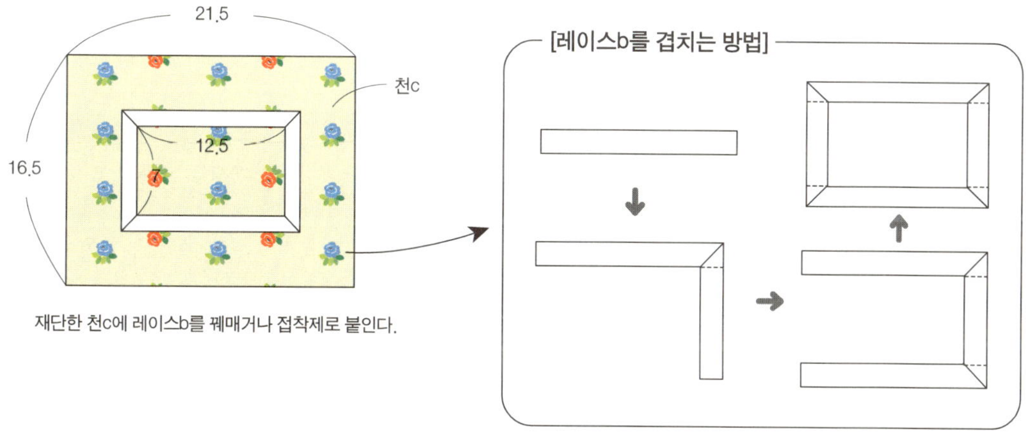

21.5

천c

12.5

16.5

재단한 천c에 레이스b를 꿰매거나 접착제로 붙인다.

[레이스b를 겹치는 방법]

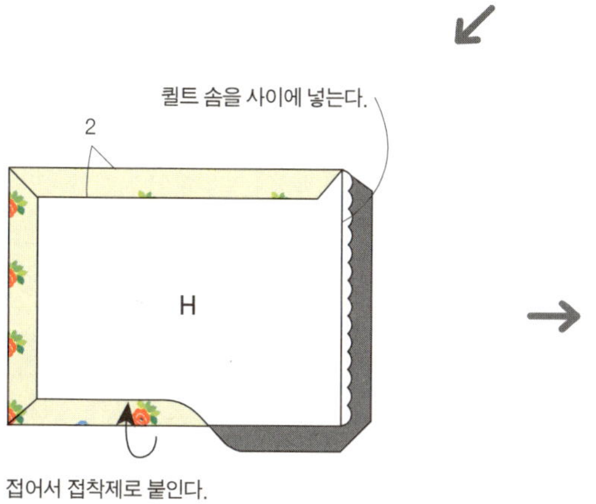

퀼트 솜을 사이에 넣는다.

2

H

접어서 접착제로 붙인다.

⑭ 안쪽 뚜껑을 만든다.

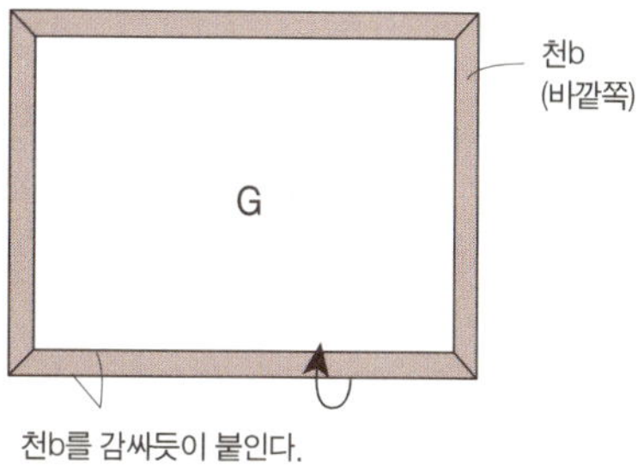

천b
(바깥쪽)

G

천b를 감싸듯이 붙인다.

⑮ 바깥 뚜껑과 안쪽 뚜껑을 맞붙인다.

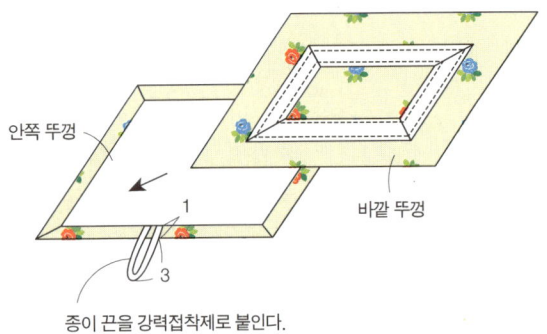

안쪽 뚜껑

1

3

바깥 뚜껑

종이 끈을 강력접착제로 붙인다.

⑯ 뚜껑을 옆면에 단다.

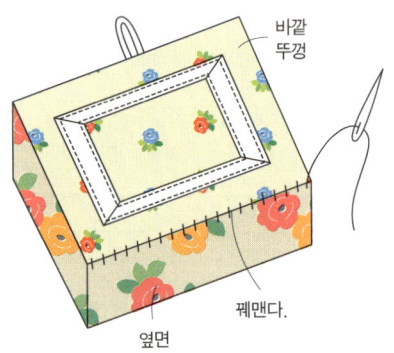

바깥 뚜껑

꿰맨다.

옆면

⑰ 본체 옆면에 구멍을 뚫는다.

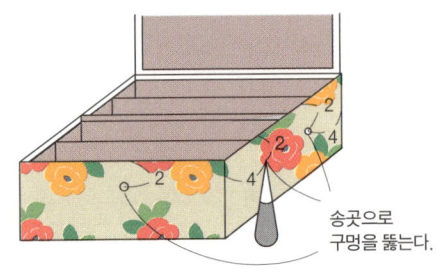

2
4
2
4
2
4
2

송곳으로 구멍을 뚫는다.

⑱ 손잡이를 만들어 구멍을 뚫는다.

종이테이프에 레이스를 붙인다.

구멍을 뚫는다.

레이스b

종이테이프

1

1.5

16.5

1

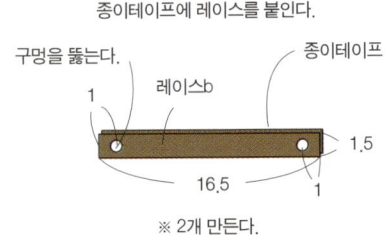

※ 2개 만든다.

⑲ 손잡이 장식을 만든다.

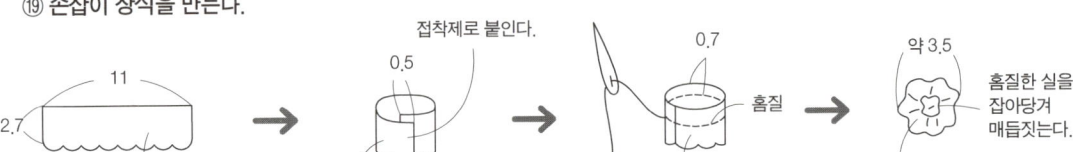

11

2.7

레이스a

접착제로 붙인다.

0.5

레이스a

0.7

홈질

레이스a

약 3.5

레이스a

홈질한 실을 잡아당겨 매듭짓는다.

⑳ 상자에 손잡이를 단다.

본체 안쪽에서부터 뒷단추, 본체 구멍, 손잡이의 순서로 철사를 꿰어 고정한다.

뒷단추

철사 (5cm × 2가닥)

철사를 꼬아 고정한다.

접착제로 붙인다.

손잡이 장식

㉑ 상자에 단추를 달면 칸막이 상자 완성.

안쪽

뒷단추

철사를 꼬아 고정한다.

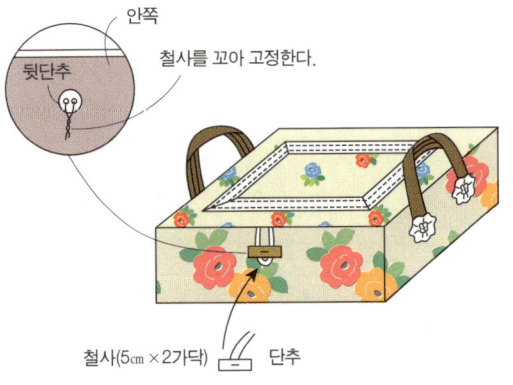

철사(5cm × 2가닥)   단추

▶▶ 준비물 (작품2)

· 우유팩(1,000㎖) 8개
· 천a(면 · 줄무늬) 10×70㎝
· 천b(밤색 · 민무늬) 50×80㎝
· 천c(베이지색 · 민무늬) 45×35㎝
· 펠트(갈색) 8×8㎝
· 퀼트 솜(가장 두꺼운 것) 20×15㎝
· 레이스a(폭 27㎜) 40㎝
· 레이스b(폭 20㎜) 45㎝
· 레이스c(폭 10㎜) 60㎝
· 종이테이프(폭 14㎜) 35㎝
· 뒷단추(7㎜) 4개
· 철사(#30) 40㎝

★ 우유팩 재단하기   71쪽의 작품1과 같아요.

★ 만드는 방법

①~⑤는 67~68쪽과 같아요.
⑥~⑫는 72~73쪽과 같아요.

⑬ 바깥 뚜껑을 만든다.

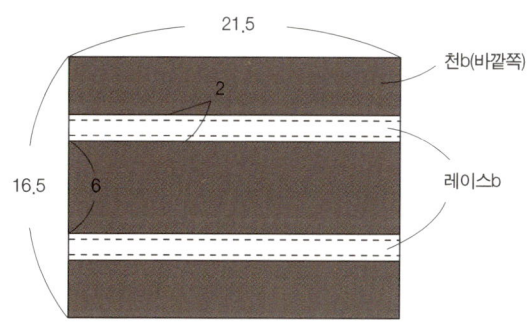

재단한 천b에 레이스a를 꿰매거나 접착제로 붙인다.

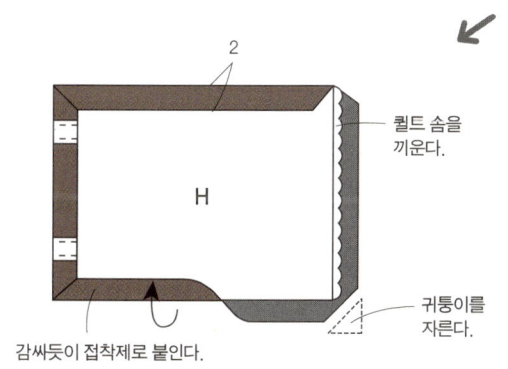

퀼트 솜을 끼운다.

귀퉁이를 자른다.

감싸듯이 접착제로 붙인다.

⑭ 안쪽 뚜껑을 만든다.

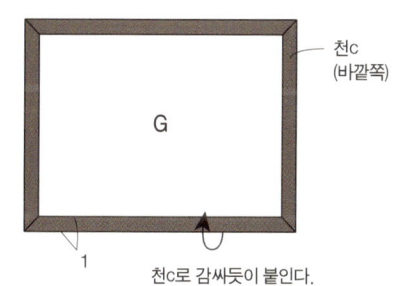

천c (바깥쪽)

천c로 감싸듯이 붙인다.

⑮ 바깥 뚜껑과 안쪽 뚜껑을 붙인다.

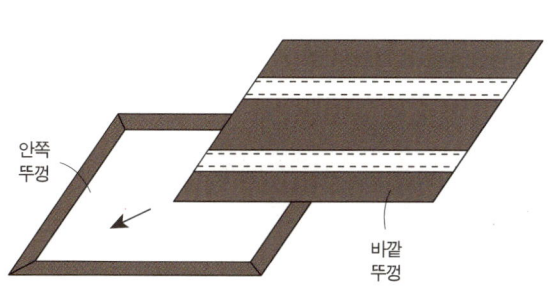

안쪽 뚜껑

바깥 뚜껑

⑯ 뚜껑을 본체에 단다.

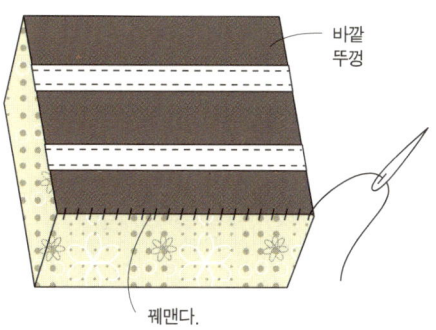

바깥 뚜껑

꿰맨다.

⑰ 본체 옆면에 구멍을 뚫는다.

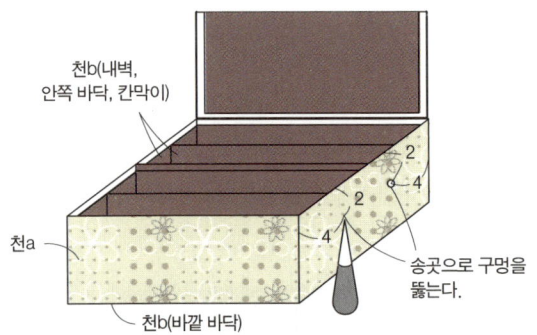

천b(내벽, 안쪽 바닥, 칸막이)

천a

천b(바깥 바닥)

2
4
2
4

송곳으로 구멍을 뚫는다.

⑱ 손잡이를 만들어 구멍을 뚫는다.

종이테이프에 레이스를 붙인다.

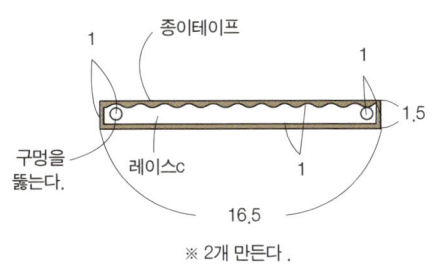

1
종이테이프
1
1.5
구멍을 뚫는다.
레이스c
1
16.5

※ 2개 만든다 .

⑲ 레이스로 손잡이 장식을 만든다.

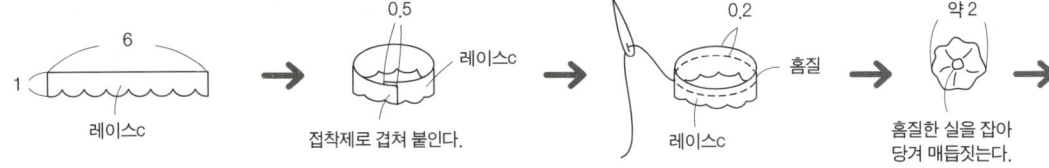

6
1
레이스c

0.5
레이스c
접착제로 겹쳐 붙인다.

0.2
홈질
레이스c

약 2
홈질한 실을 잡아 당겨 매듭짓는다.

핑킹 가위로 자른다.

지름 3
펠트

레이스c
펠트
접착제로 붙인다.

※ 4개 만든다.

⑳ 본체에 손잡이를 단다.

본체 안쪽에서부터 뒷단추, 본체 구멍, 손잡이의 순서로 철사에 꿰어 고정한다.

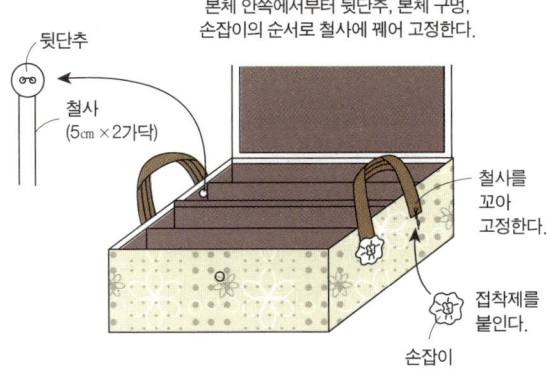

뒷단추
철사
(5cm × 2가닥)

철사를 꼬아 고정한다.

접착제를 붙인다.

손잡이

㉑ 장미를 만든다.

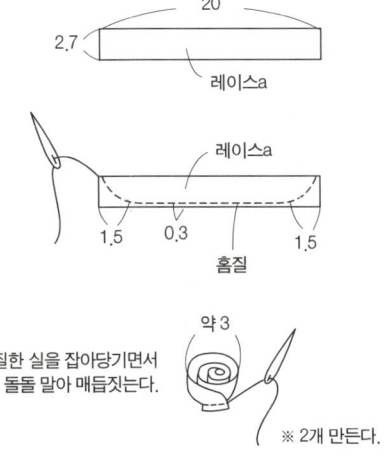

20
2.7
레이스a

레이스a
1.5 0.3 1.5
홈질

홈질한 실을 잡아당기면서 돌돌 말아 매듭짓는다.

약 3

※ 2개 만든다.

㉒ 장미를 뚜껑에 붙이면 상자 완성.

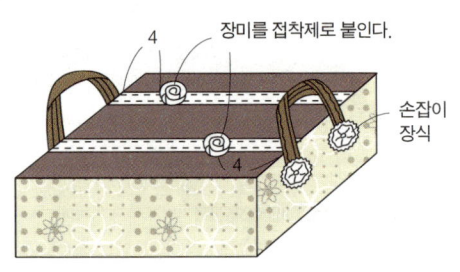

4
장미를 접착제로 붙인다.
손잡이 장식
4

서랍 안쪽에는 작은
꽃무늬 천을 사용했어요.

3단 서랍장

자질구레한 소품을 수납하기에는 서랍장이 그만이지요.
바깥 테두리에 골판지를 덧대서 아주 튼튼해요.

디자인 · 제작 / 니시무라 아키코

▶▶ 준비물

· 우유팩(1,000㎖) 21개
· 천a(면 · 격자무늬) 60×100㎝
· 천b(보라색 · 민무늬) 40×160㎝
· 천c(면 · 꽃무늬) 90×80㎝
· 마 테이프(폭 15㎜) 55㎝
· 골판지(두께 4㎜) 50×80㎝
· 판지 21.5×23㎝

★ 우유팩 재단하기

우유팩 1~9

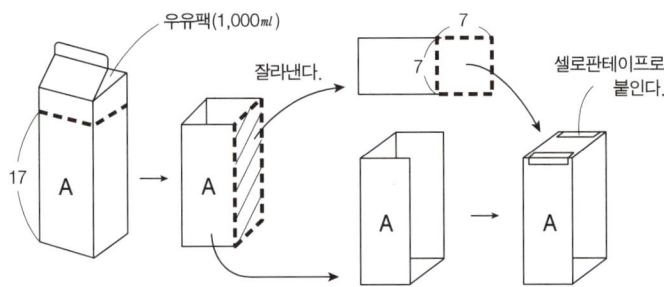

우유팩(1,000㎖)

잘라낸다.

7
7

셀로판테이프로
붙인다.

17

A

우유팩 10~18

우유팩(1,000㎖)을
펼친 모습

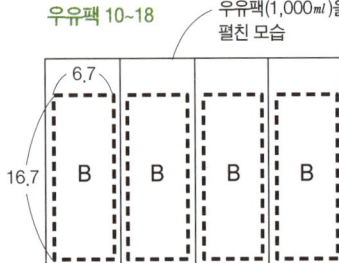

6.7

16.7

B B B B

우유팩 19~20

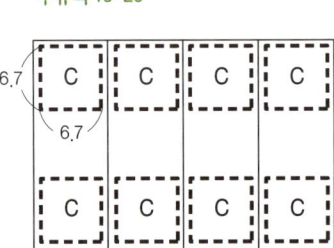

6.7

6.7

C C C C

C C C C

우유팩 21

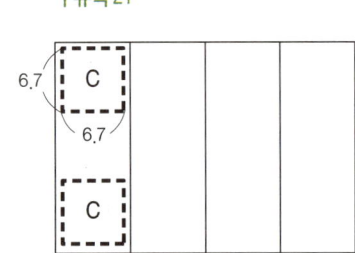

6.7

6.7

C

C

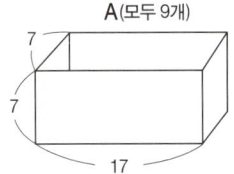

A(모두 9개)

7

7

17

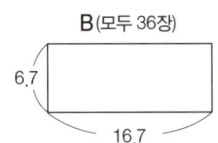

B(모두 36장)

6.7

16.7

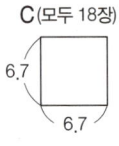

C(모두 18장)

6.7

6.7

★ 골판지 재단하기

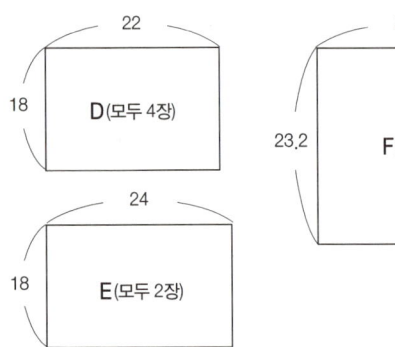

22

18

D(모두 4장)

24

18

E(모두 2장)

22

23.2

F(1장)

★ 판지 재단하기

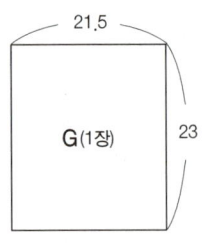

21.5

G(1장)

23

★ 만드는 방법

① D 2장, E 2장으로 서랍장 본체의 옆면을 조립한다.

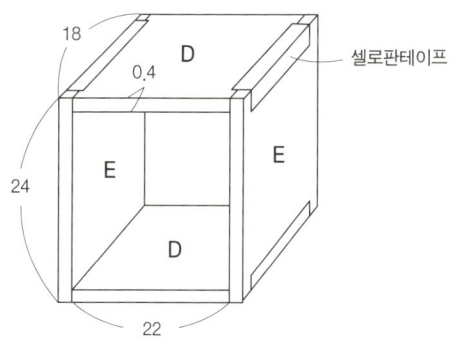

18
D
0.4
셀로판테이프
24
E
E
D
22

② 뒷면에 뒷벽을 끼워 넣는다.

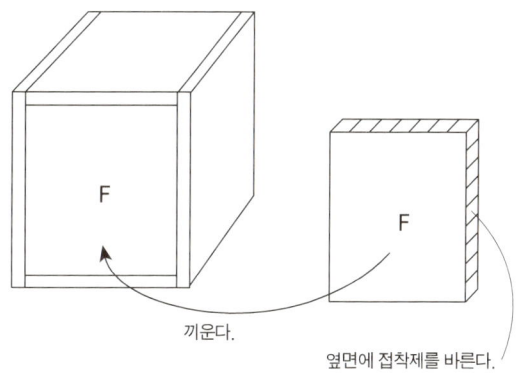

F
F
끼운다.
옆면에 접착제를 바른다.

③ 서랍장 본체의 옆면에 천a를 붙인다.

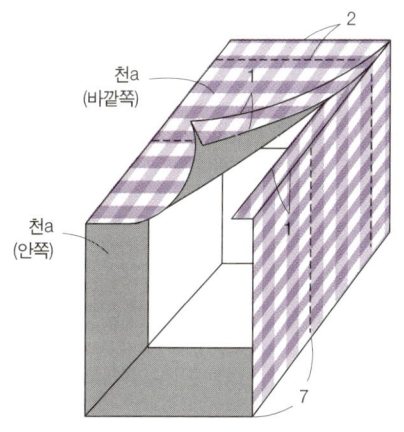

2
천a
(바깥쪽)
천a
(안쪽)
7

④ 상자 입구의 시접을 접어 넣는다.

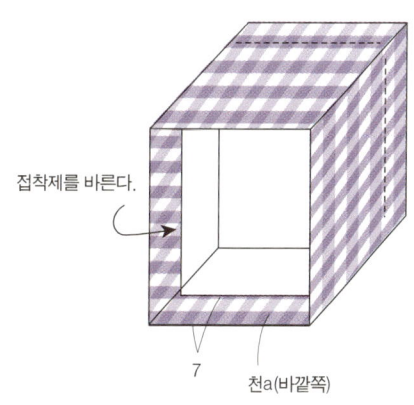

접착제를 바른다.
7
천a(바깥쪽)

⑤ 뒷면에 시접을 붙인다.

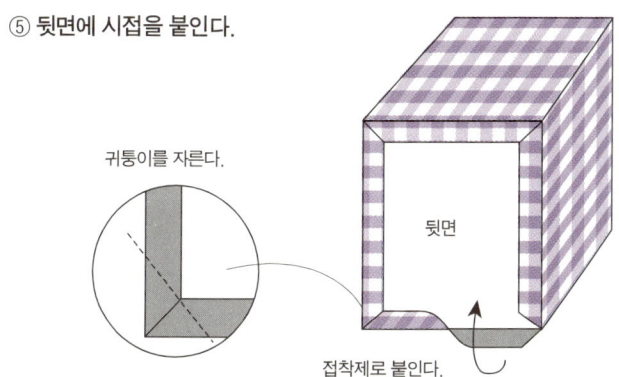

귀퉁이를 자른다.
뒷면
접착제로 붙인다.

⑥ 뒷면의 외벽을 만들어 붙인다.

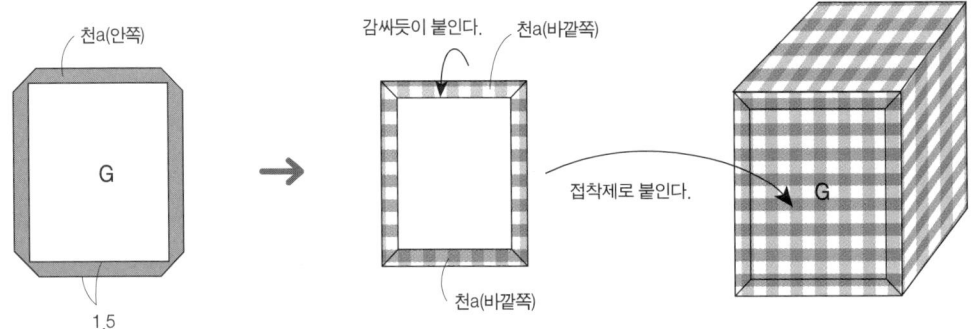

천a(안쪽)

G

1.5

감싸듯이 붙인다.

천a(바깥쪽)

천a(바깥쪽)

접착제로 붙인다.

G

⑦ 칸막이를 만든다.

22

천a
(안쪽)

14

1

천a의 좌우 시접을
1㎝ 접어 붙여놓는다.

D

이것을 2개
만든다.

반으로 접듯이 D에
붙인다.

⑧ 본체에 칸막이를 붙인다.

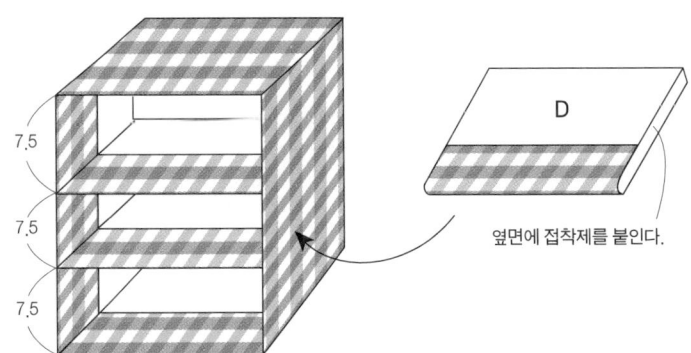

7.5

7.5

7.5

D

옆면에 접착제를 붙인다.

⑨ 서랍의 옆면에 천b를 붙인다.

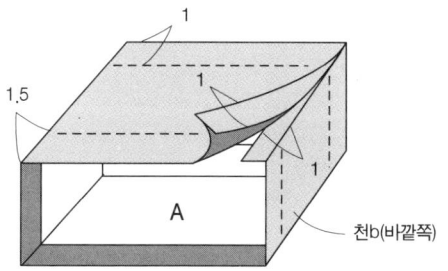

1

1.5

1

1

천b(바깥쪽)

A

⑩ 입구로 접어 넣는다.

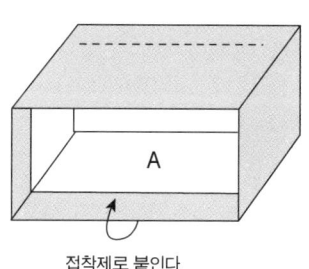

A

접착제로 붙인다.

⑪ 바닥에 시접을 붙인다.

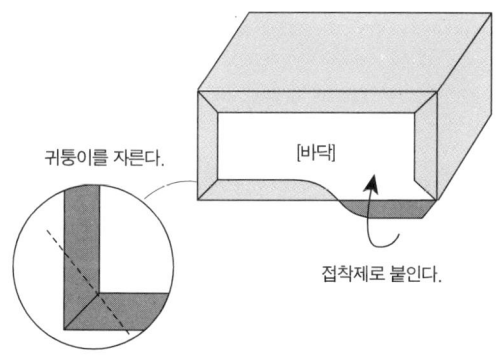

귀퉁이를 자른다.

[바닥]

접착제로 붙인다.

⑫ 서랍의 바깥 바닥을 만든다.

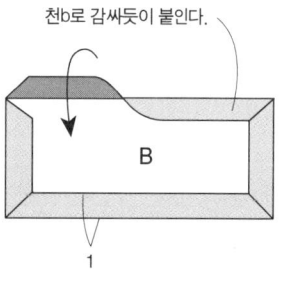

천b로 감싸듯이 붙인다.

B

1

⑬ 서랍에 바깥 바닥을 붙인다.

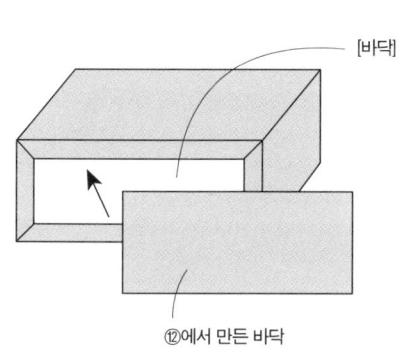

[바닥]

⑫에서 만든 바닥

⑭ 서랍에 손잡이를 단다.

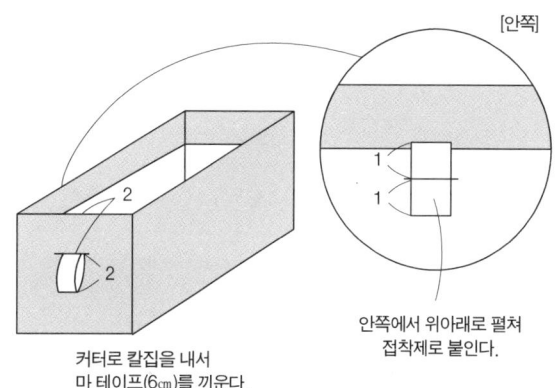

[안쪽]

2

2

1

1

커터로 칼집을 내서
마 테이프(6cm)를 끼운다.

안쪽에서 위아래로 펼쳐
접착제로 붙인다.

⑮ 서랍의 내벽을 만든다.

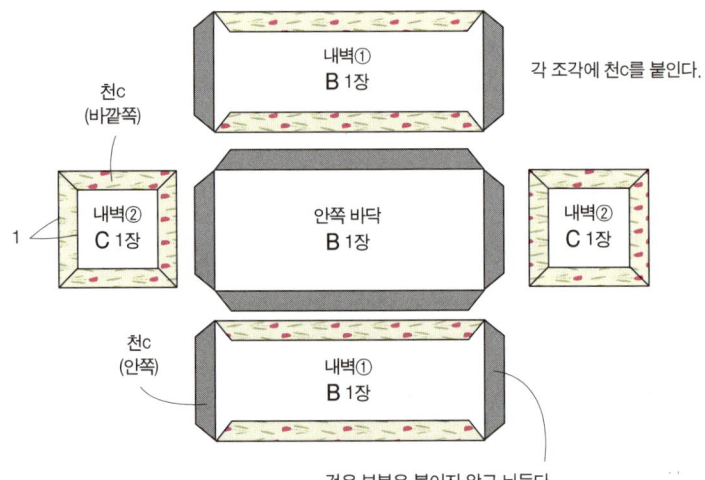

천c
(바깥쪽)

내벽①
B 1장

각 조각에 천c를 붙인다.

1

내벽②
C 1장

안쪽 바닥
B 1장

내벽②
C 1장

천c
(안쪽)

내벽①
B 1장

검은 부분은 붙이지 않고 놔둔다.

⑯ 서랍에 안쪽 바닥을 붙인다.

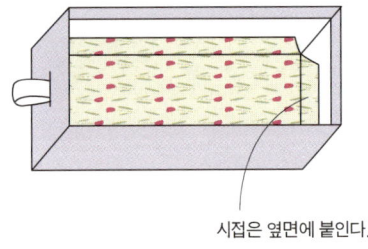

시접은 옆면에 붙인다.

⑰ 서랍에 내벽을 붙인다.

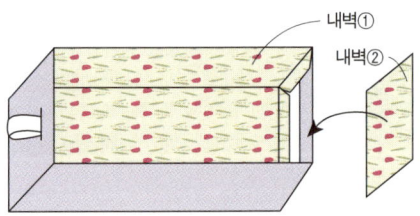

내벽①

내벽②

내벽①, 내벽②의 순서로 붙인다.

⑱ 똑같은 서랍을 9개 만든다.

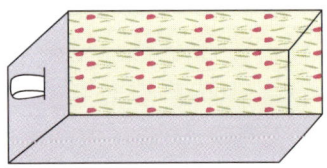

⑲ 서랍을 본체에 끼우면 완성.

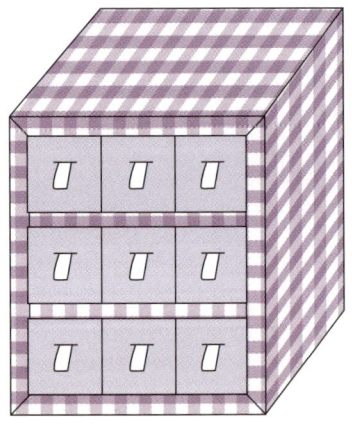

미니 칸칸 서랍

조그마한 크기의 서랍이에요.
선반도 있어 실내 장식용품으로 활용하기에 좋아요.

물방울무늬와
민무늬 리넨의
색 배합이 자연스러워요.

디자인 · 제작 / 니시무라 아키코

▶▶ 준비물

· 우유팩(1,000㎖) 12개
· 천a(면 · 물방울무늬) 75×55㎝
· 천b(리넨 · 민무늬) 65×70㎝
· 나무 구슬(지름 13㎜) 4개
· 아크릴 구슬(지름 6㎜) 4개
· 철사(#30) 30㎝

★ 우유팩 재단하기

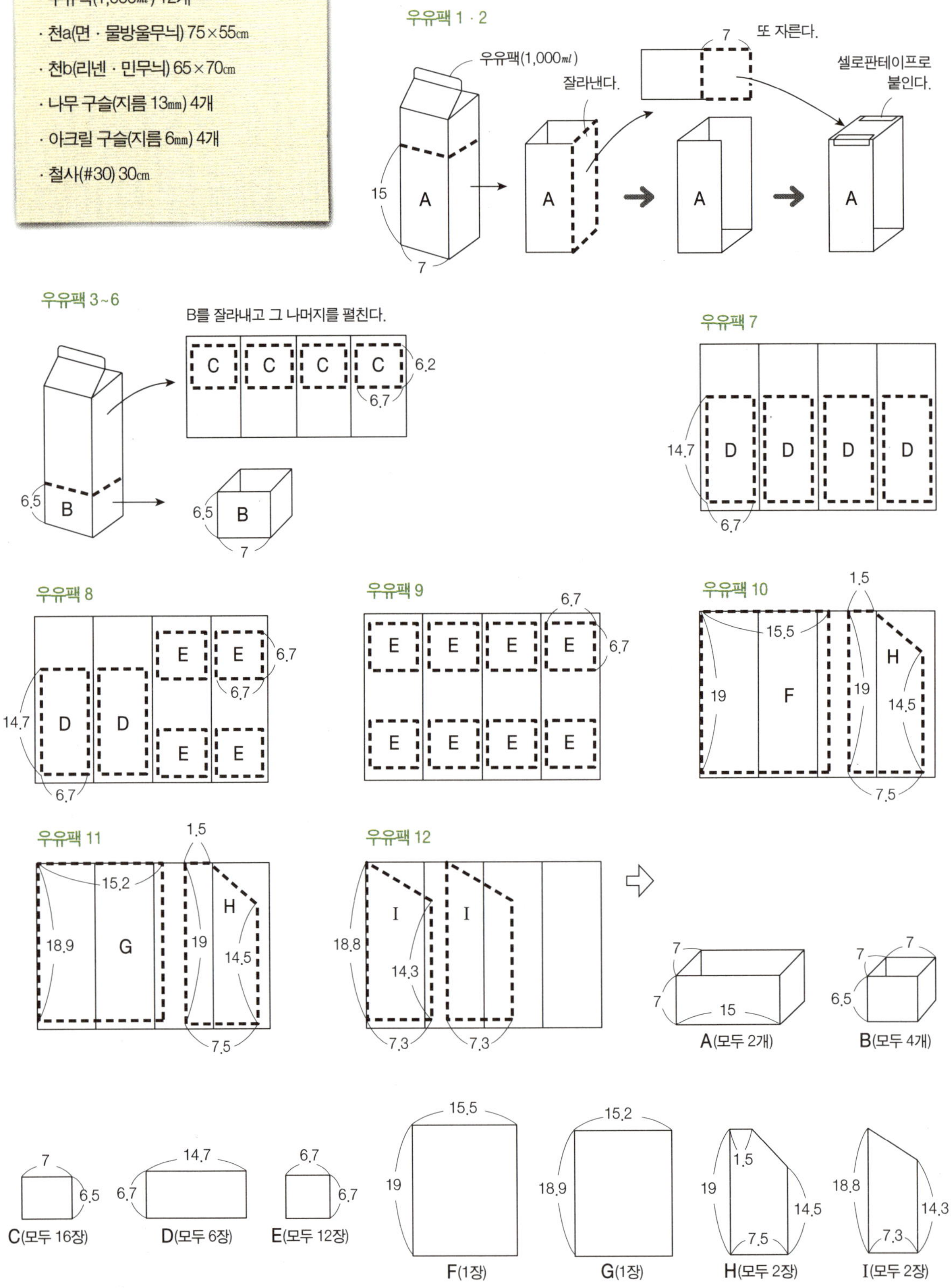

우유팩 1 · 2

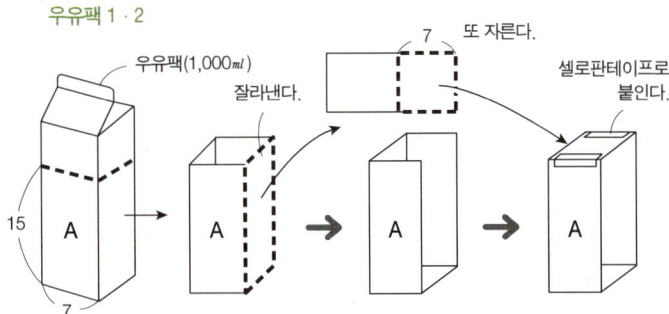

우유팩(1,000㎖)
잘라낸다.

7
또 자른다.

셀로판테이프로
붙인다.

15

7

우유팩 3~6

B를 잘라내고 그 나머지를 펼친다.

C C C C

6.2

6.7

6.5 B

7

6.5 B

우유팩 7

14.7

D D D D

6.7

우유팩 8

14.7

D D

E E

6.7

6.7

E E

6.7

우유팩 9

E E E E

6.7

6.7

E E E E

우유팩 10

1.5

15.5

19 F 19 H

14.5

7.5

우유팩 11

1.5

15.2

18.9 G 19 H

14.5

7.5

우유팩 12

18.8 I I

14.3

7.3 7.3

A(모두 2개)

7 7

7 15

B(모두 4개)

7 7

6.5

15.5

19 F(1장)

15.2

18.9 G(1장)

1.5

19 H(모두 2장)

14.5

7.5

18.8 I(모두 2장)

14.3

7.3

7 C(모두 16장)

6.5

14.7 D(모두 6장)

6.7 6.7

6.7 E(모두 12장)

6.7

84

★ 만드는 방법

① A 2개를 맞붙여 상자의 본체를 만든다.

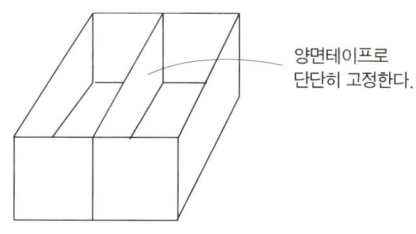

양면테이프로
단단히 고정한다.

② 본체의 옆면에 천a를 붙인다.

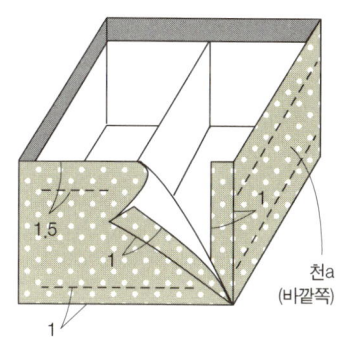

1.5

1

1

천a
(바깥쪽)

③ 입구로 천의 시접을 접어 넣는다.

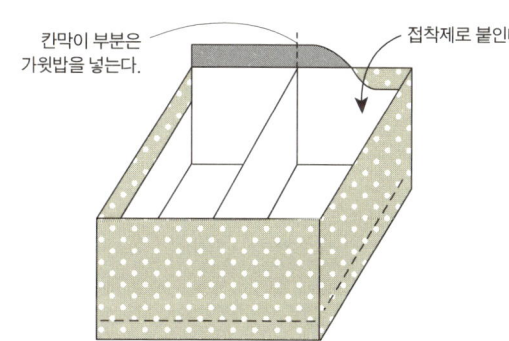

칸막이 부분은
가윗밥을 넣는다.

접착제로 붙인다.

④ 바닥에 시접을 붙인다.

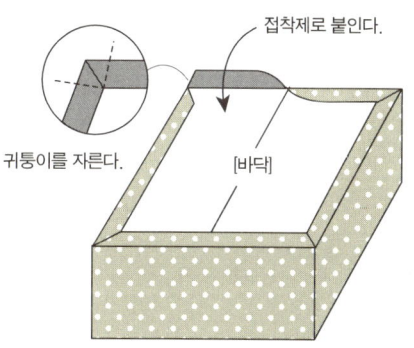

귀퉁이를 자른다.

접착제로 붙인다.

[바닥]

⑤ 칸막이 부분에 천a를 붙인다.

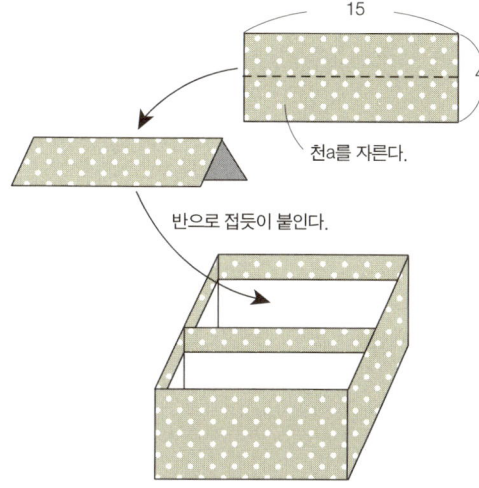

15

4

천a를 자른다.

반으로 접듯이 붙인다.

⑥ 본체의 내벽을 만든다.

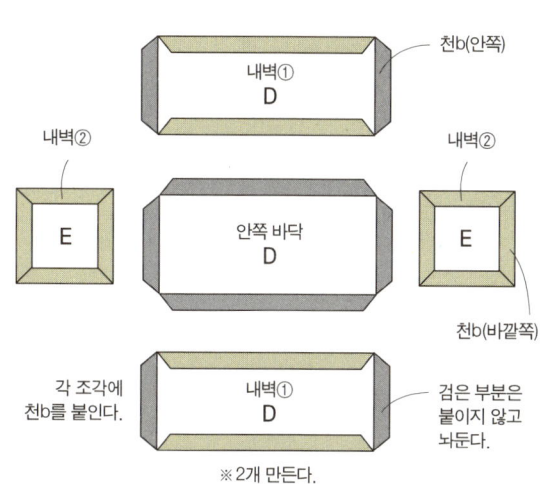

천b(안쪽)

내벽①
D

내벽②

내벽②

E

안쪽 바닥
D

E

천b(바깥쪽)

내벽①
D

각 조각에
천b를 붙인다.

검은 부분은
붙이지 않고
놔둔다.

※2개 만든다.

⑦ 본체에 안쪽 바닥을 붙인다.

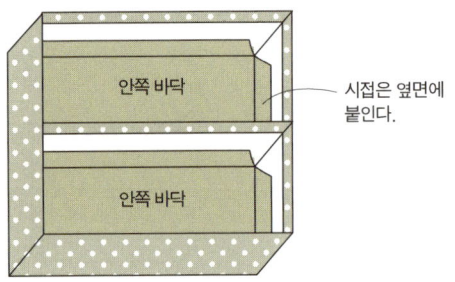

시접은 옆면에
붙인다.

안쪽 바닥

안쪽 바닥

⑧ 본체에 내벽을 붙인다.

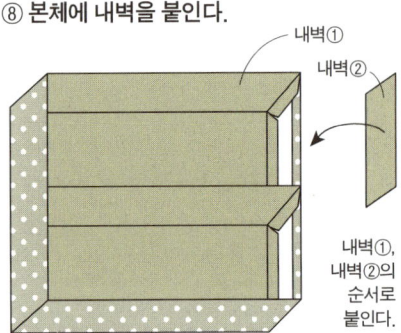

내벽①

내벽②

내벽①,
내벽②의
순서로
붙인다.

⑨ H 2장에 살짝 금을 긋는다.

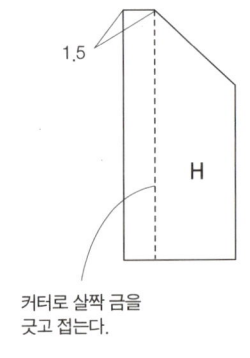

1.5

H

커터로 살짝 금을
긋고 접는다.

⑩ 뒷벽을 조립한다.

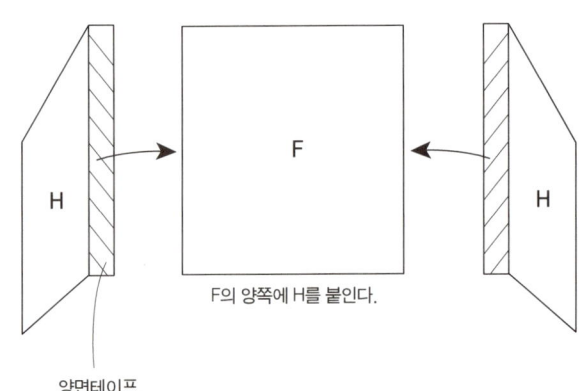

H

F

H

F의 양쪽에 H를 붙인다.

양면테이프

⑪ 뒷벽에 천b를 붙인다.

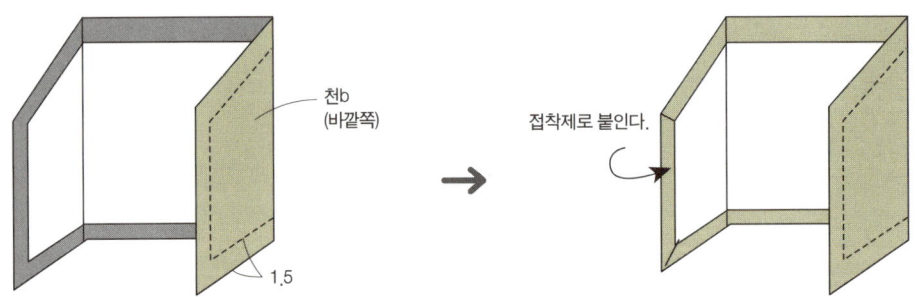

천b
(바깥쪽)

1.5

접착제로 붙인다.

⑫ 뒷벽의 내벽을 만든다.

각 조각에 천a 붙인다.

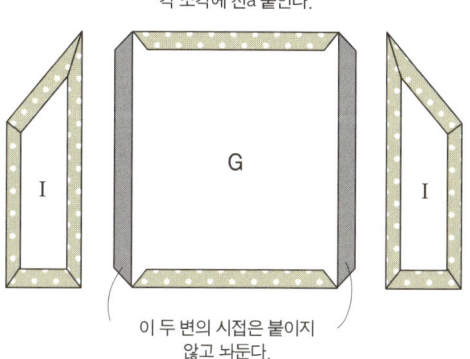

이 두 변의 시접은 붙이지
않고 놔둔다.

⑬ 뒷벽에 내벽을 붙인다.

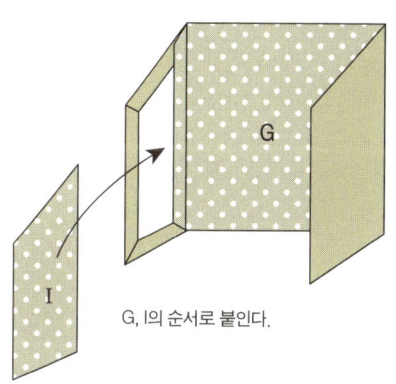

G, I의 순서로 붙인다.

⑭ 뒷벽과 본체를 붙인다.

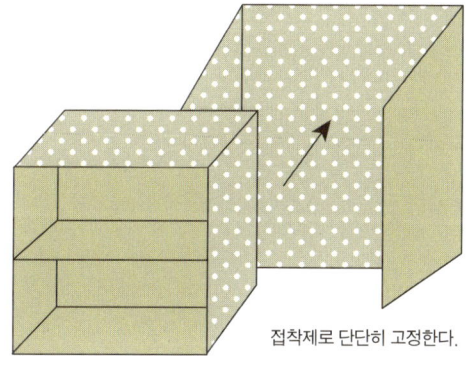

접착제로 단단히 고정한다.

⑮ 서랍을 만든다.

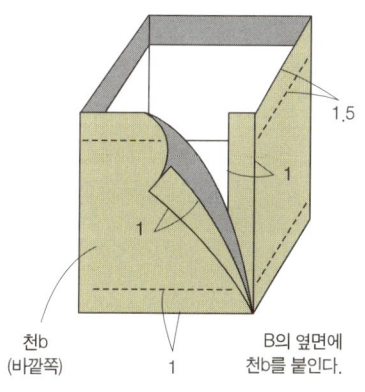

1,5

1

1

천b
(바깥쪽)

1

B의 옆면에
천b를 붙인다.

⑯ 시접을 입구로 접어 넣는다.

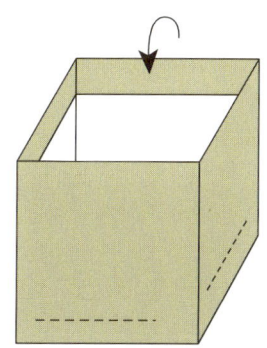

⑰ 바닥에 시접을 붙인다.

접착제로 붙인다.

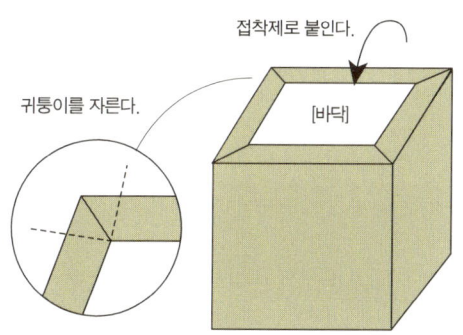

귀퉁이를 자른다.

[바닥]

⑱ 바깥 바닥을 만들어 붙인다.

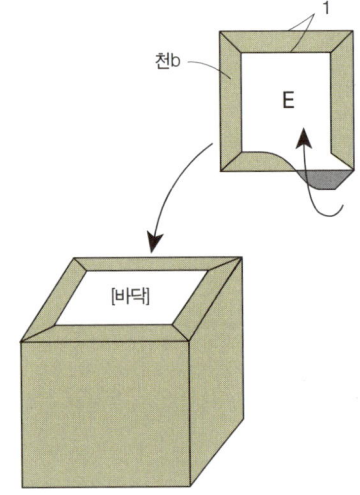

천b

E

1

[바닥]

⑲ 서랍에 손잡이를 단다.

안쪽에서 철사를 꼬아 좌우로
벌려 셀로판테이프로 고정한다.

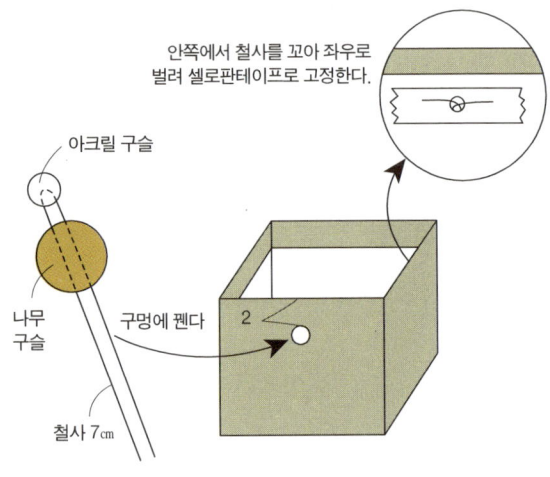

아크릴 구슬

나무
구슬

구멍에 꿴다

2

철사 7㎝

⑳ 서랍의 내벽을 만든다.

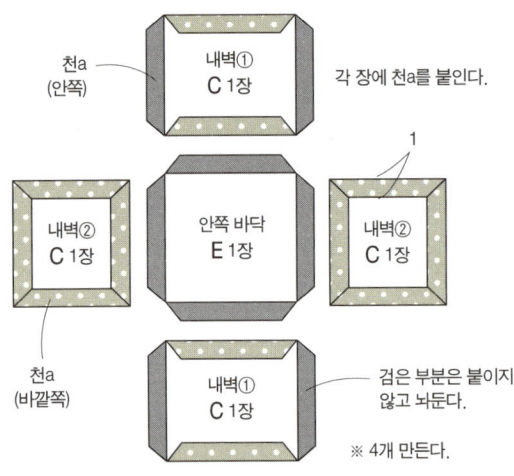

천a
(안쪽)

내벽①
C 1장

각 장에 천a를 붙인다.

내벽②
C 1장

안쪽 바닥
E 1장

1

내벽②
C 1장

천a
(바깥쪽)

내벽①
C 1장

검은 부분은 붙이지
않고 놔둔다.

※ 4개 만든다.

㉑ 안쪽 바닥을 붙인다.

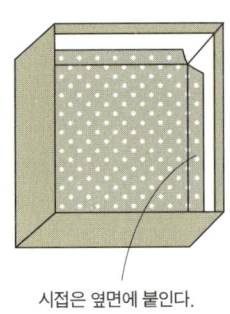

시접은 옆면에 붙인다.

㉒ 서랍에 내벽을 붙인다.

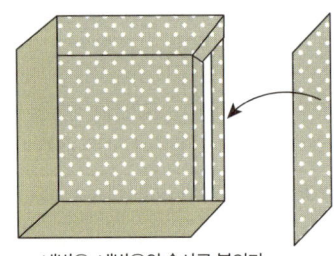

내벽①, 내벽②의 순서로 붙인다.

㉓ 서랍을 4개 만들어 본체에 넣으면 완성.

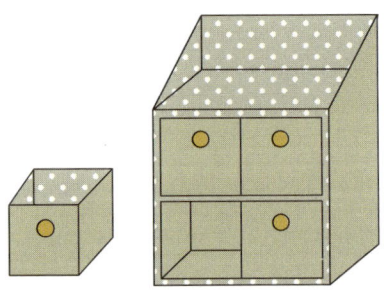

같은 크기의 상자를
여러 개 만들어서 정리하면
깔끔해 보여요.

깔끔 수납 상자

서랍 안에 넣어서 쓸 수 있는 수납 상자예요.
양쪽에 손잡이를 달아서 옮기기 편하지요.

1

2

3

제작 / 니시무라 아키코

★ 우유팩 재단하기

우유팩 1

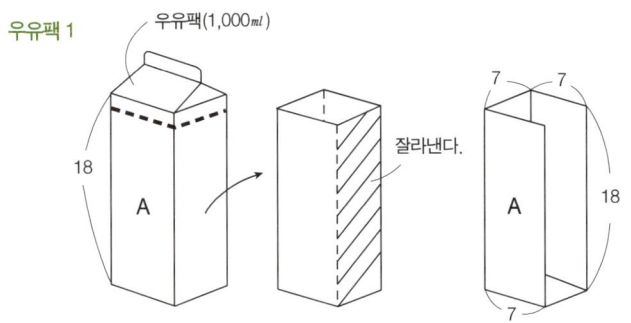

우유팩(1,000㎖)

18

A

잘라낸다.

7   7

A

18

7

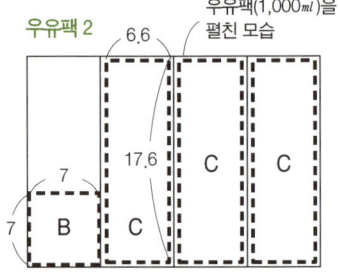

우유팩 2

6.6

17.6

7

7   B

C

C   C

우유팩(1,000㎖)을
펼친 모습

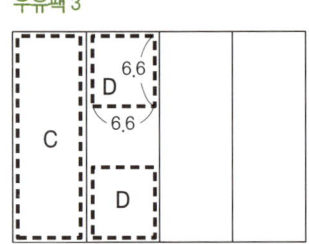

우유팩 3

6.6

D

6.6

C

D

★ 만드는 방법

① 본체를 조립한다.

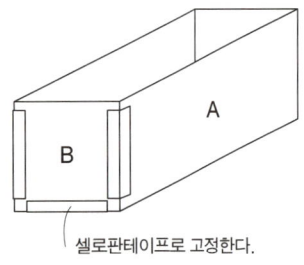

A

B

셀로판테이프로 고정한다.

② 본체의 둘레에 겉감을 붙인다.

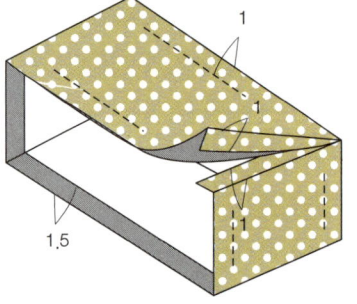

1

1

1.5

③ 입구로 접어 넣는다.

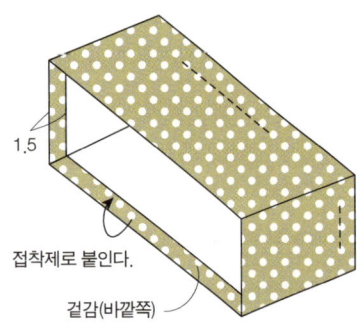

1.5

접착제로 붙인다.

겉감(바깥쪽)

④ 바닥에 시접을 붙인다.

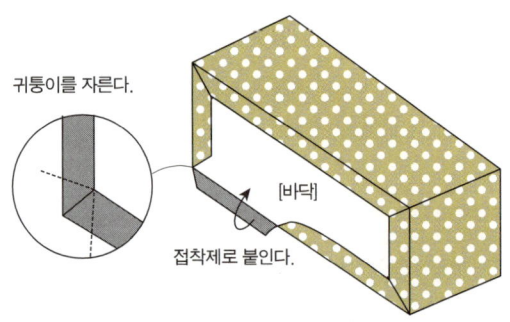

귀퉁이를 자른다.

[바닥]

접착제로 붙인다.

⑤ 바깥 바닥에 천을 붙인다.

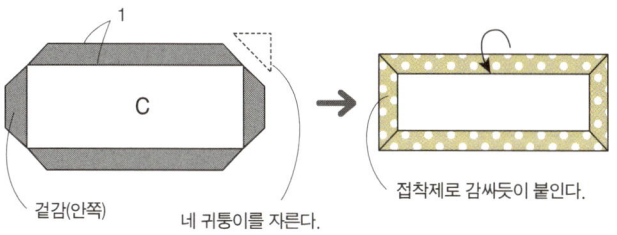

겉감(안쪽) 네 귀퉁이를 자른다.

접착제로 감싸듯이 붙인다.

⑥ 본체에 바깥 바닥을 붙인다.

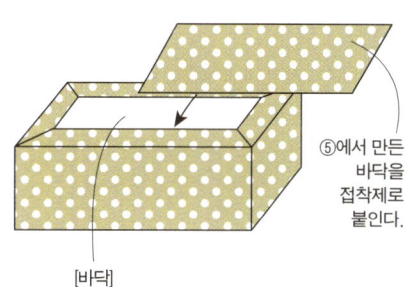

⑤에서 만든 바닥을 접착제로 붙인다.

[바닥]

⑦ 손잡이를 만든다.

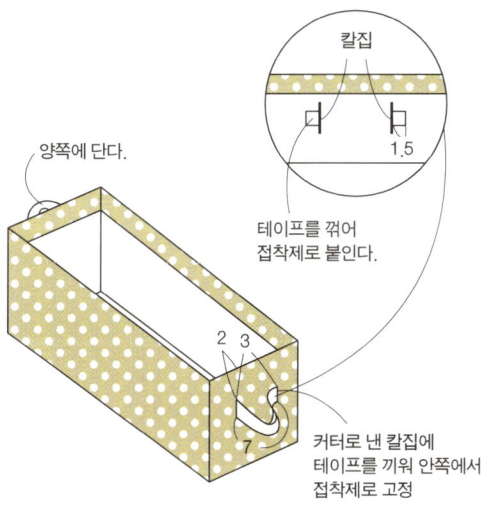

칼집

1.5

테이프를 꺾어 접착제로 붙인다.

양쪽에 단다.

2 3

커터로 낸 칼집에 테이프를 끼워 안쪽에서 접착제로 고정

⑧ 본체의 내벽을 만든다.

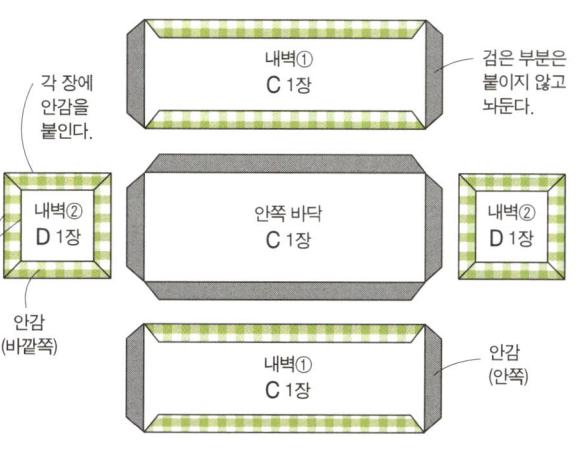

내벽① C 1장

검은 부분은 붙이지 않고 놔둔다.

각 장에 안감을 붙인다.

내벽② D 1장

안쪽 바닥 C 1장

내벽② D 1장

1

안감 (바깥쪽)

내벽① C 1장

안감 (안쪽)

⑨ 본체에 안쪽 바닥을 붙인다.

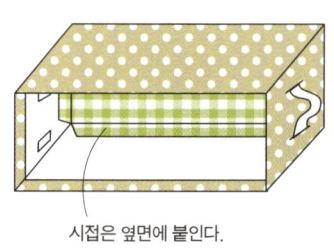

시접은 옆면에 붙인다.

⑩ 본체에 내벽을 붙이면 완성

내벽②

내벽①

내벽①, 내벽②의 순서로 붙인다.

서랍처럼 써도 좋고,
서랍 안에
넣어서 써도 좋아요.

다용도 수납 정리함

자잘한 물건을 정리하는 데 유용한 수납 상자에요. 바깥 틀은 골판지
로, 안의 칸막이는 우유팩으로 만들었어요. 칸막이를 따로 빼낼 수도
있으니 내용물에 맞춰서 공간을 자유롭게 활용하세요.

디자인 · 제작 / 니시무라 아키코

▶ 준비물
· 우유팩(1,000㎖) 8개
· 천a(자주색·민무늬) 60×120㎝
· 천b(줄무늬) 90×70㎝
· 골판지(두께 3㎜) 30×55㎝
· 판지 60×30㎝
· 마 테이프(폭 10㎜) 14㎝

★ 우유팩 재단하기

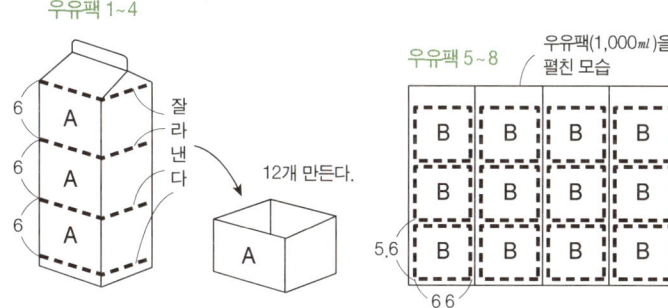

우유팩 1~4

6 A
6 A
6 A

잘라낸다

12개 만든다.

A

우유팩 5~8

우유팩(1,000㎖)을 펼친 모습

B B B B
B B B B
B B B B

5.6
6.6

★ 골판지 재단하기

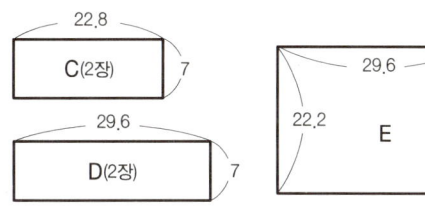

22.8
C(2장) 7

29.6
D(2장) 7

29.6
22.2 E

★ 판지 재단하기

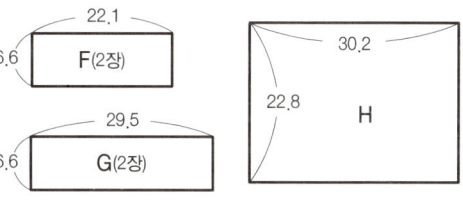

22.1
6.6 F(2장)

29.5
6.6 G(2장)

30.2
22.8 H

★ 만드는 방법

① 본체를 조립한다.

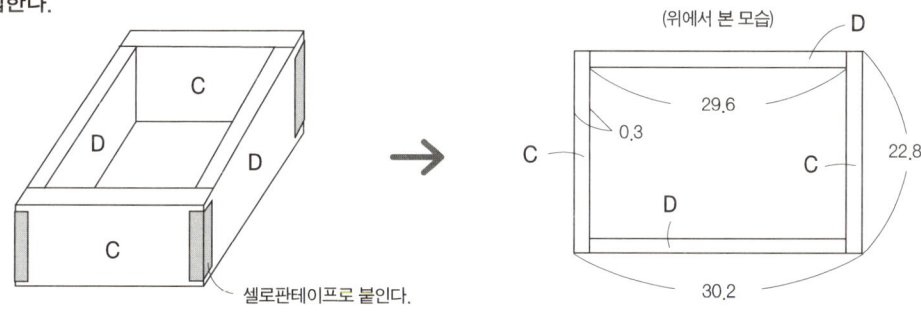

C
D
D
C

셀로판테이프로 붙인다.

(위에서 본 모습) D

29.6
C 0.3
C 22.8
D
30.2

② 본체의 바닥을 만든다.

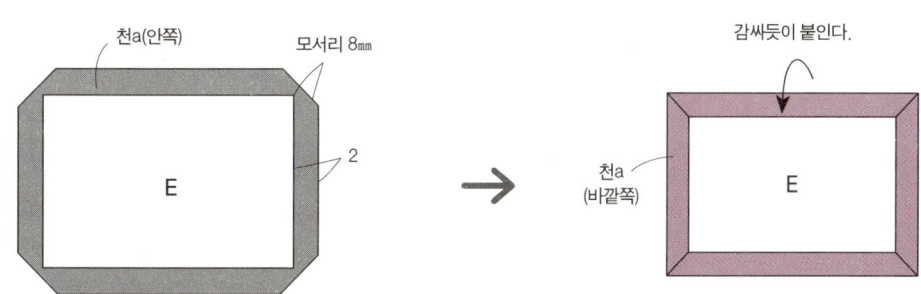

천a(안쪽)
모서리 8㎜
2
E

감싸듯이 붙인다.

천a
(바깥쪽)
E

③ 본체에 바닥을 끼운다.

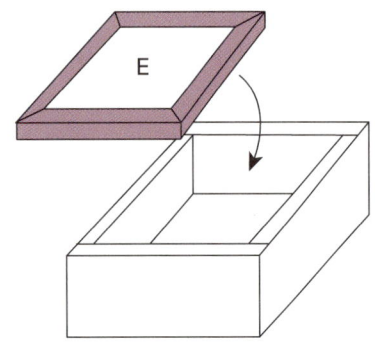

(바닥 쪽)

E

D

C

(입구 쪽)

E

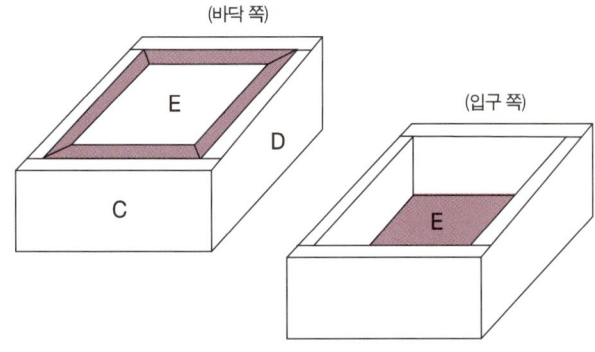

④ 본체 옆면에 천a를 붙인다.

1

2

1   2

천a(바깥쪽)

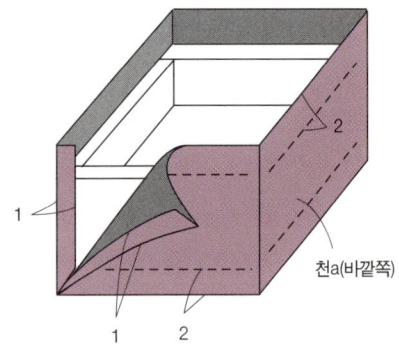

⑤ 입구로 접어 넣는다.

접착제로 붙인다.

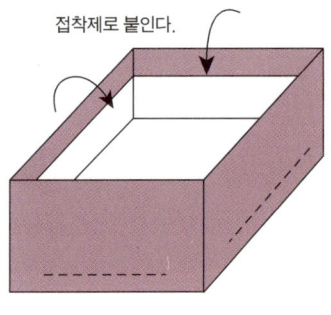

⑥ 바닥에 시접을 붙인다.

귀퉁이를 자른다.

접착제로 붙인다.

[바닥]

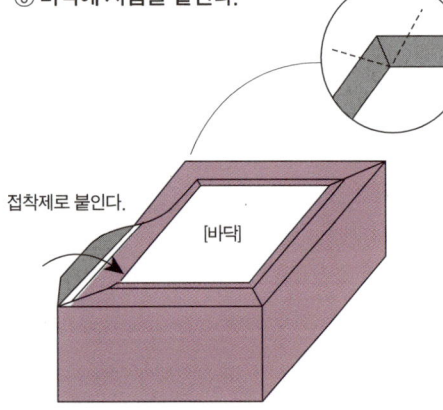

⑦ 바깥 바닥을 만든다.

천a로 감싸듯이 붙인다.

1

H

천a(바깥쪽)

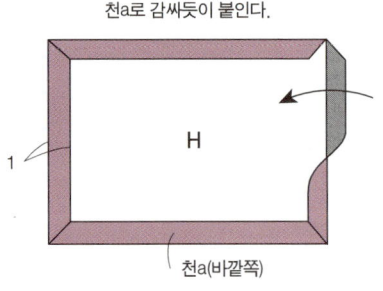

⑧ 본체에 바깥 바닥을 붙인다.

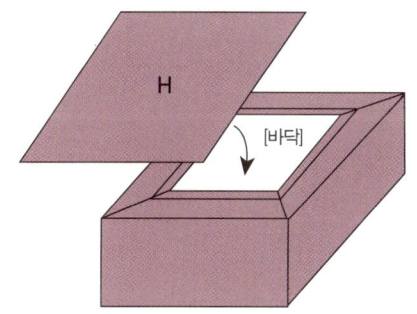

⑨ 손잡이를 단다.

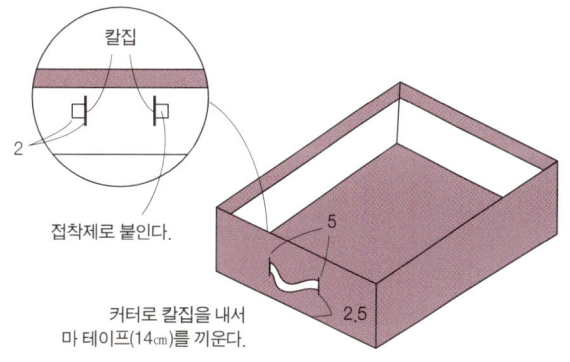

칼집

2

접착제로 붙인다.

5

2,5

커터로 칼집을 내서
마 테이프(14㎝)를 끼운다.

⑩ 본체의 내벽을 만든다.

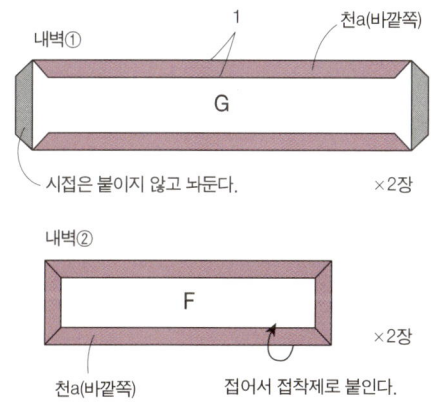

내벽①

1

천a(바깥쪽)

G

시접은 붙이지 않고 놔둔다.

×2장

내벽②

F

천a(바깥쪽)

접어서 접착제로 붙인다.

×2장

⑪ 본체에 내벽을 붙인다.

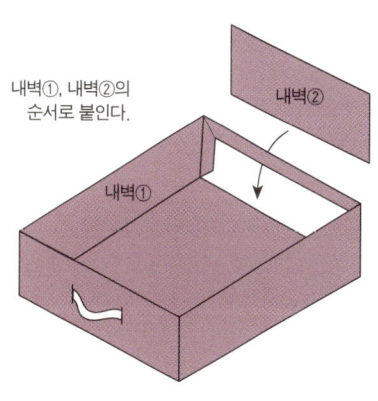

내벽①, 내벽②의
순서로 붙인다.

내벽②

내벽①

⑫ 칸막이의 옆면에 천을 붙인다.

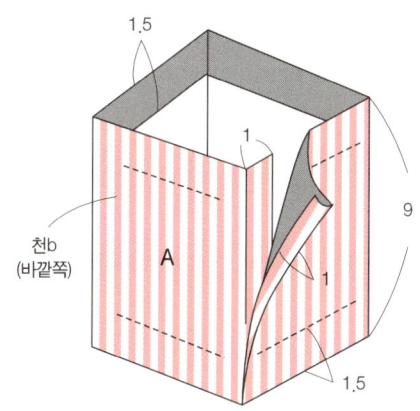

1,5

1

9

천b
(바깥쪽)

A

1

1,5

⑬ 위아래의 시접을 접어 넣어 붙인다.

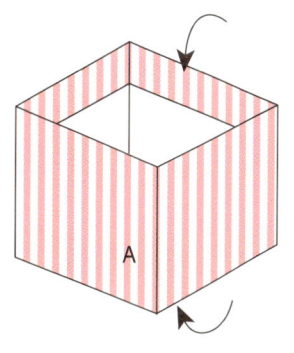

A

⑭ 칸막이의 내벽을 만든다.

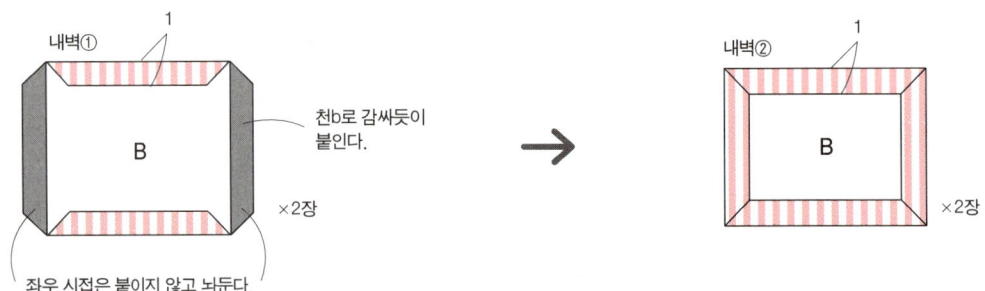

내벽①

1

B

천b로 감싸듯이
붙인다.

×2장

좌우 시접은 붙이지 않고 놔둔다.

내벽②

1

B

×2장

⑮ 칸막이에 내벽을 붙인다.

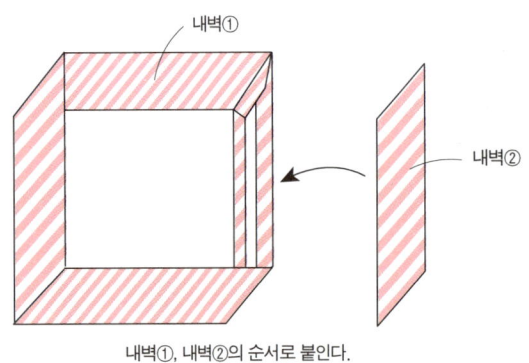

내벽①

내벽②

내벽①, 내벽②의 순서로 붙인다.

⑯ 칸막이를 모두 12개 만든다.

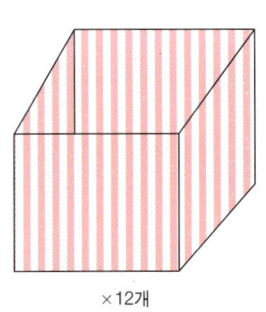

×12개

⑰ 본체 안에 칸막이를 넣으면 완성.

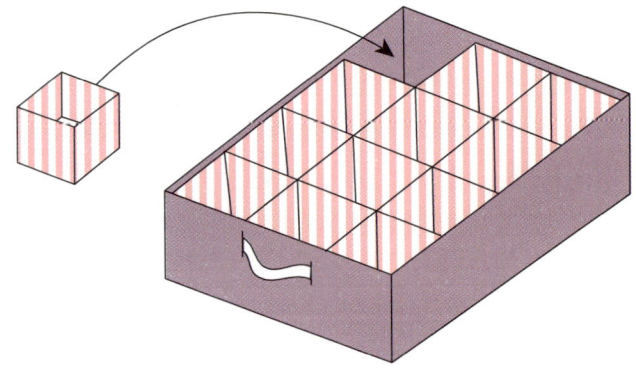

2단 수납함이라
여러 가지 물건을
넣고 빼기 편리해요.

2단 수납 트레이

둥근 레이스 모티브를 덮개로 사용한 여성스러운 트레이에요.
자연스럽고 우아한 분위기가 매력적이지요.
앤티크 단추와 가죽 손잡이가 멋스러움을 더합니다.

디자인 · 제작 / sentiment doux

▶▶준비물

- 우유팩(1,000㎖) 4개
- 겉감(삼베) 10×80㎝
- 안감(면 · 꽃그림) 50×45㎝
- 레이스(폭 1㎝) 55㎝
- 가죽(폭 2㎝) 33㎝
   (지름 2.7㎝) 1장
   (지름 2.2㎝) 1장
- 레이스 모티브(지름 18㎝) 1장
- 분할 핀(머리 지름 7㎜) 2개
- 앤티크 단추(지름 2.2㎝) 1개
- 골판지(두께 5㎜) 19×6㎝

★ 우유팩 재단하기

우유팩 1

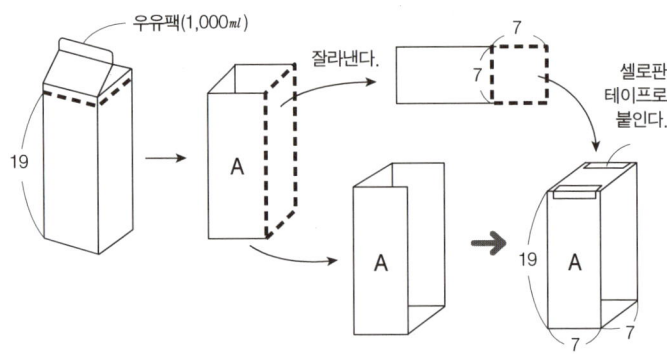

우유팩 2

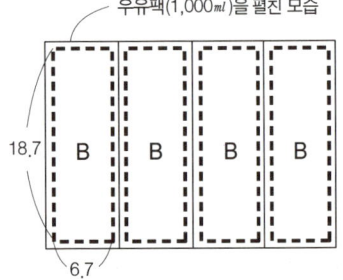

우유팩(1,000㎖)을 펼친 모습

우유팩 3

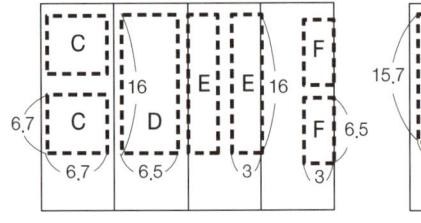

우유팩 4

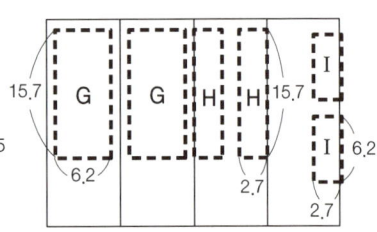

★ 만드는 방법

① A의 둘레에 겉감을 붙인다.

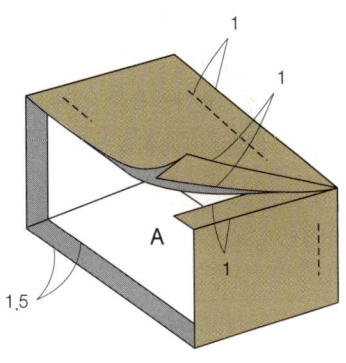

② 입구로 시접을 접어 넣는다.

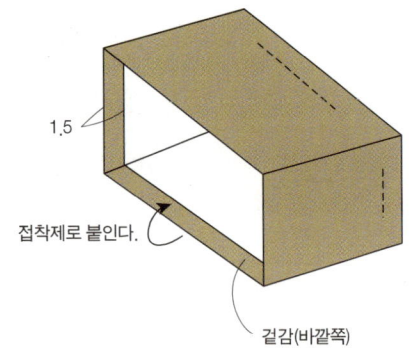

③ 바닥에 시접을 붙인다.

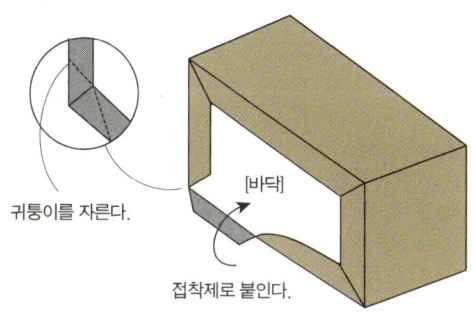

귀퉁이를 자른다.

[바닥]

접착제로 붙인다.

④ 바깥 바닥을 만든다.

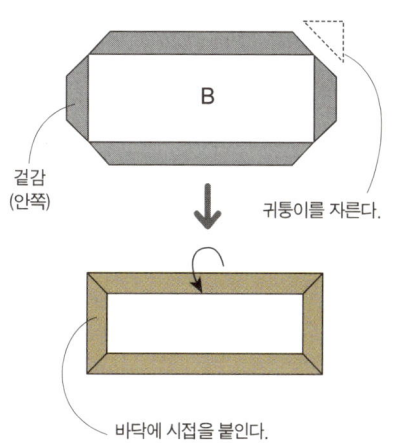

겉감
(안쪽)

귀퉁이를 자른다.

바닥에 시접을 붙인다.

⑤ B에 바깥 바닥을 붙인다.

④에서 만든 바닥을 접착제로 붙인다.

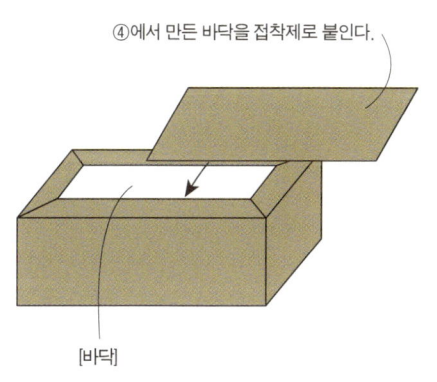

[바닥]

⑥ 본체의 내벽을 만든다.

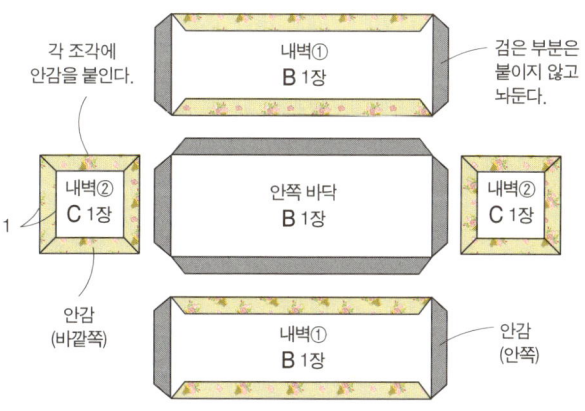

각 조각에
안감을 붙인다.

내벽①
B 1장

검은 부분은
붙이지 않고
놔둔다.

1

내벽②
C 1장

안쪽 바닥
B 1장

내벽②
C 1장

안감
(바깥쪽)

내벽①
B 1장

안감
(안쪽)

⑦ 본체에 안쪽 바닥을 붙인다.

시접은
옆면에
붙인다.

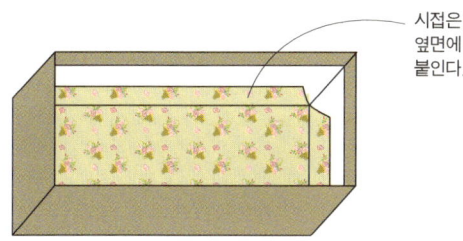

⑧ 본체에 내벽을 붙인다.

내벽②

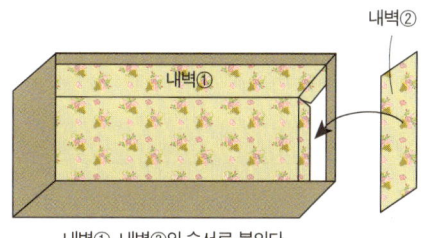

내벽①

내벽①, 내벽②의 순서로 붙인다.

⑨ 칸막이 상자를 조립한다.

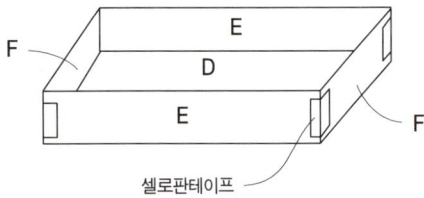

셀로판테이프

⑩ 칸막이 상자의 옆면에 안감을 붙인다.

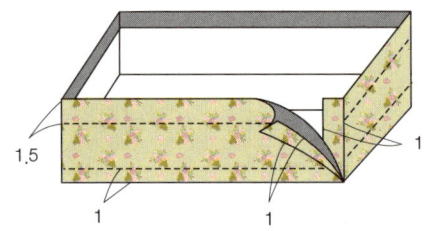

1.5

1

1

1

⑪ 입구로 천의 시접을 접어 넣는다.

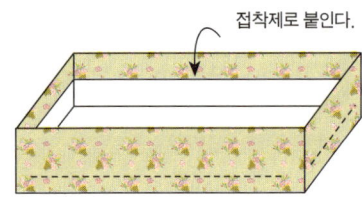

접착제로 붙인다.

⑫ 바닥에 시접을 붙인다.

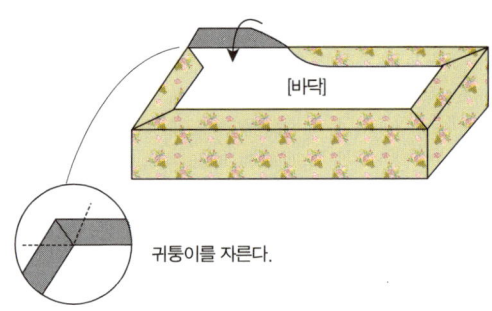

[바닥]

귀퉁이를 자른다.

⑬ 칸막이 상자의 바깥 바닥을 만든다.

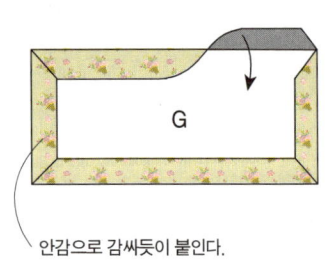

G

안감으로 감싸듯이 붙인다.

⑭ 칸막이 상자에 바깥 바닥을 붙인다.

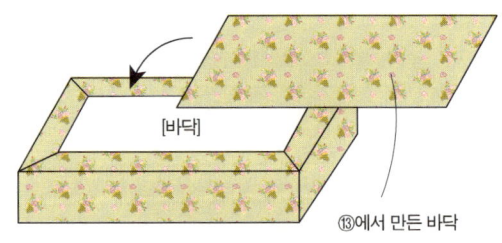

[바닥]

⑬에서 만든 바닥

⑮ 칸막이 상자의 내벽을 만든다.

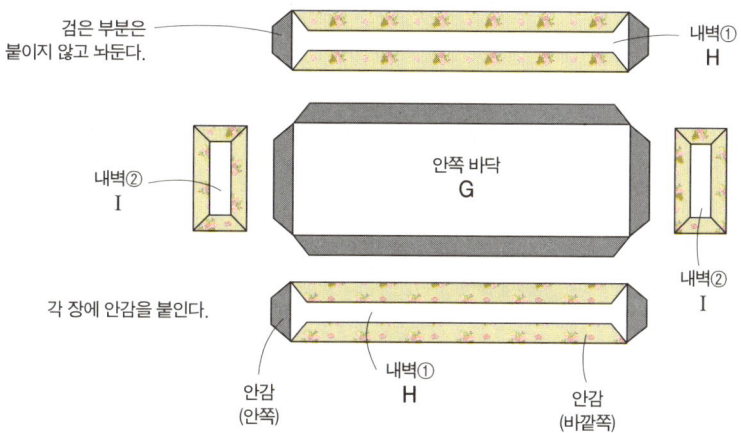

검은 부분은
붙이지 않고 놔둔다.

내벽①
H

내벽②
I

안쪽 바닥
G

내벽②
I

각 장에 안감을 붙인다.

안감
(안쪽)

내벽①
H

안감
(바깥쪽)

⑯ 칸막이 상자에 안쪽 바닥을 붙인다.

시접은 옆면에
붙인다.

⑰ 칸막이 상자에 내벽을 붙인다.

내벽②

내벽①

내벽①, 내벽②의 순서로 붙인다.

⑱ 본체 안쪽의 단을 만든다.

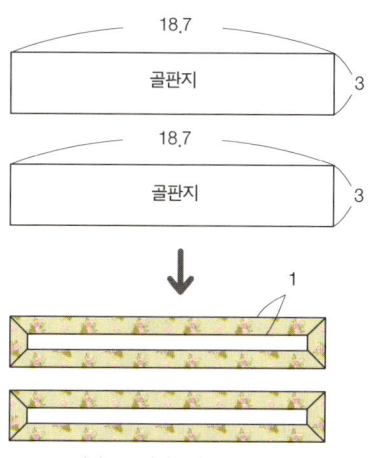

18.7

골판지

3

18.7

골판지

3

1

안감으로 감싸듯이 붙인다.

⑲ 본체의 안쪽에 단을 붙인다.

옆면을 따라
접착제를
바른다.

⑳ 본체에 손잡이를 단다.

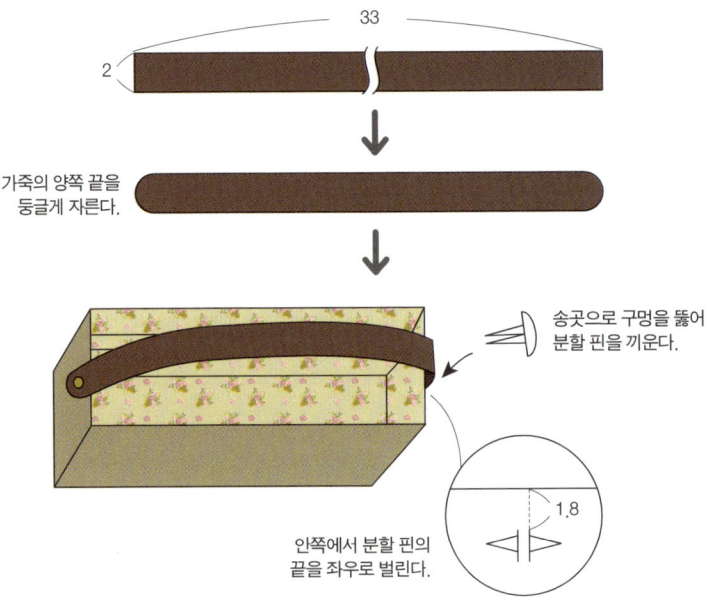

33

2

가죽의 양쪽 끝을
둥글게 자른다.

송곳으로 구멍을 뚫어
분할 핀을 끼운다.

1.8

안쪽에서 분할 핀의
끝을 좌우로 벌린다.

㉑ 덮개에 단추와 가죽을 달아준다.

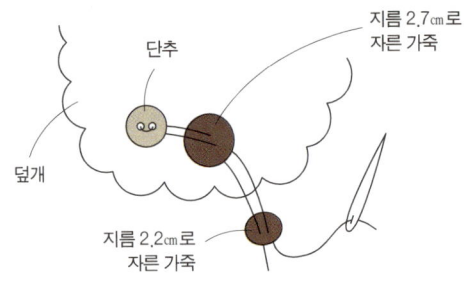

단추

지름 2.7㎝로
자른 가죽

덮개

지름 2.2㎝로
자른 가죽

㉒ 덮개를 본체에 단다.

세 군데를 꿰맨다.

㉓ 트레이 옆면에 레이스를 두른다.

㉔ 칸막이 상자를 안에 넣으면 트레이 완성

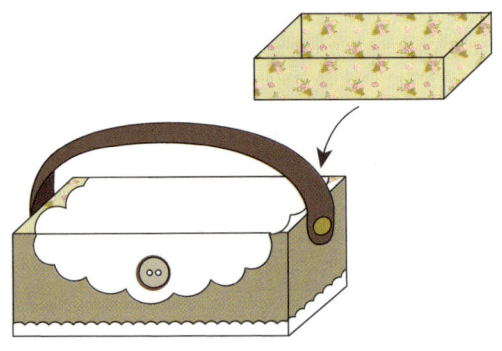

트레이 &
미니 쓰레받기

트레이와 미니 쓰레받기가 있으면 책상 위도 깔끔!
쓰레받기는 작은 먼지들이 잘 떨어지도록 종이로 마감합니다.
트레이는 물건을 넣고 빼기 편하게 나지막하게 만들었어요.

2

1

디자인 · 제작 / 니시무라 아키코

준비물

- 우유팩(1,000㎖) 5개
- 천a(민무늬) 25×75㎝
- 천b(면·꽃무늬) 25×40㎝
- 천c(면·격자무늬) 25×50㎝
- 나무 구슬(지름 14㎜) 1개
- 유리 구슬(지름 5㎜) 1개
- 철사(#30) 7㎝

★ 우유팩 재단하기

우유팩 1

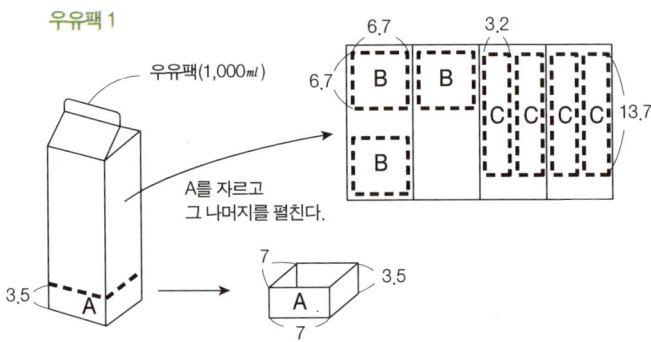

우유팩(1,000㎖)

A를 자르고
그 나머지를 펼친다.

우유팩 2

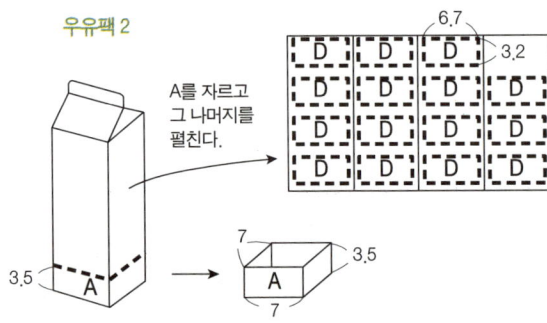

A를 자르고
그 나머지를
펼친다.

우유팩 3

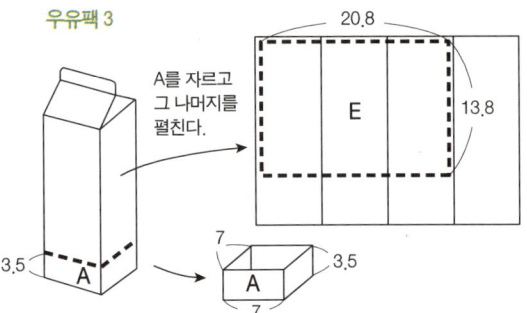

A를 자르고
그 나머지를
펼친다.

우유팩 4·5

우유팩(1,000㎖)을 펼친 모습

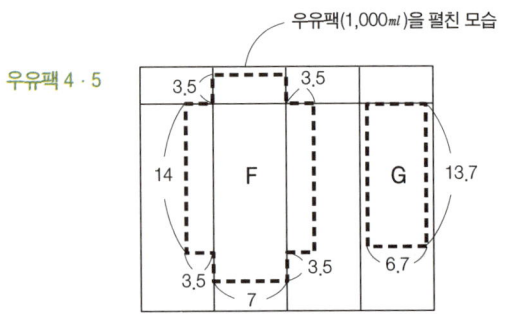

★ 트레이 만드는 방법

① F의 옆면을 세워 상자를 만든다.

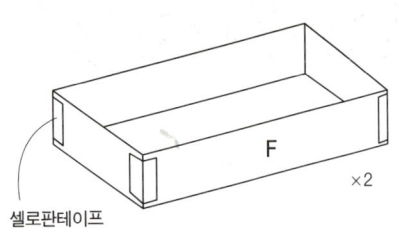

셀로판테이프

×2

② A 2개와 F 2개로 본체를 만든다.

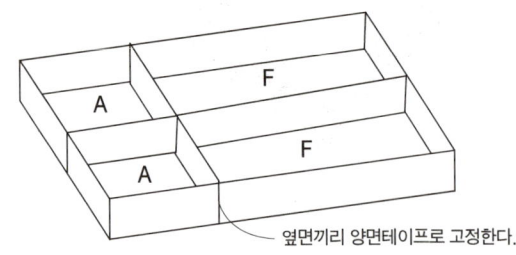

옆면끼리 양면테이프로 고정한다.

104

③ 본체 옆면에 셀로판테이프를
   한 바퀴 돌려 붙인다.

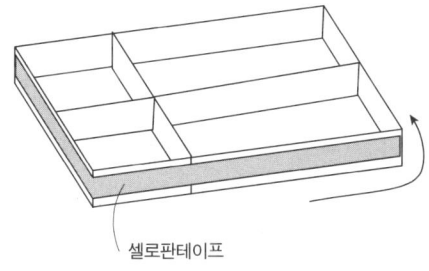

셀로판테이프

④ 본체의 옆면에 천a를 붙인다.

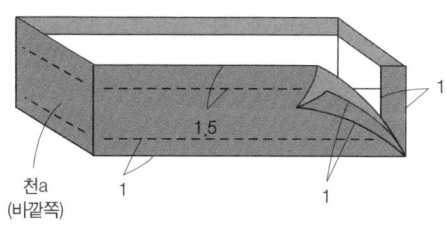

1
1.5
천a
(바깥쪽)
1
1

⑤ 천의 시접을 입구로 접어 넣는다.

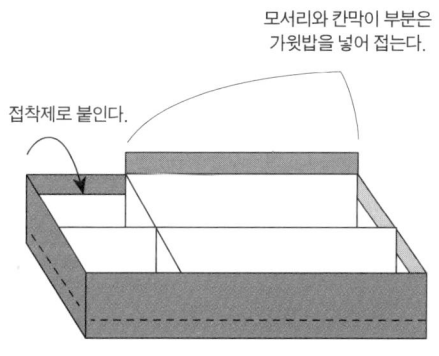

모서리와 칸막이 부분은
가윗밥을 넣어 접는다.

접착제로 붙인다.

⑥ 바닥에 시접을 붙인다.

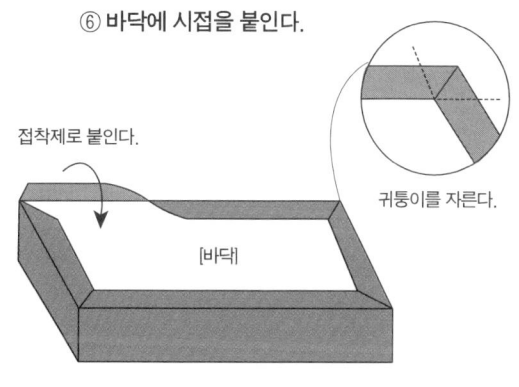

접착제로 붙인다.

[바닥]

귀퉁이를 자른다.

⑦ 바깥 바닥을 만든다.

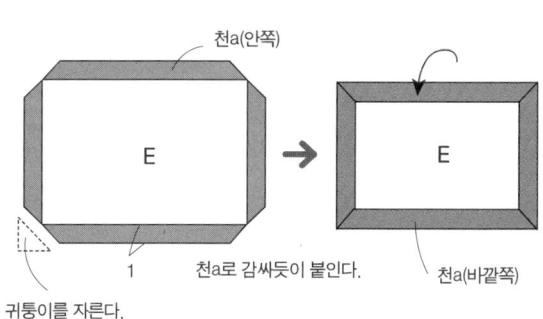

천a(안쪽)

E

→

E

1

천a로 감싸듯이 붙인다.

귀퉁이를 자른다.

천a(바깥쪽)

⑧ 본체에 바깥 바닥을 붙인다.

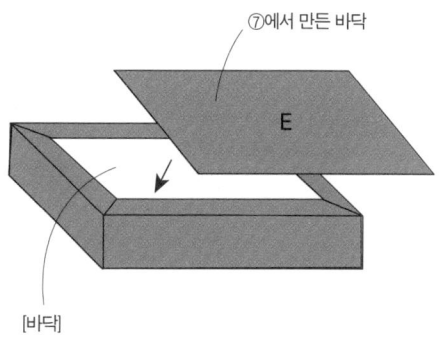

⑦에서 만든 바닥

E

[바닥]

⑨ 칸막이에 천a를 붙인다.

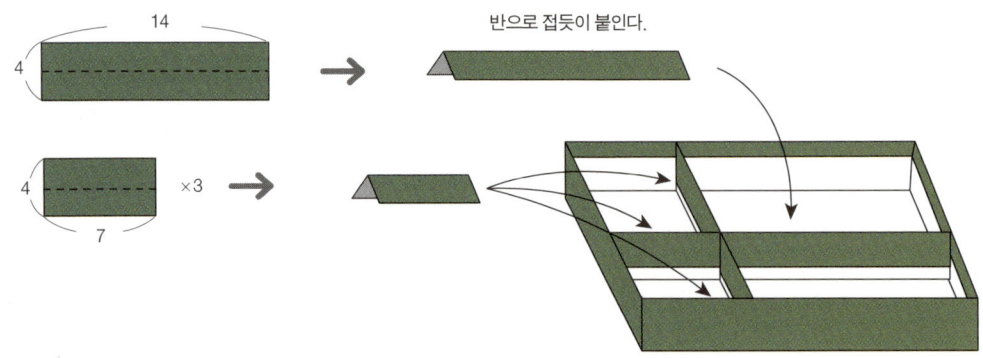

14
4
반으로 접듯이 붙인다.

4
7
×3

⑩ 본체의 내벽을 만든다.

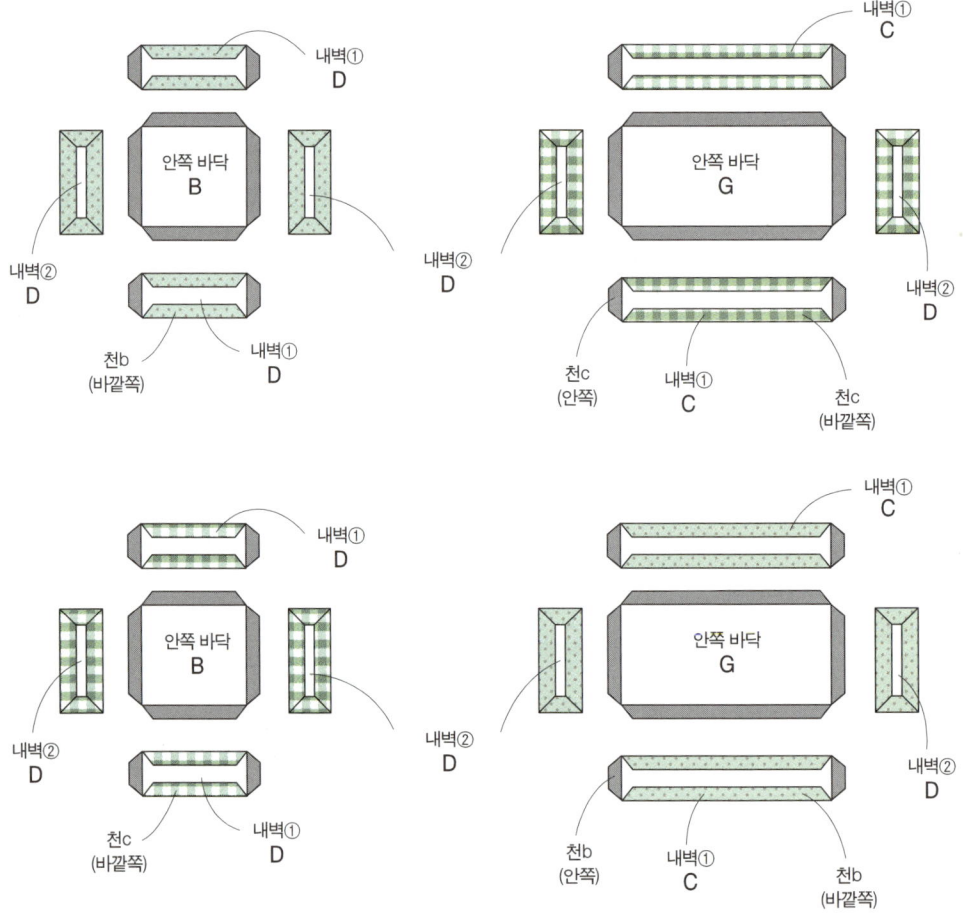

내벽①
D

안쪽 바닥
B

내벽②
D

내벽②
D

천b
(바깥쪽)

내벽①
D

내벽①
C

안쪽 바닥
G

내벽②
D

내벽②
D

천c
(안쪽)

내벽①
C

천c
(바깥쪽)

내벽①
D

안쪽 바닥
B

내벽②
D

내벽②
D

천c
(바깥쪽)

내벽①
D

내벽①
C

안쪽 바닥
G

내벽②
D

내벽②
D

천b
(안쪽)

내벽①
C

천b
(바깥쪽)

⑪ 본체에 안쪽 바닥을 붙인다.

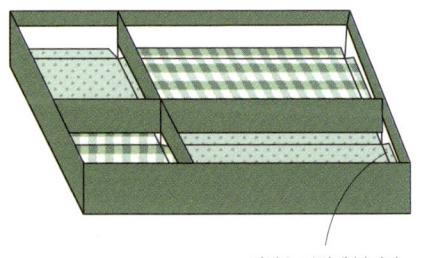

시접은 옆면에 붙인다.

⑫ 본체에 내벽을 붙인다.

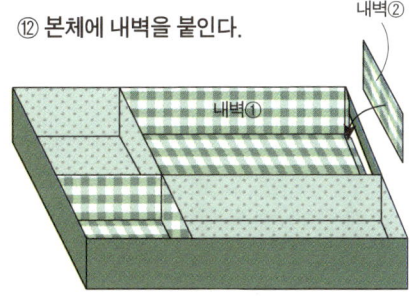

내벽①, 내벽②의 순서로 붙인다.

⑬ 트레이 완성.

★ 쓰레받기 만드는 방법

① A를 잘라 본체를 만든다.

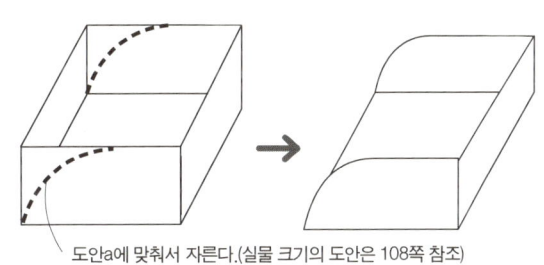

도안a에 맞춰서 자른다. (실물 크기의 도안은 108쪽 참조)

② 본체의 옆면에 천a를 붙인다.

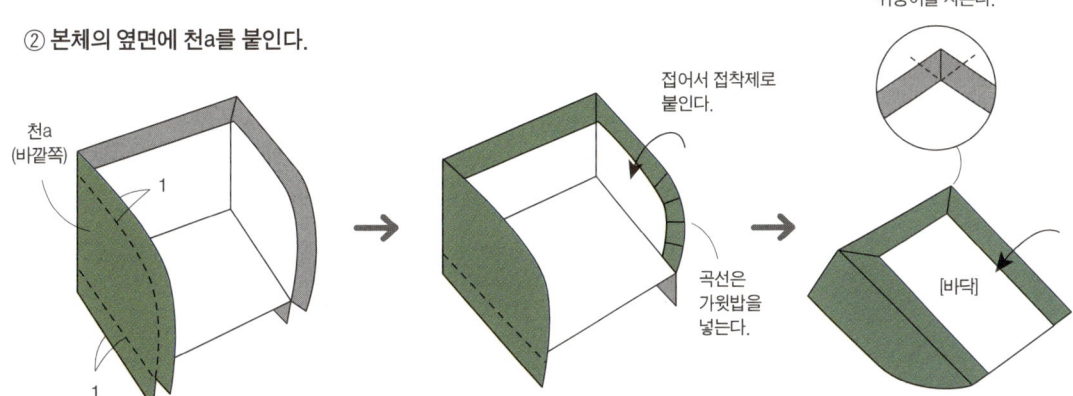

천a
(바깥쪽)

접어서 접착제로
붙인다.

곡선은
가윗밥을
넣는다.

귀퉁이를 자른다.

[바닥]

바닥에 시접을 붙인다.

③ 바깥 바닥을 만들어 본체의 바닥에 붙인다.

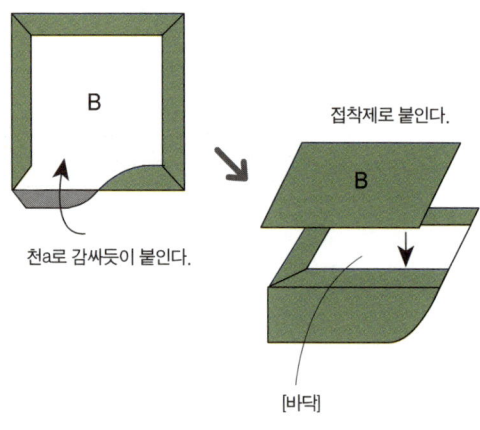

접착제로 붙인다.

B

천a로 감싸듯이 붙인다.

[바닥]

④ 손잡이를 단다.

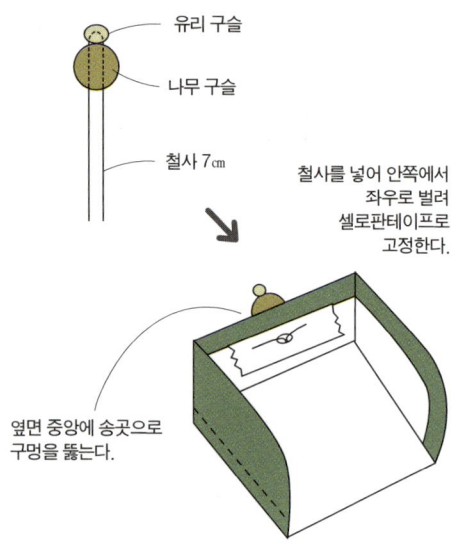

유리 구슬

나무 구슬

철사 7㎝

철사를 넣어 안쪽에서
좌우로 벌려
셀로판테이프로
고정한다.

옆면 중앙에 송곳으로
구멍을 뚫는다.

⑤ 본체의 내벽을 만든다.

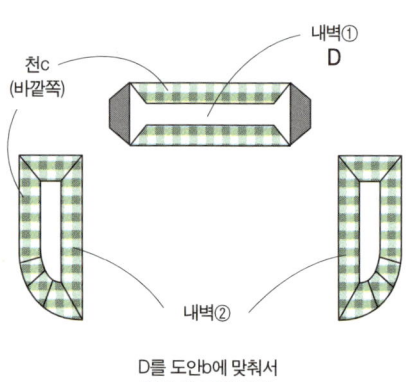

천c
(바깥쪽)

내벽①
D

내벽②

D를 도안b에 맞춰서
잘라 천c를 붙인다.

⑥ 내벽①, 내벽②의 순서로 붙이면 완성.

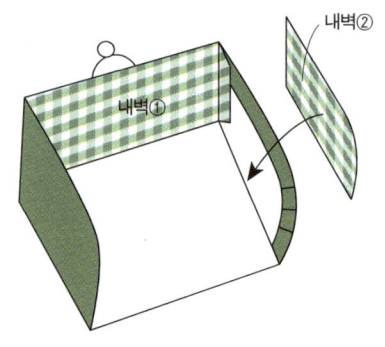

내벽①

내벽②

★ 실물 크기의 도안

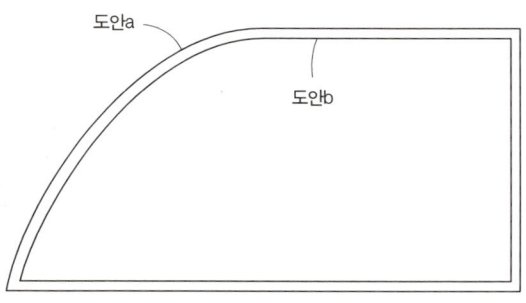

도안a

도안b

반지는 반지대로,
목걸이는 목걸이대로
나누어 보관해 보세요.

레이스 장식 보석함

도드라진 알파벳 문자가 인상적인 작은 보석함이에요.
고급스러운 베이지색과 레이스 문양, 그리고 커버를 레이스로
장식해서 우아한 분위기를 자아냅니다.

디자인 · 제작 / Atelier Kotori(사이토 아키코)

★ 우유팩 재단하기

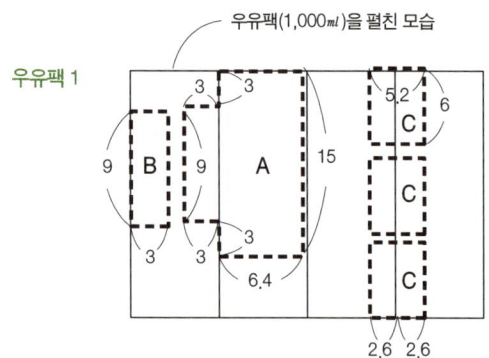

우유팩(1,000㎖)을 펼친 모습

우유팩 1

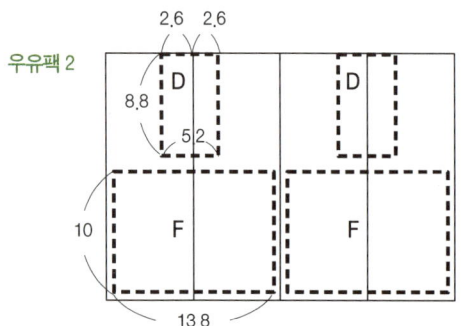

우유팩 2

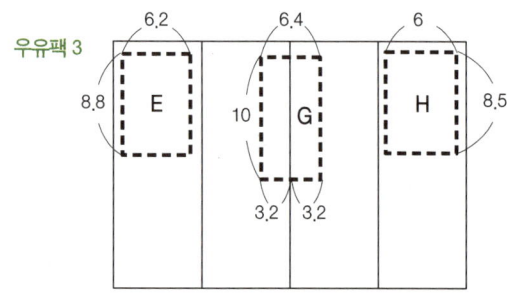

우유팩 3

★ 만드는 방법

① 본체를 만든다.

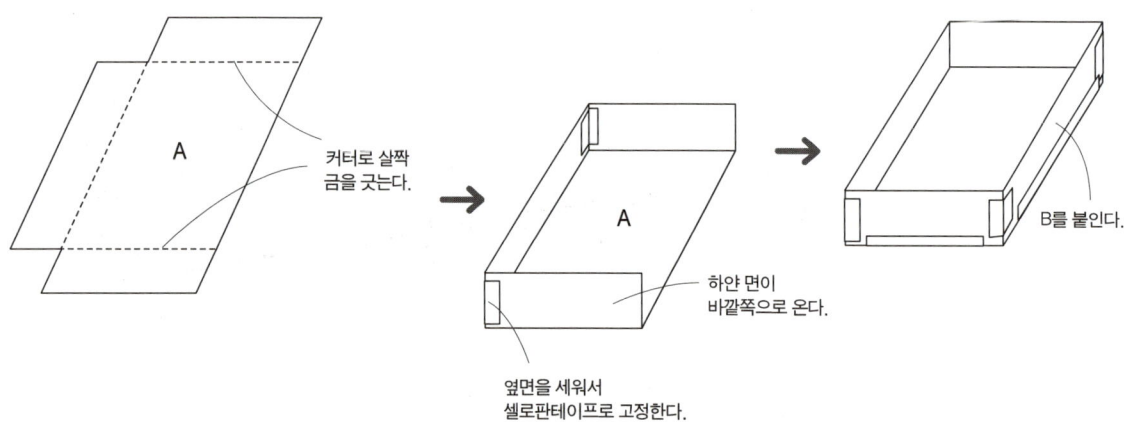

커터로 살짝 금을 긋는다.

옆면을 세워서 셀로판테이프로 고정한다.

하얀 면이 바깥쪽으로 온다.

B를 붙인다.

② 본체의 옆면에 안감을 붙인다.

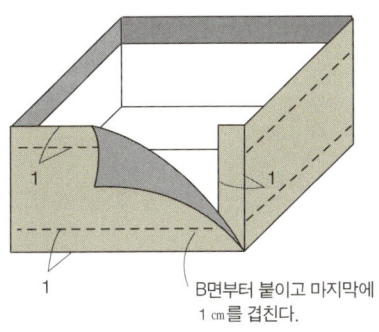

1

1

1

B면부터 붙이고 마지막에
1 ㎝를 겹친다.

③ 천의 시접을 입구로 접어 넣는다.

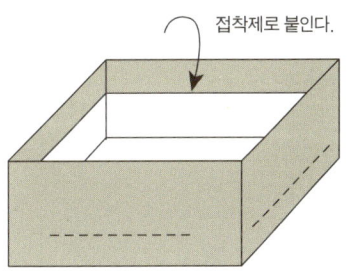

접착제로 붙인다.

④ 바닥에 시접을 붙인다.

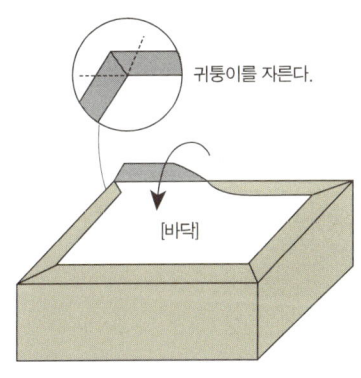

귀퉁이를 자른다.

[바닥]

⑤ C 3장, D 2장을 반으로 접는다.

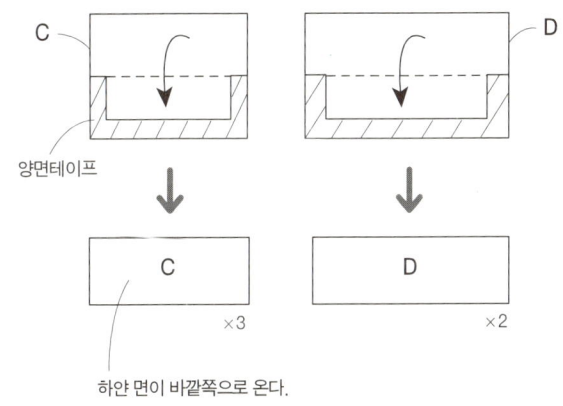

C

D

양면테이프

C

×3

D

×2

하얀 면이 바깥쪽으로 온다.

⑥ 본체의 내벽을 만든다.

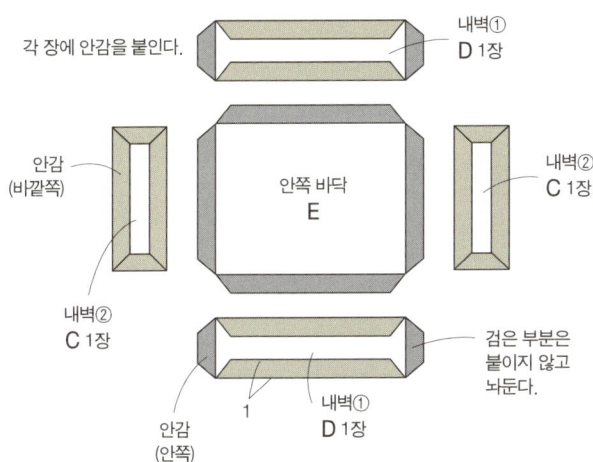

각 장에 안감을 붙인다.

내벽①
D 1장

안감
(바깥쪽)

내벽②
C 1장

내벽②
C 1장

안쪽 바닥
E

1

안감
(안쪽)

내벽①
D 1장

검은 부분은
붙이지 않고
놔둔다.

⑦ 본체에 안쪽 바닥을 붙인다.

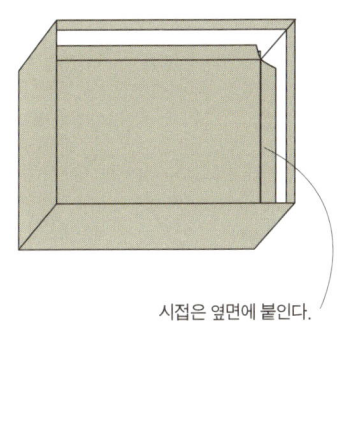

시접은 옆면에 붙인다.

⑧ 내벽을 붙인다.

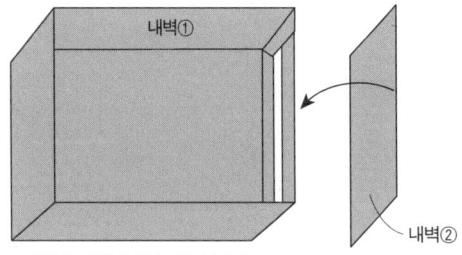

내벽①, 내벽②의 순서로 붙인다.

⑨ 칸막이를 만든다.

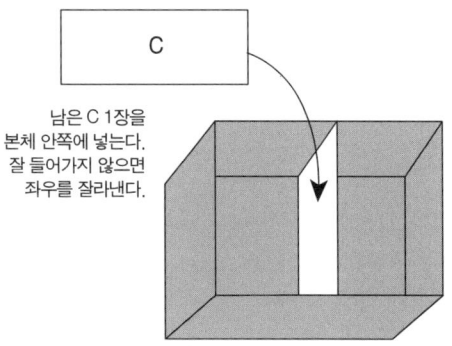

남은 C 1장을
본체 안쪽에 넣는다.
잘 들어가지 않으면
좌우를 잘라낸다.

⑩ 칸막이에 안감을 붙인다.

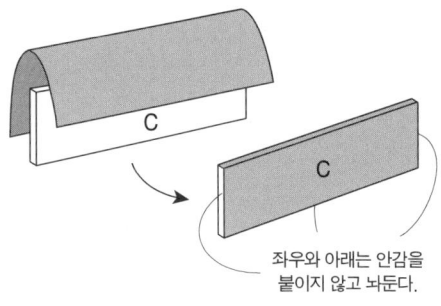

좌우와 아래는 안감을
붙이지 않고 놔둔다.

⑪ 칸막이를 본체에 붙인다.

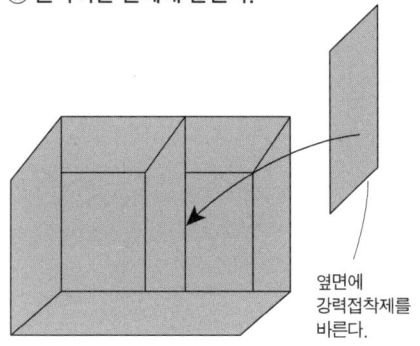

옆면에
강력접착제를
바른다.

⑫ 뚜껑에 해당하는 조각을 접는다.

F 2장, G 1장을 절반으로 접는다.

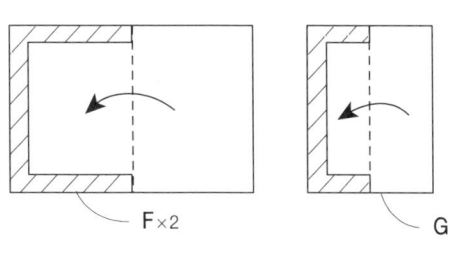

하얀 면이 바깥쪽으로 온다.

⑬ 돋을무늬 문자를 자른다.

우유팩에 밑그림을 그리고 커터로 잘라낸다.
(114쪽 실물 크기 도안 참조)

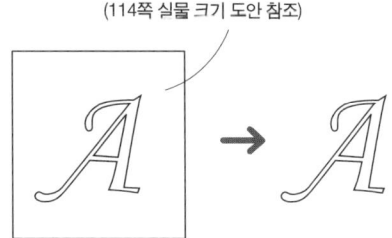

⑭ F 1장에 문자를 붙인다.

F

𝒜

1

0.7

접착제로 붙인다.

⑮ 뚜껑에 겉감을 붙인다.

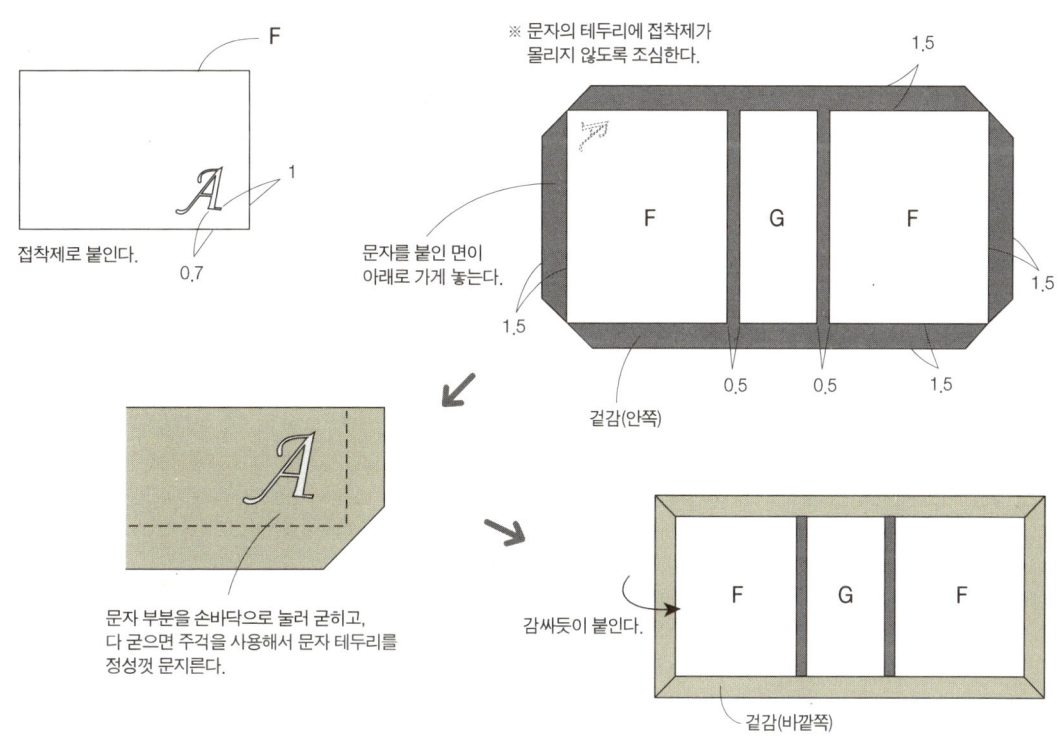

※ 문자의 테두리에 접착제가
몰리지 않도록 조심한다.

1.5

F   G   F

1.5

1.5

0.5   0.5   1.5

겉감(안쪽)

문자를 붙인 면이
아래로 가게 놓는다.

문자 부분을 손바닥으로 눌러 굳히고,
다 굳으면 주걱을 사용해서 문자 테두리를
정성껏 문지른다.

감싸듯이 붙인다.

F   G   F

겉감(바깥쪽)

⑯ 조각 사이에 천을 붙인다.

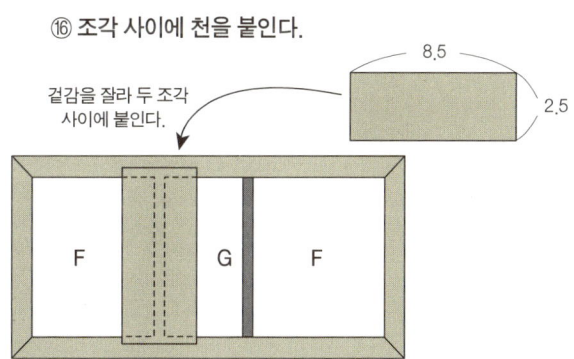

겉감을 잘라 두 조각
사이에 붙인다.

8.5

2.5

F   G   F

⑰ 주걱으로 고랑을 문질러 모서리가
살아나게 한다.

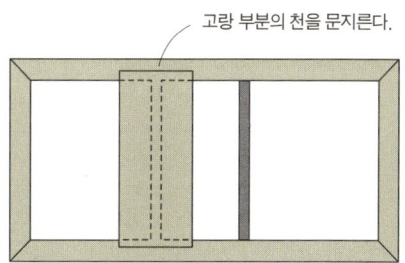

고랑 부분의 천을 문지른다.

⑱ 본체에 뚜껑을 단다.

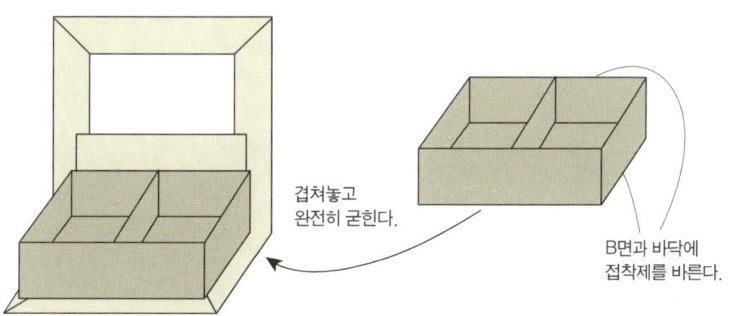

겹쳐놓고
완전히 굳힌다.

B면과 바닥에
접착제를 바른다.

⑲ H를 감싸듯이 겉감을 붙여
   뚜껑의 안쪽에 붙인다.

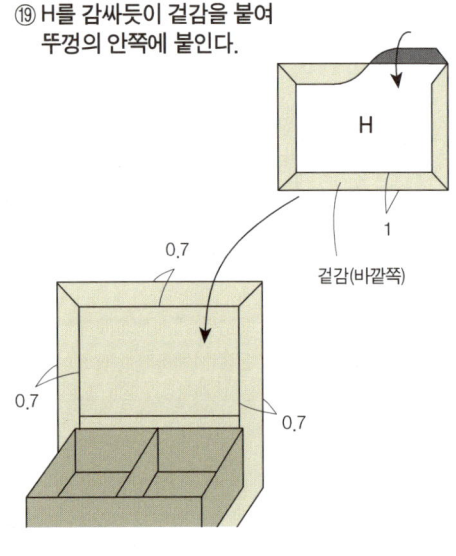

H

1

겉감(바깥쪽)

0.7

0.7

0.7

⑳ 펠트로 둥근 쿠션을 만든다.

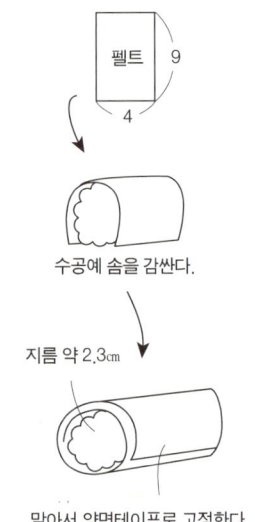

펠트   9

4

수공예 솜을 감싼다.

지름 약 2.3㎝

말아서 양면테이프로 고정한다.

㉑ 본체에 펠트 쿠션을 붙인다.

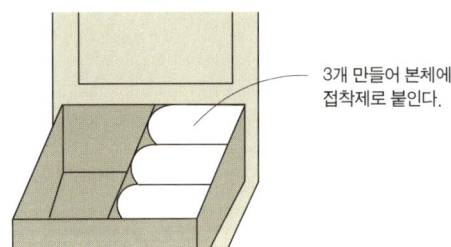

3개 만들어 본체에
접착제로 붙인다.

㉒ 뚜껑에 레이스를 붙이면 완성.

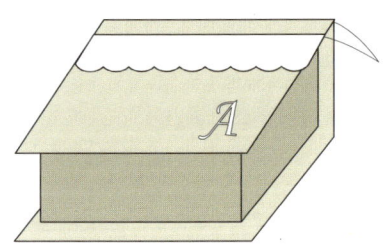

★ 펠트 도안   ※ 확대 복사해서 사용하세요.

〈실물 크기〉

뚜껑 안쪽에
가위 집, 핀 쿠션, 작은 주머니를
달았어요.

바느질함 &
줄자 케이스

가운데에 칸막이가 있는 타원형 바느질함이에요.
바느질 도구가 인쇄된 천에 흑백의 격자무늬 천을 같이 사용했어요.
같은 천으로 줄자를 넣을 케이스도 만들어 보세요.

1

2

디자인 · 제작 / Atelier Kotori(사이토 아키코)

▶▶ 준비물 (바느질함)

· 우유팩(1,000㎖) 10개
· 천a(면 · 격자무늬) 40×50㎝
· 천b(면 · 프린트) 25×40㎝
· 천c(리넨 · 민무늬) 15×30㎝
· 천d(리넨 · 영자무늬) 15×45㎝
· 색 도화지(올리브그린) 15×15㎝
· 퀼트 솜(가장 두꺼운 것) 4×8㎝

★ 우유팩 재단하기

우유팩 1~3

우유팩(1,000㎖)을 펼친 모습

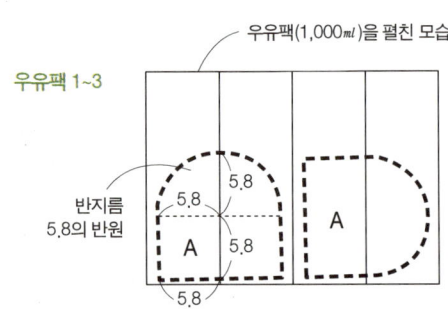

반지름
5.8의 반원

5.8 5.8

A 5.8

5.8

A

우유팩 4

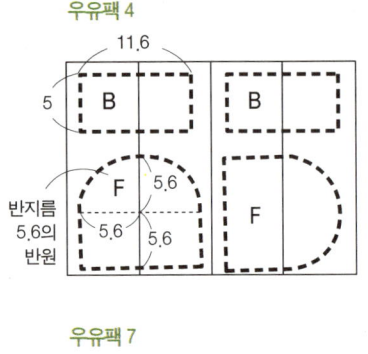

11.6

5

B

B

반지름
5.6의
반원

F 5.6

5.6

5.6 5.6

F

우유팩 5

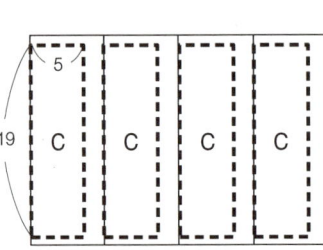

5

19

C C C C

우유팩 6

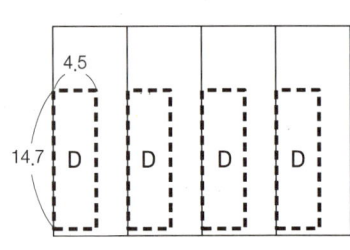

4.5

14.7

D D D D

우유팩 7

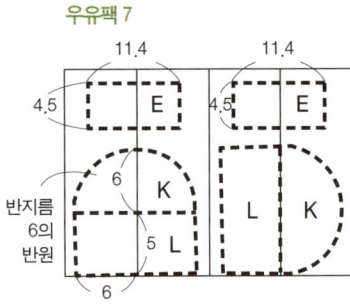

11.4 11.4

4.5 E 4.5 E

반지름
6의
반원

6

K

5 L

L K

6

우유팩 8 · 9

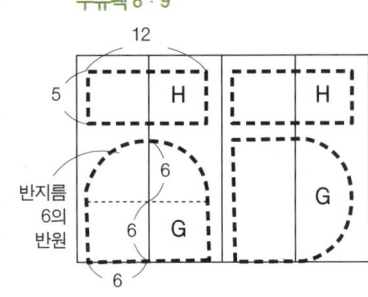

12

5 H H

반지름
6의
반원

6

G

6 G

6

우유팩 10

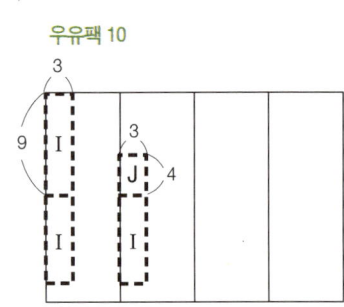

3

9 I 3

J 4

I I

★ 만드는 방법

① A 2장을 맞붙인다.

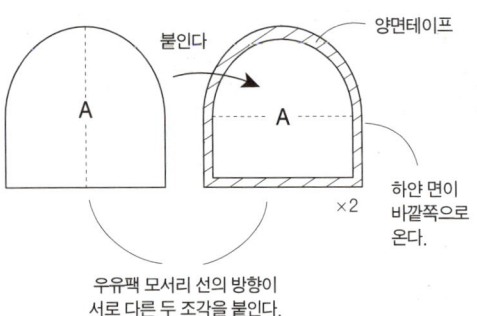

붙인다 양면테이프

A A

×2

하얀 면이
바깥쪽으로
온다.

우유팩 모서리 선의 방향이
서로 다른 두 조각을 붙인다.

② A에 B와 C를 붙여서 본체를 만든다.

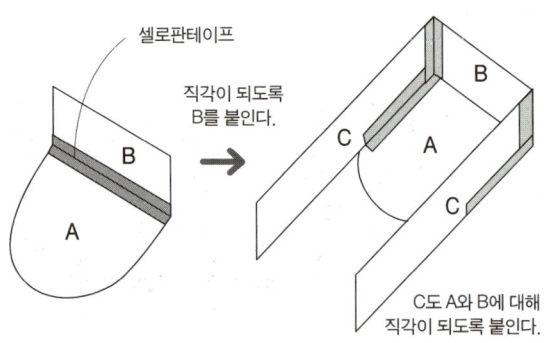

셀로판테이프

B B

직각이 되도록
B를 붙인다. C A

A C

C도 A와 B에 대해
직각이 되도록 붙인다.

③ C의 좌우를 A의 곡선에 맞춰가며 붙인다.

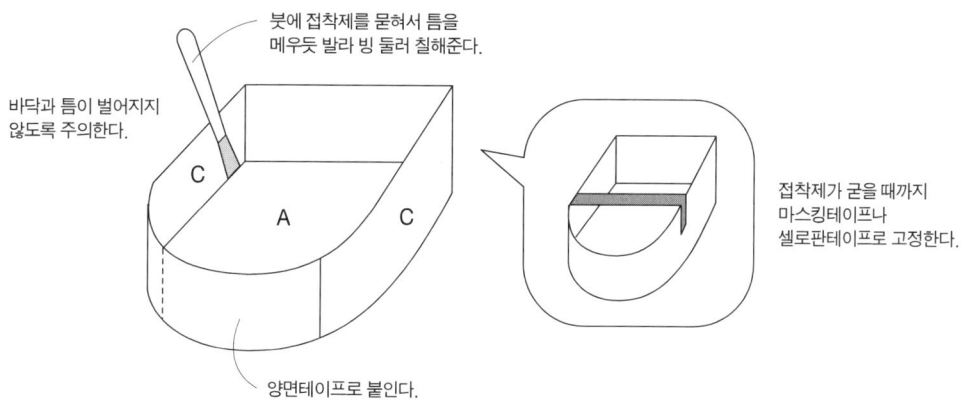

붓에 접착제를 묻혀서 틈을
메우듯 발라 빙 둘러 칠해준다.

바닥과 틈이 벌어지지
않도록 주의한다.

C

A

C

접착제가 굳을 때까지
마스킹테이프나
셀로판테이프로 고정한다.

양면테이프로 붙인다.

④ ③의 본체 옆면에 천a를 붙인다.

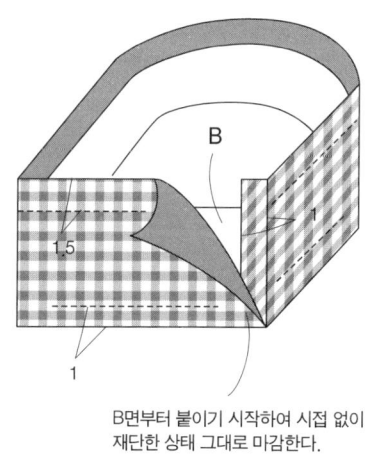

B

1.5

1

B면부터 붙이기 시작하여 시접 없이
재단한 상태 그대로 마감한다.

⑤ 천의 시접을 입구로 접어 넣는다.

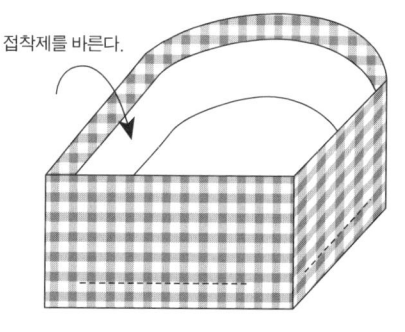

접착제를 바른다.

⑥ 바닥에 시접을 붙인다.

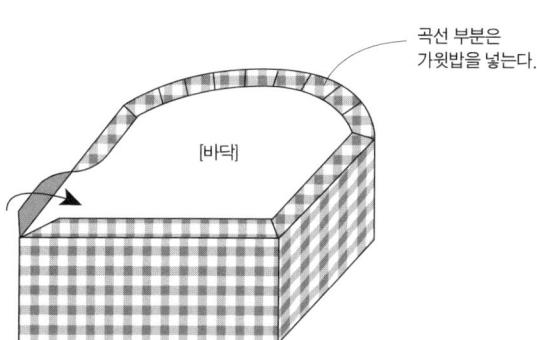

곡선 부분은
가윗밥을 넣는다.

[바닥]

⑦ 바닥에 색 도화지를 붙인다.

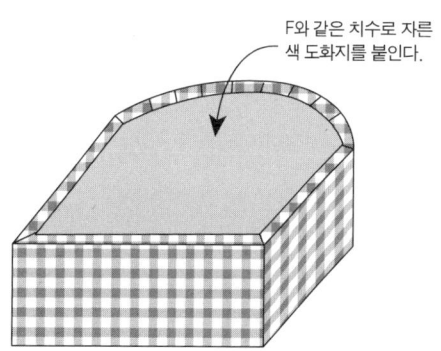

F와 같은 치수로 자른
색 도화지를 붙인다.

⑧ 본체의 안쪽 바닥을 만든다.

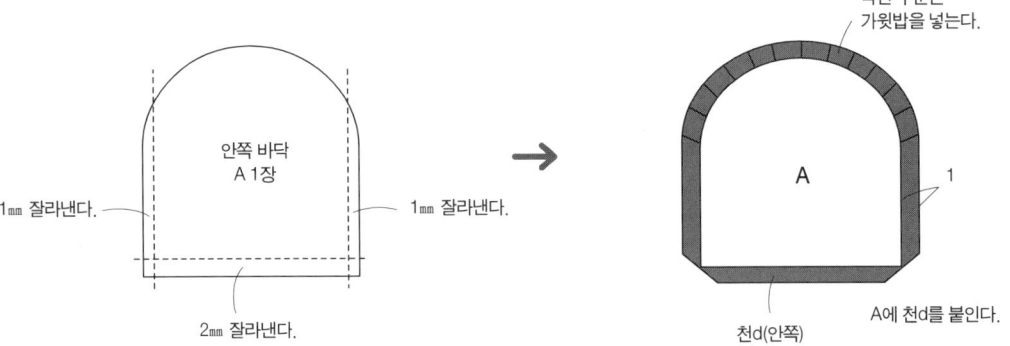

안쪽 바닥
A 1장

1㎜ 잘라낸다.

1㎜ 잘라낸다.

2㎜ 잘라낸다.

곡선 부분은
가윗밥을 넣는다.

A

1

천d(안쪽)

A에 천d를 붙인다.

⑨ 본체에 안쪽 바닥을 붙인다.

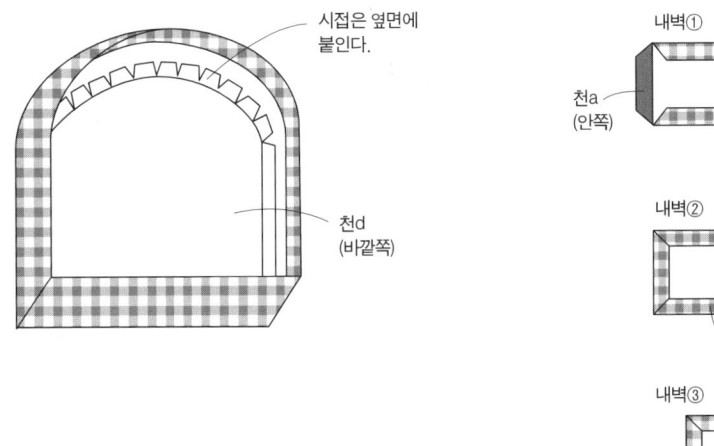

시접은 옆면에
붙인다.

천d
(바깥쪽)

⑩ 본체의 내벽을 만든다.

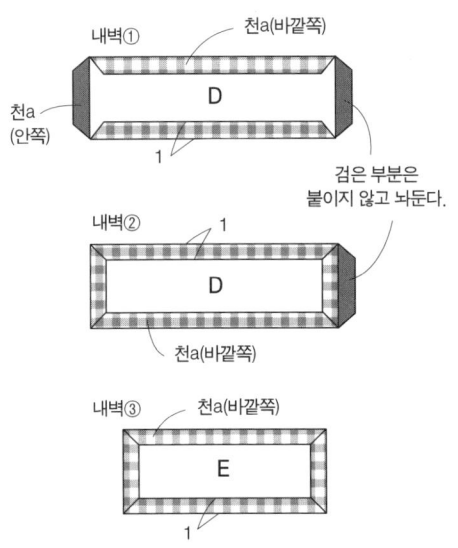

내벽①

천a(바깥쪽)

천a
(안쪽)

D

1

검은 부분은
붙이지 않고 놔둔다.

내벽②

1

D

천a(바깥쪽)

내벽③

천a(바깥쪽)

E

1

⑪ 본체에 내벽을 붙인다.

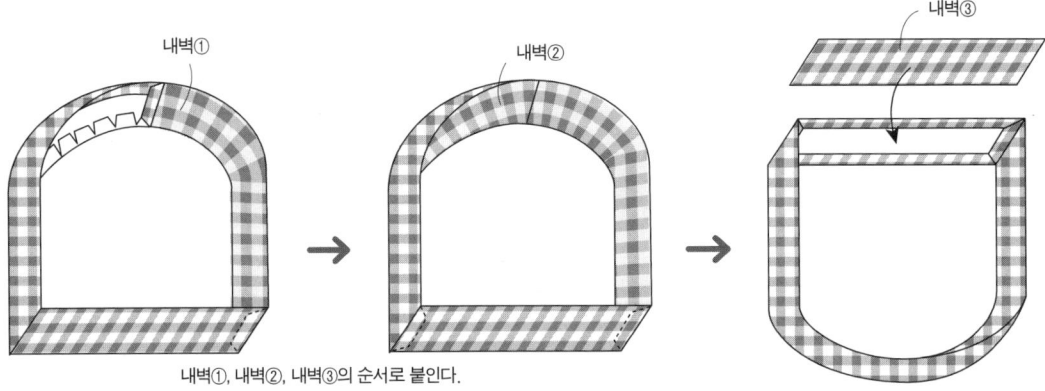

내벽①

내벽②

내벽③

내벽①, 내벽②, 내벽③의 순서로 붙인다.

⑫ ①~⑪을 반복하여 본체를
  하나 더 만든다.

⑬ 뚜껑을 만든다.

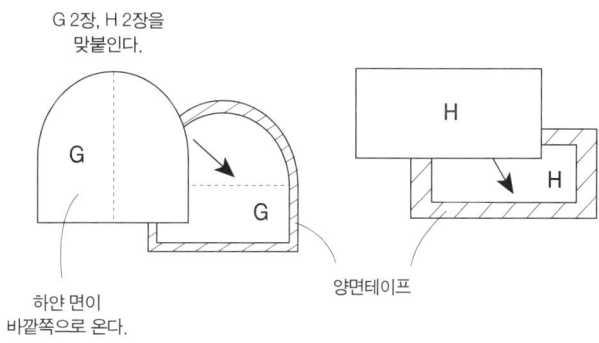

G 2장, H 2장을
맞붙인다.

하얀 면이
바깥쪽으로 온다.

양면테이프

⑭ 조각을 감싸듯이 천b를 붙인다.

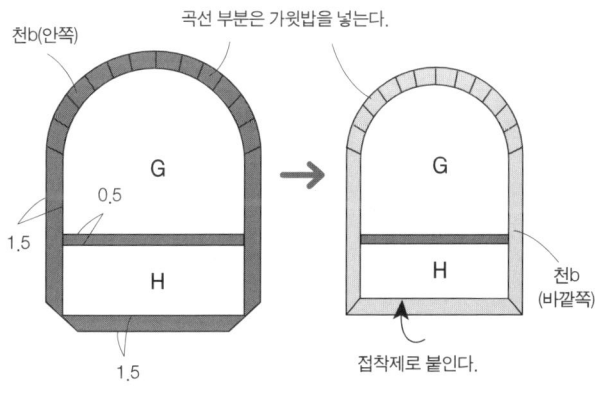

천b(안쪽)

곡선 부분은 가윗밥을 넣는다.

0.5

1.5

1.5

접착제로 붙인다.

천b
(바깥쪽)

⑮ 뚜껑의 이음매에 천을 붙인다.

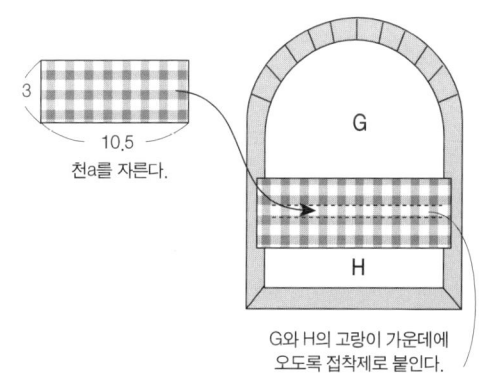

3

10.5

천a를 자른다.

G와 H의 고랑이 가운데에
오도록 접착제로 붙인다.

⑯ ⑬~⑮를 반복하여 뚜껑을 하나 더 만든다.

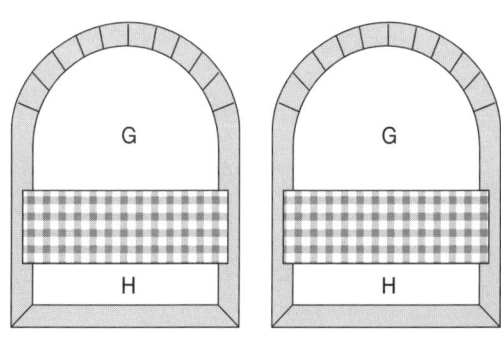

⑰ 안쪽 뚜껑을 만든다.

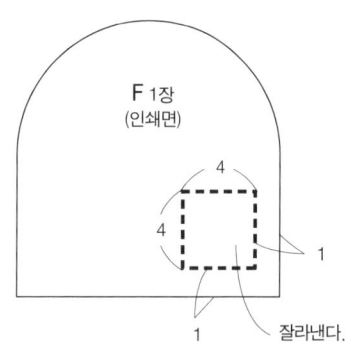

F 1장
(인쇄면)

4

4

1

1

잘라낸다.

⑱ 안쪽 뚜껑에 천a를 붙인다.

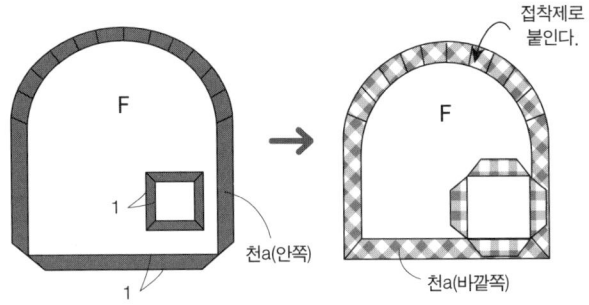

접착제로
붙인다.

F

천a(안쪽)

천a(바깥쪽)

1

1

⑲ 가위집을 만든다.

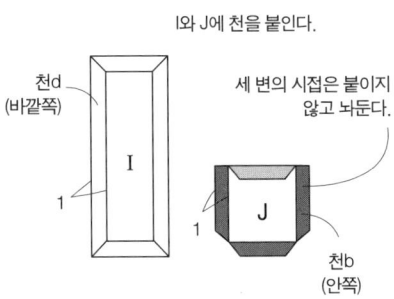

I와 J에 천을 붙인다.

천d
(바깥쪽)

I

1

세 변의 시접은 붙이지
않고 놔둔다.

J

천b
(안쪽)

1

⑳ I에 J를 붙인다.

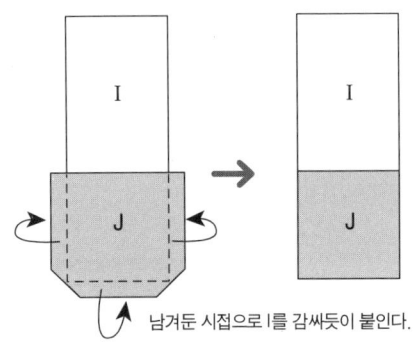

I

J

I

J

남겨둔 시접으로 I를 감싸듯이 붙인다.

㉑ 안쪽 뚜껑에 가위집을 단다.

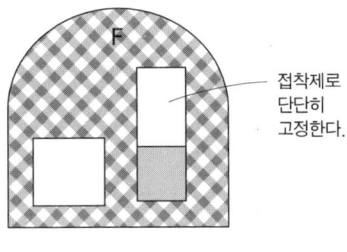

F

접착제로
단단히
고정한다.

㉒ 뚜껑에 안쪽 뚜껑을 임시로 얹어 구멍의
　위치를 표시한다.

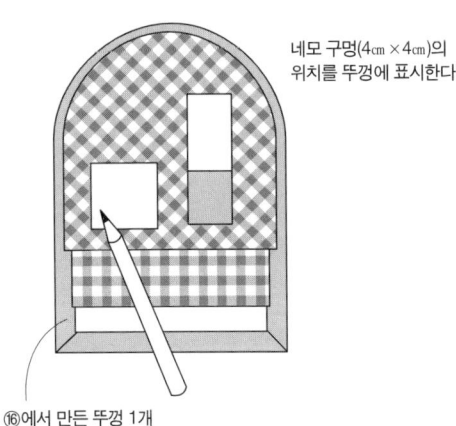

네모 구멍(4㎝×4㎝)의
위치를 뚜껑에 표시한다.

⑯에서 만든 뚜껑 1개

㉓ ㉒에서 표시한 선에 맞춰 퀼트 솜을
　붙인다.

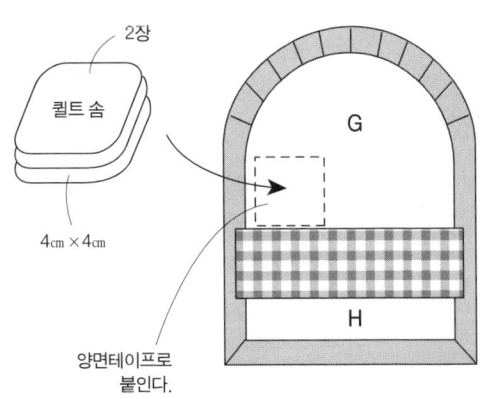

2장

퀼트 솜

4㎝×4㎝

G

H

양면테이프로
붙인다.

㉔ 안쪽 뚜껑의 잘라낸 부분에
   천d를 붙인다.

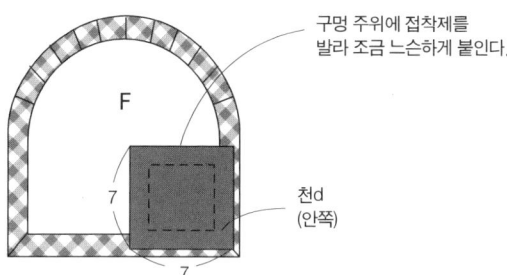

구멍 주위에 접착제를
발라 조금 느슨하게 붙인다.

F

7

7

천d
(안쪽)

㉕ 뚜껑에 안쪽 뚜껑을 붙인다.

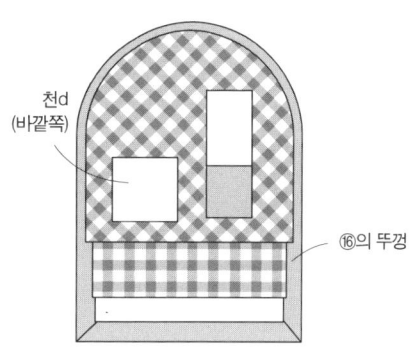

천d
(바깥쪽)

⑯의 뚜껑

㉖ F에 천a를 붙여서 또 한 장의
   안쪽 뚜껑을 만든다.

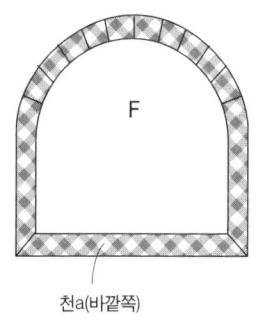

F

천a(바깥쪽)

㉗ 주머니를 만든다.

I에 천을 붙인다.

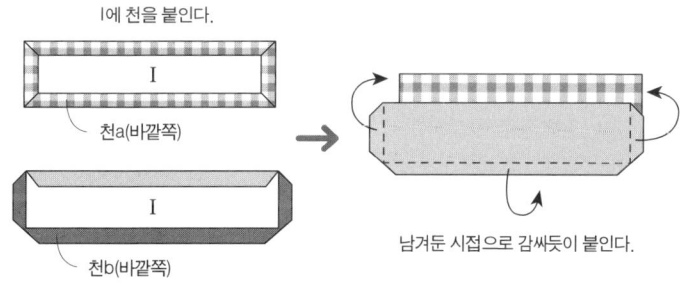

I

천a(바깥쪽)

I

천b(바깥쪽)

남겨둔 시접으로 감싸듯이 붙인다.

㉘ 안쪽 뚜껑에 주머니를 붙인다.

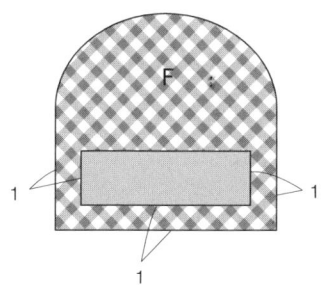

F

1

1

1

㉙ 뚜껑에 안쪽 뚜껑을 붙인다.

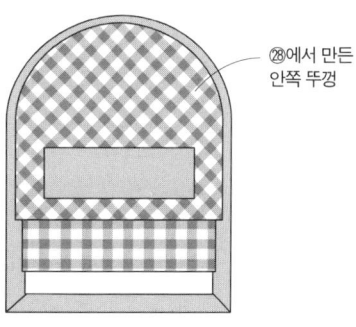

㉘에서 만든
안쪽 뚜껑

㉚ 본체와 뚜껑을 붙인다.

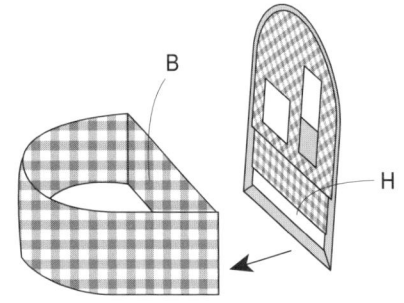

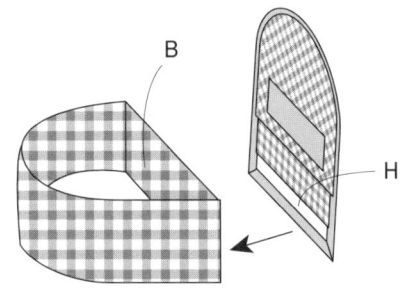

본체의 B면과 뚜껑의 H면을 강력접착제로 붙인다.

㉛ 손잡이를 만든다.

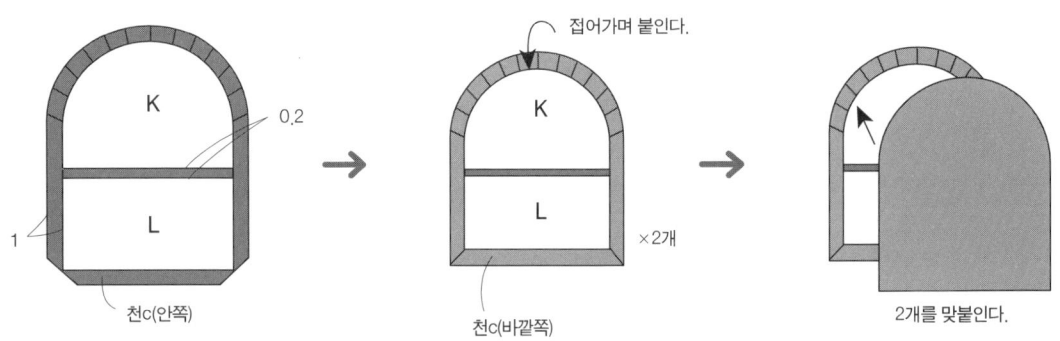

K

0.2

1

L

천c(안쪽)

접어가며 붙인다.

K

L

×2개

천c(바깥쪽)

2개를 맞붙인다.

㉜ ㉚의 두 본체와 손잡이를 붙인다.

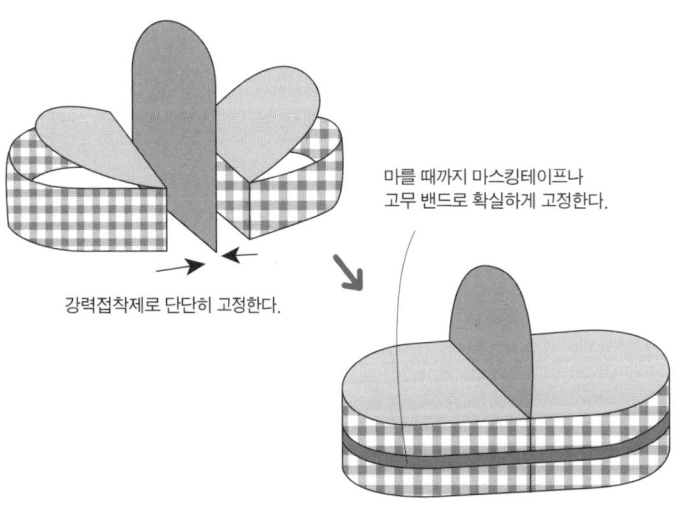

강력접착제로 단단히 고정한다.

마를 때까지 마스킹테이프나
고무 밴드로 확실하게 고정한다.

㉝ 바느질함 완성.

★ 우유팩 재단하기

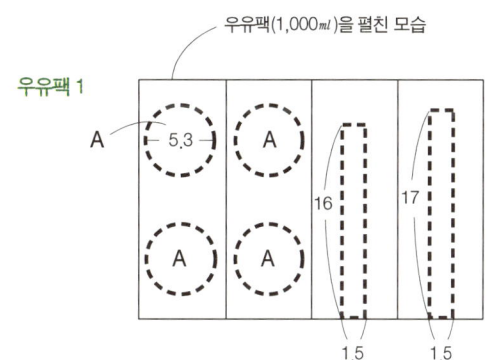

우유팩(1,000㎖)을 펼친 모습

우유팩 1

★ 만드는 방법

① A를 따라 B를 둥글게 말아준다.

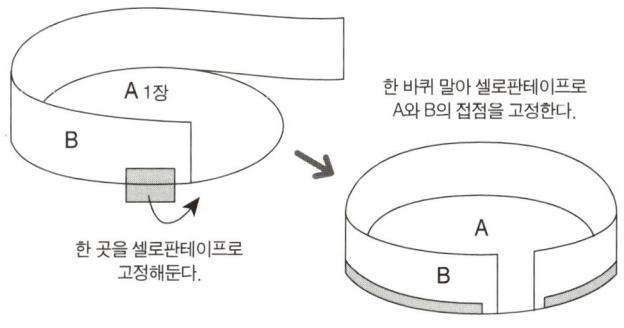

A 1장

B

한 곳을 셀로판테이프로
고정해둔다.

한 바퀴 말아 셀로판테이프로
A와 B의 접점을 고정한다.

A

B

② 바닥과 옆면을 붙인다.

붓에 접착제를 묻혀
틈을 메우듯 칠하고
완전히 굳힌다.

③ 줄자를 넣는다.

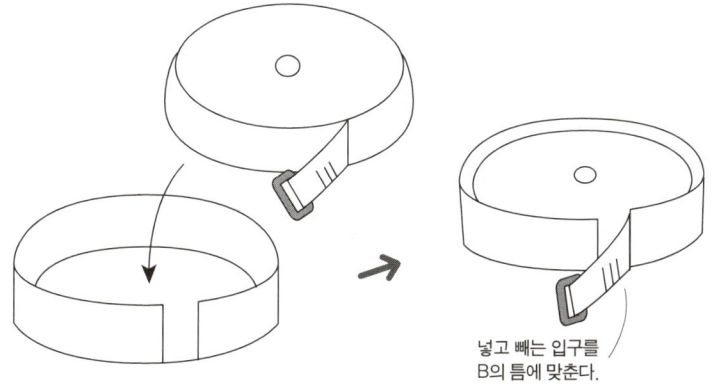

넣고 빼는 입구를
B의 틈에 맞춘다.

④ A를 얹어 셀로판테이프로
고정한다.

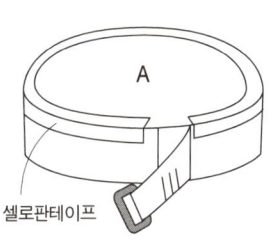

A

셀로판테이프

⑤ 입구를 보강한다.

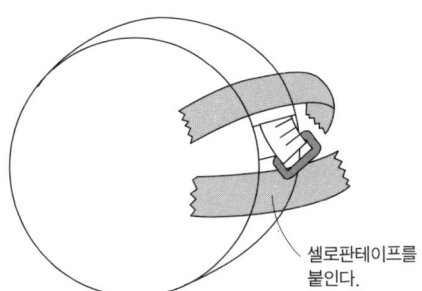

셀로판테이프를
붙인다.

⑥ A 2장에 각각 천a를 붙인다.

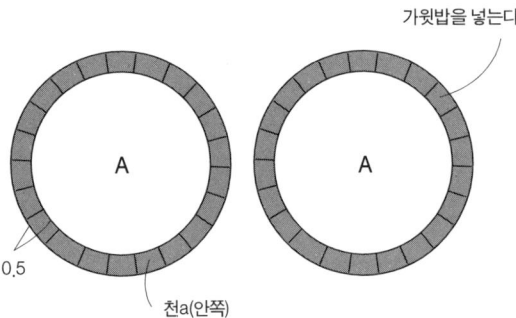

가윗밥을 넣는다.

0.5

천a(안쪽)

⑦ A 2장을 본체의 위아래에 붙인다.

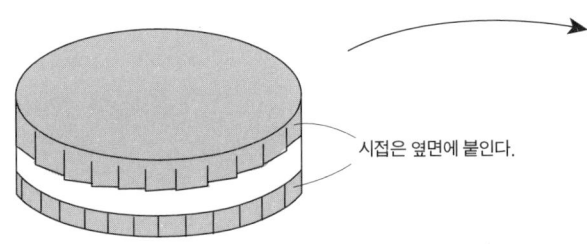

시접은 옆면에 붙인다.

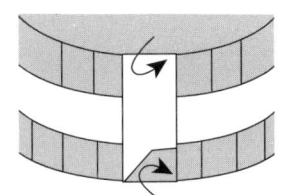

입구 부분의 천은 안쪽으로 접어 넣어 붙인다.

⑧ C에 천b를 감싸듯이 붙인다.

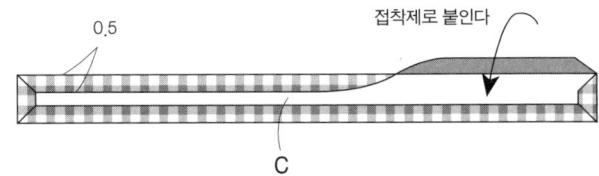

0.5

접착제로 붙인다

C

⑨ 본체 옆면 C를 붙인다.

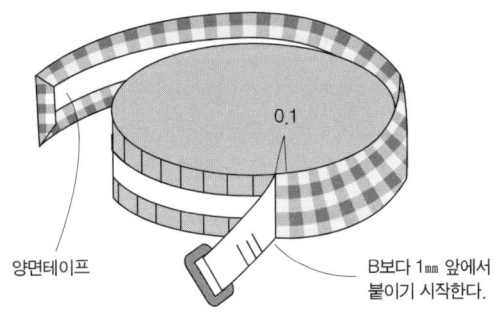

양면테이프

0.1

B보다 1㎜ 앞에서
붙이기 시작한다.

⑩ 줄자 케이스 완성.

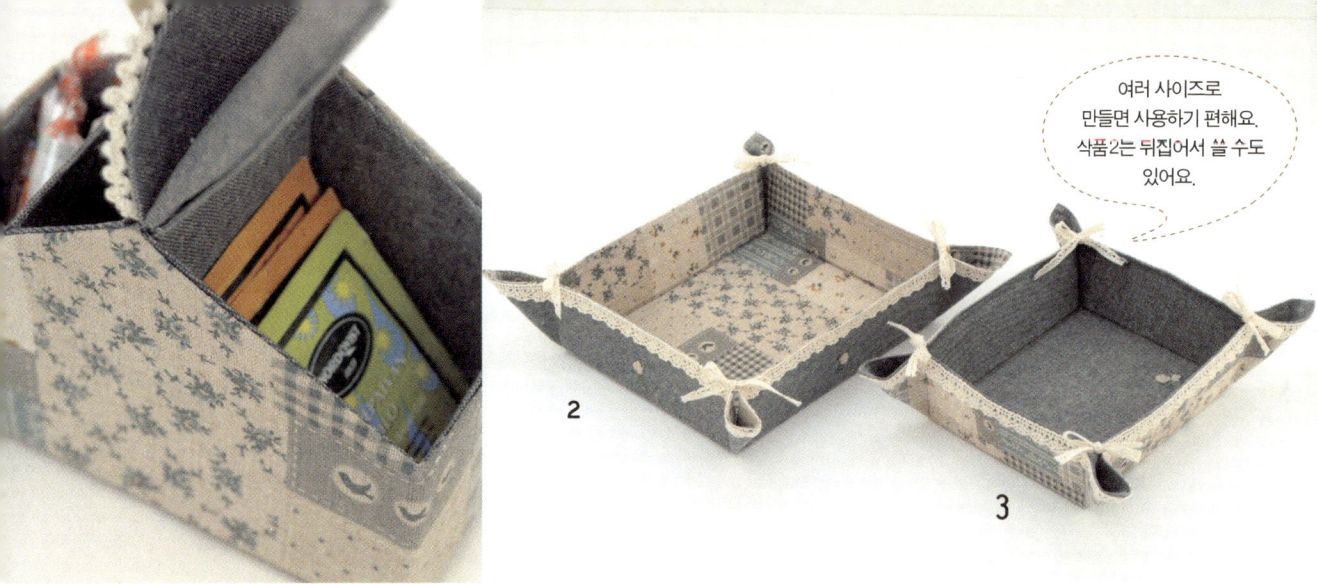

여러 사이즈로
만들면 사용하기 편해요.
작품2는 뒤집어서 쓸 수도
있어요.

2

3

테이블 위의
수납 상자

간단한 자수로 멋을 낸 수납 상자예요. 테이블 위의 자잘한 소품을
담는데 유용합니다. 작품 1은 옆면이 비스듬해서 더욱 쓰기 편하
고 작품 2와 3은 리본을 풀면 평평해져요.

1

2

디자인 · 제작 / 우라베 히로코

★ 우유팩 재단하기

우유팩 1 · 2

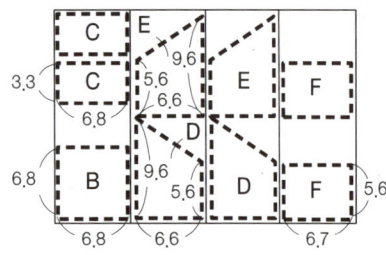

우유팩 3

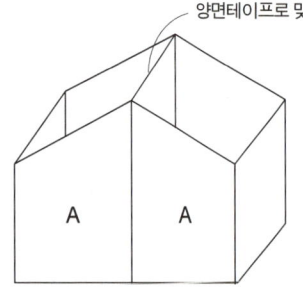

우유팩 4

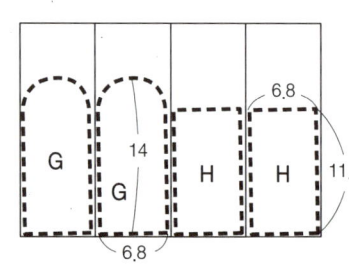

※ G의 곡선은 130쪽 실물 크기의 도안 참조

우유팩 5

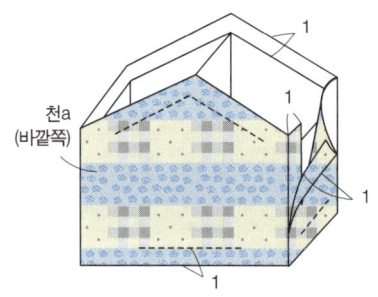

★ 만드는 방법

① 본체를 만든다.

양면테이프로 맞붙인다.

② 본체의 옆면에 천a를 붙인다.

천a (바깥쪽)

③ 천의 시접을 입구로 접어 넣는다.

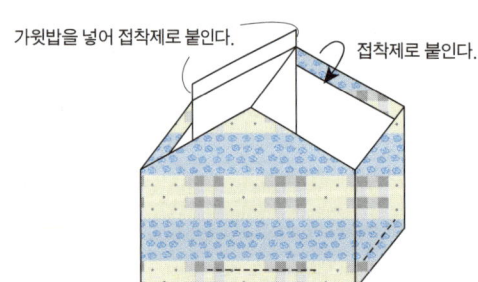

가윗밥을 넣어 접착제로 붙인다.

접착제로 붙인다.

④ 바닥에 시접을 붙인다.

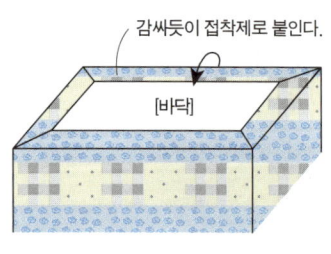

감싸듯이 접착제로 붙인다.

[바닥]

⑤ 바깥 바닥을 만든다.

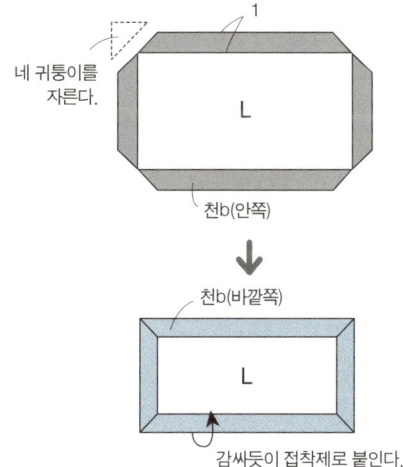

네 귀퉁이를
자른다.

1

L

천b(안쪽)

천b(바깥쪽)

L

감싸듯이 접착제로 붙인다.

⑥ 본체에 바깥 바닥을 붙인다.

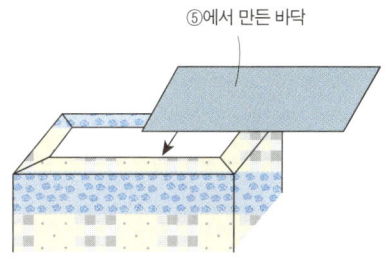

⑤에서 만든 바닥

⑦ 칸막이를 만든다.

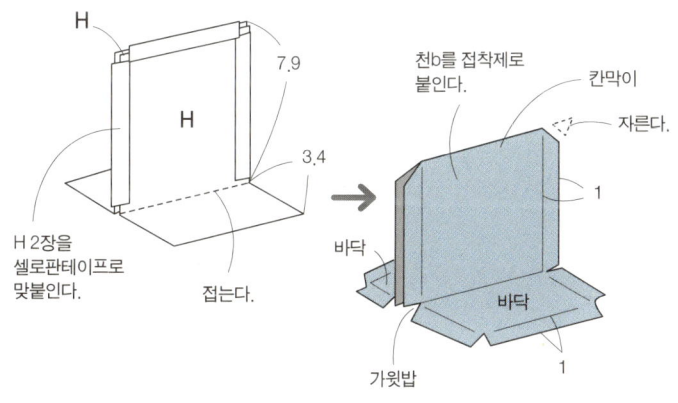

H

H

7.9

3.4

H 2장을
셀로판테이프로
맞붙인다.

접는다.

천b를 접착제로
붙인다.

칸막이

자른다.

1

바닥

바닥

가윗밥

1

⑧ 본체에 칸막이를 붙인다.

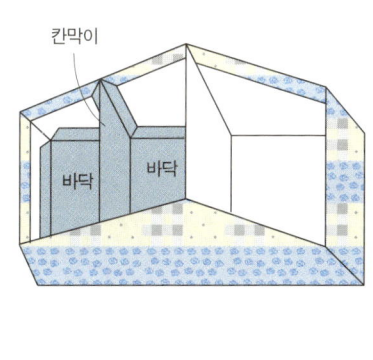

칸막이

바닥

바닥

⑨ 본체의 왼쪽 내벽을 만든다.

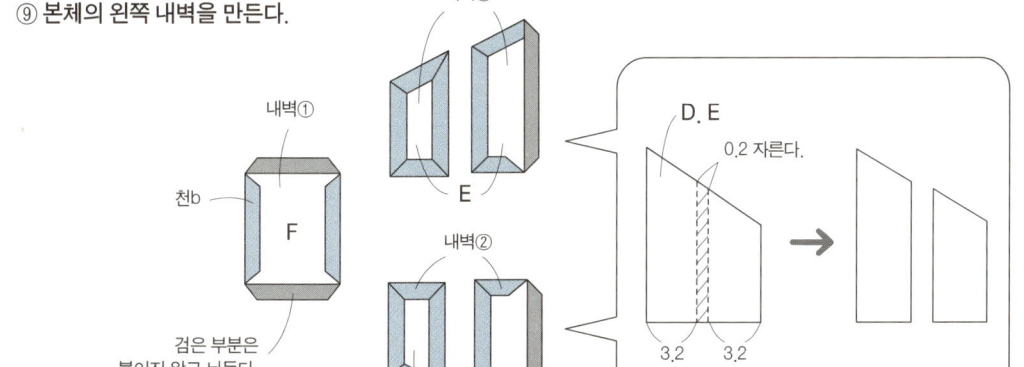

내벽②

내벽①

천b

F

E

내벽②

검은 부분은
붙이지 않고 놔둔다.

D

D. E

0.2 자른다.

3.2   3.2

⑩ 본체 왼쪽에 내벽을 붙인다.

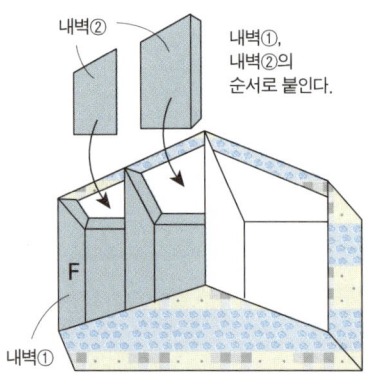

내벽②

내벽①,
내벽②의
순서로 붙인다.

F

내벽①

⑪ 본체의 오른쪽 내벽을 만든다.

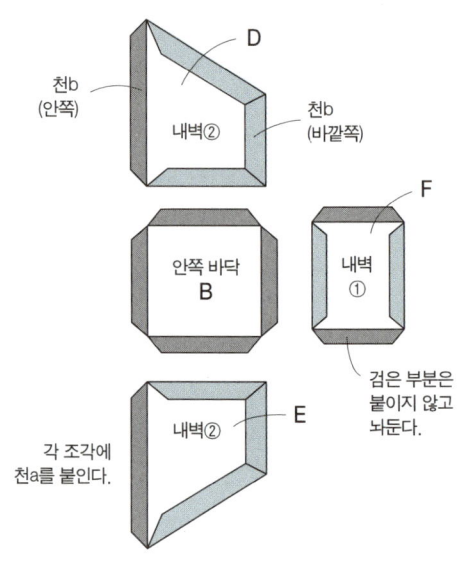

D

천b
(안쪽)

내벽②

천b
(바깥쪽)

F

안쪽 바닥
B

내벽
①

검은 부분은
붙이지 않고
놔둔다.

내벽②

E

각 조각에
천a를 붙인다.

⑫ 본체 오른쪽에 안쪽 바닥을 붙인다.

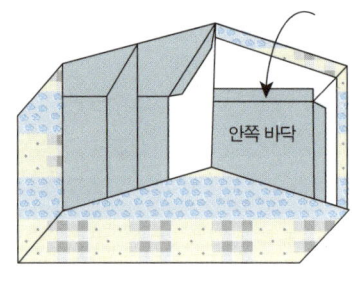

안쪽 바닥

⑬ 본체 오른쪽에 내벽을 붙인다.

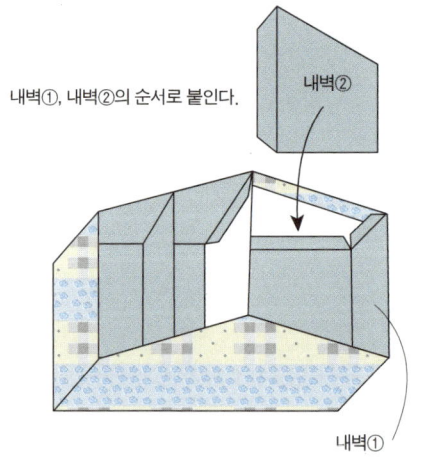

내벽②

내벽①, 내벽②의 순서로 붙인다.

내벽①

⑭ 손잡이를 만든다.

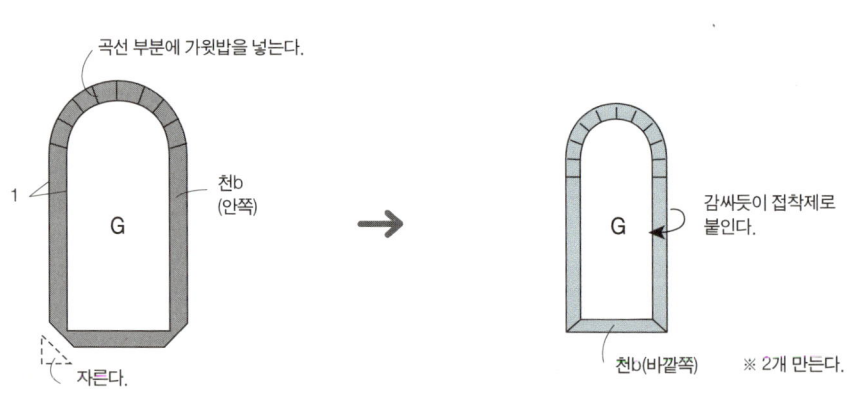

곡선 부분에 가윗밥을 넣는다.

1

천b
(안쪽)

G

자른다.

감싸듯이 접착제로
붙인다.

G

천b(바깥쪽)

※ 2개 만든다.

⑮ 본체에 손잡이를 단다.

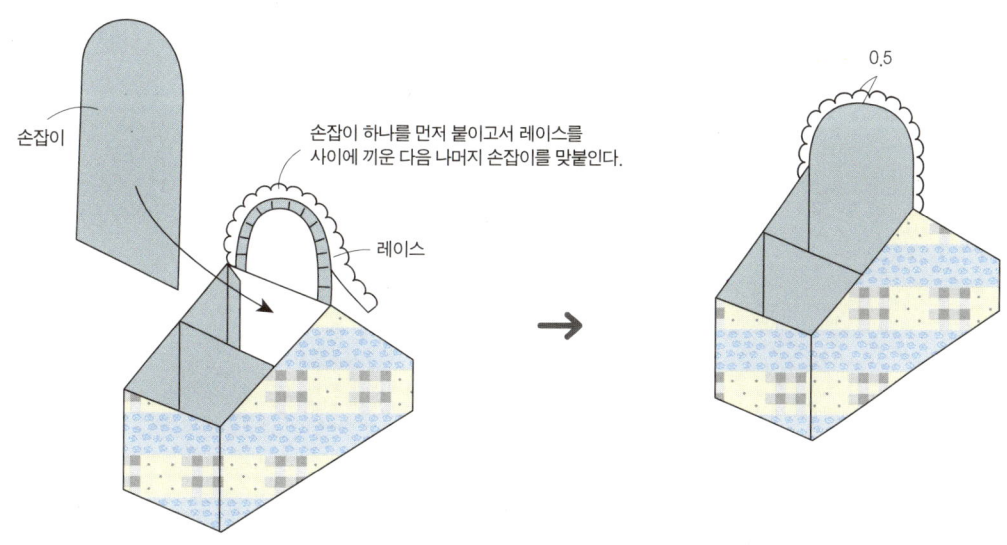

손잡이

손잡이 하나를 먼저 붙이고서 레이스를
사이에 끼운 다음 나머지 손잡이를 맞붙인다.

레이스

0.5

⑯ 바깥 뚜껑을 만든다.

천b에 수를 놓는다. (도안과 수놓는 법은 134쪽 참조)

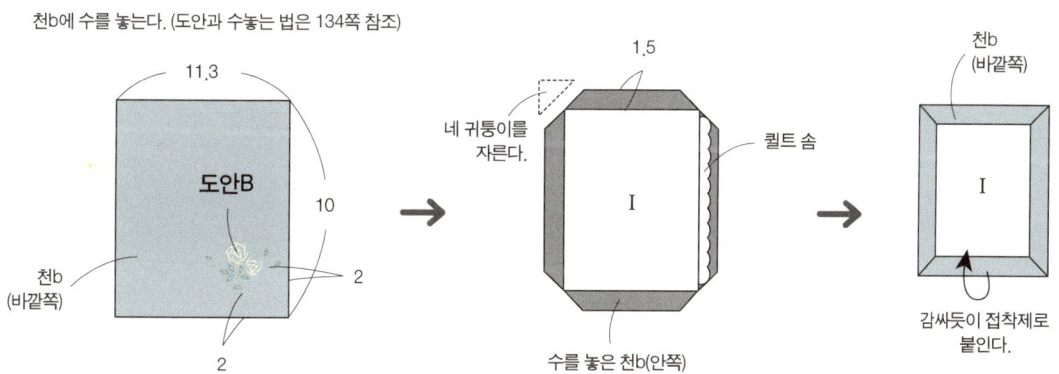

11.3

도안B

10

천b
(바깥쪽)

2

2

네 귀퉁이를
자른다.

1.5

I

퀼트 솜

수를 놓은 천b(안쪽)

천b
(바깥쪽)

I

감싸듯이 접착제로
붙인다.

⑰ 안쪽 뚜껑을 만든다.

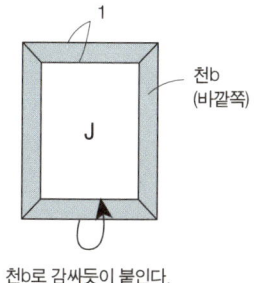

1

J

천b
(바깥쪽)

천b로 감싸듯이 붙인다.

⑱ 내벽③을 만든다.

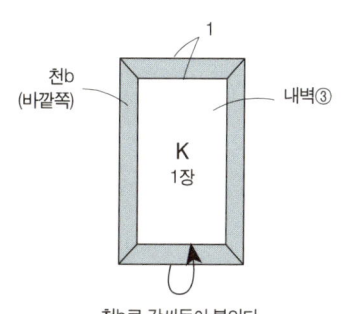

천b
(바깥쪽)

1

K
1장

내벽③

천b로 감싸듯이 붙인다.

⑲ 본체에 천 조각을 붙이고서 내벽③을 붙인다.

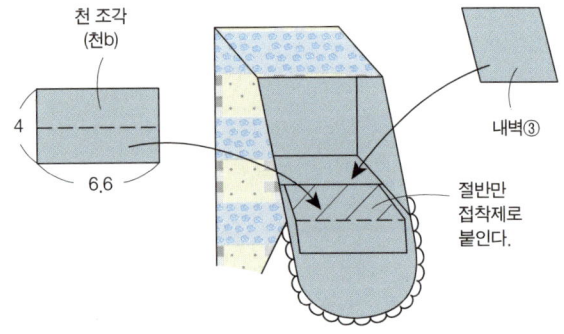

천 조각
(천b)

4

6.6

내벽③

절반만
접착제로
붙인다.

⑳ 천 조각에 바깥 뚜껑을 붙인다.

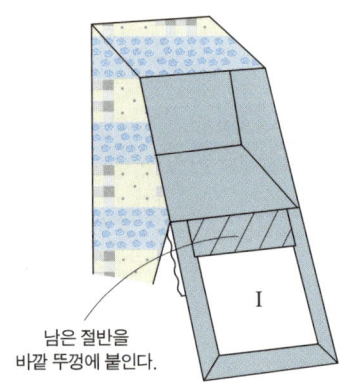

I

남은 절반을
바깥 뚜껑에 붙인다.

㉑ 바깥 뚜껑에 안쪽 뚜껑을 붙인다.

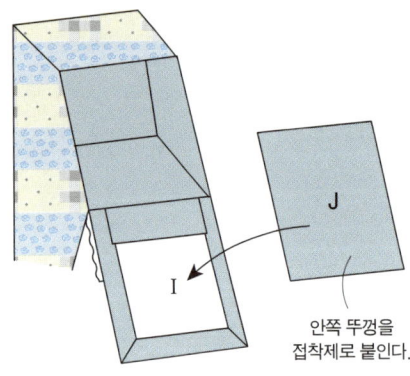

I

J

안쪽 뚜껑을
접착제로 붙인다.

㉒ 비스듬한 수납상자 완성.

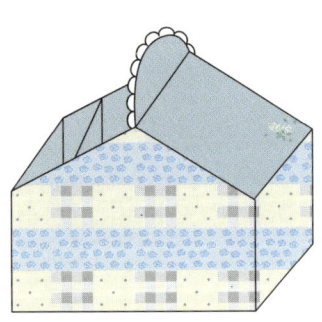

★ 실물 크기의 도안

P.126 작품 1 : 조각 G
P.136 작품 1 · 3 : 조각 A, B
P.139 작품 2 : 조각 A, B, E

의 곡선

▶▶ 준비물 (작품2, 3)

· 우유팩(1,000㎖)
  작품2/4개, 작품3/3개

· 천a(면 · 프린트) **작품2/35×35㎝,**
  작품3/30×35㎝

· 천b(파란색 · 민무늬) **작품2/35×35㎝,**
  작품3/30×35㎝

· 레이스a(폭 12㎜) **작품2/115㎝,**
  작품3/110㎝

· 레이스b(폭 7㎜) 92㎝

· 25번 자수실(베이지색, 초록색, 황토색)
  각각 적당량

★ 우유팩 재단하기   작품 2

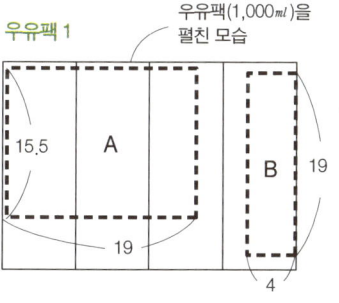

우유팩 1

우유팩(1,000㎖)을
펼친 모습

15.5 A
19 B
19

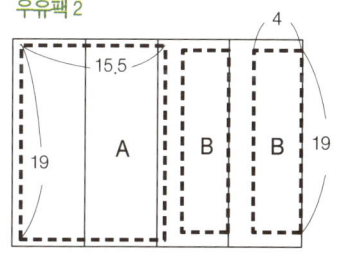

우유팩 2

4
15.5
19 A B B
19

우유팩 3

B 19 C C C
4
4 15.5

우유팩 4

4
C 15.5

작품 3

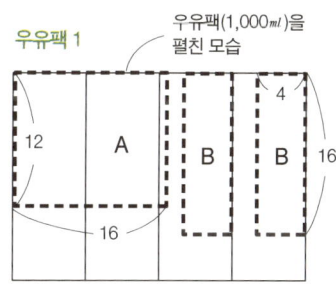

우유팩 1

우유팩(1,000㎖)을
펼친 모습

12 A B B
16
16
4
16

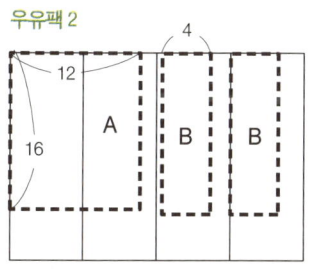

우유팩 2

12
16 A B B
4

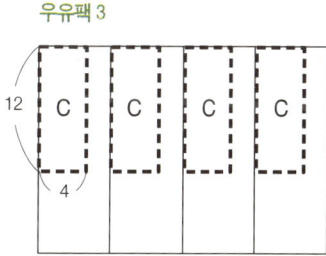

우유팩 3

12 C C C C
4

★ 만드는 방법

① A, B, C의 각 조각을 2장씩 맞붙인다.

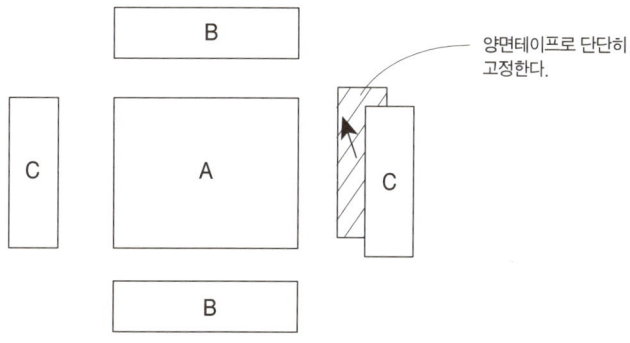

B

C A

양면테이프로 단단히
고정한다.

C

B

② 각 조각을 천a와 천b에 붙인다.

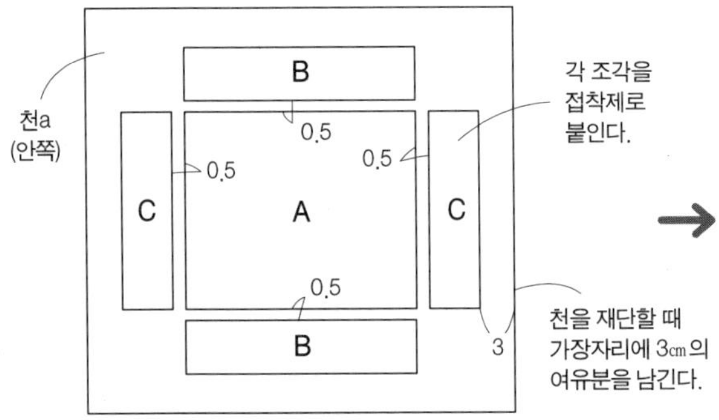

천a
(안쪽)

	B	
C	0.5	C
	0.5 A 0.5	
	0.5	
	B	3

각 조각을
접착제로
붙인다.

천을 재단할 때
가장자리에 3㎝의
여유분을 남긴다.

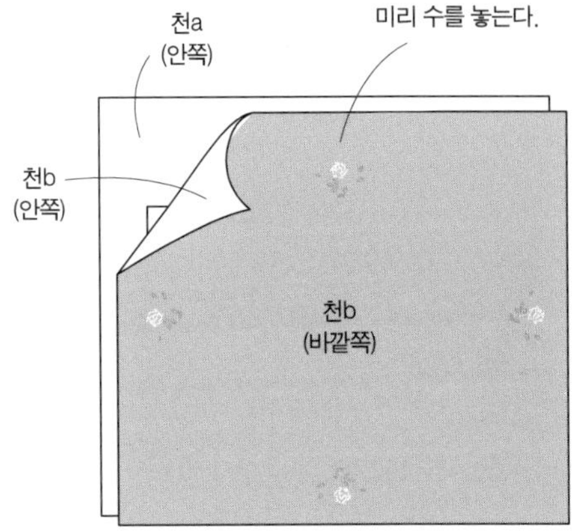

천a
(안쪽)

미리 수를 놓는다.

천b
(안쪽)

천b
(바깥쪽)

조각 표면에 접착제를 칠하고,
치수가 같도록 재단한 천a와 천b를 붙인다.

자수

※ 도안은 134쪽을 참조하세요.

〈작품 2〉

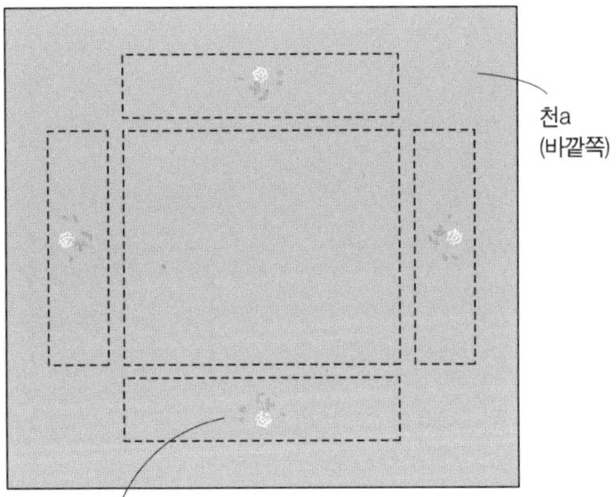

천a
(바깥쪽)

B, C가 들어갈 자리에 도안A를 수놓는다.

〈작품 3〉

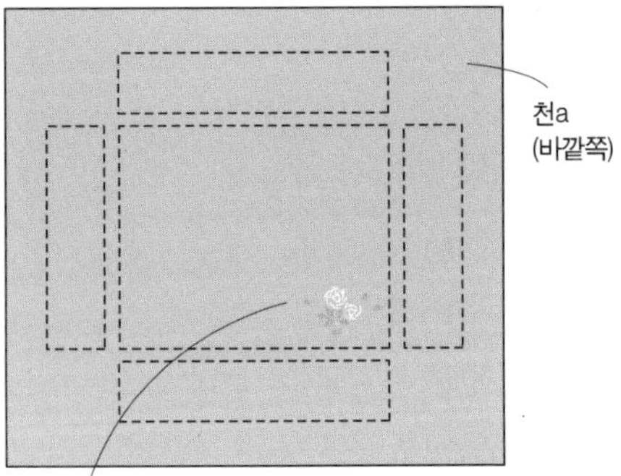

천a
(바깥쪽)

A가 들어갈 자리에 도안B를 수놓는다.

③ 천a와 b를 꿰맨다.

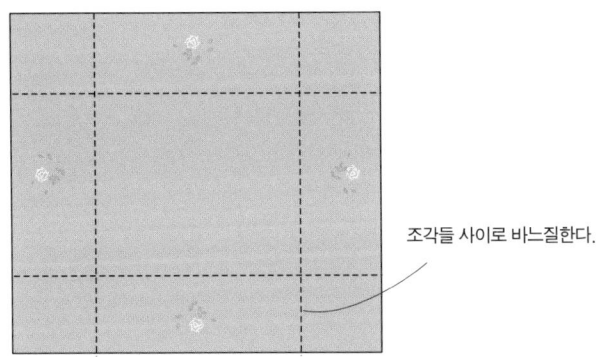

조각들 사이로 바느질한다.

④ 천의 가장자리를 자른다.

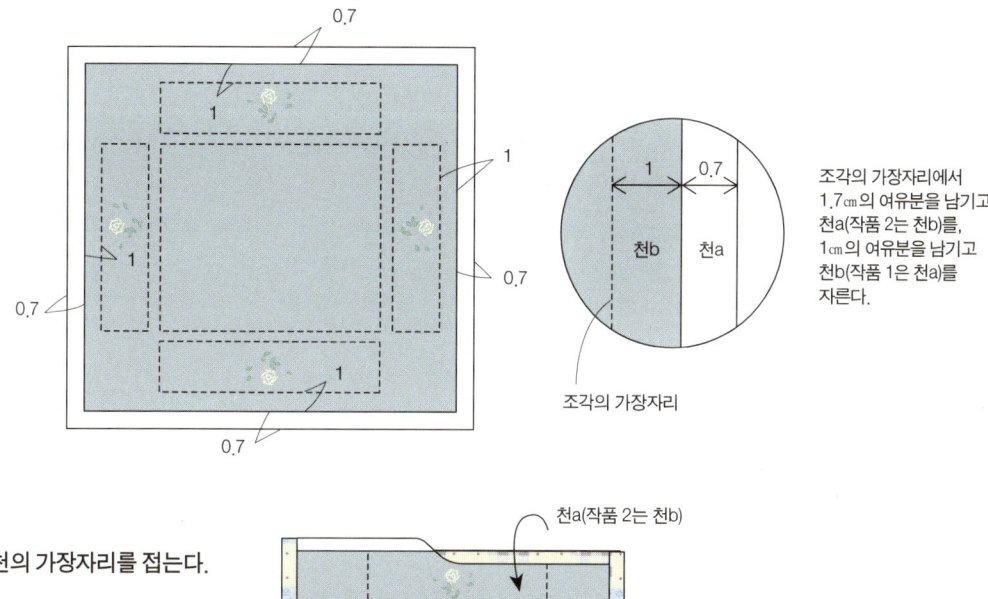

조각의 가장자리에서 1.7cm의 여유분을 남기고 천a(작품 2는 천b)를, 1cm의 여유분을 남기고 천b(작품 1은 천a)를 자른다.

조각의 가장자리

⑤ 천의 가장자리를 접는다.

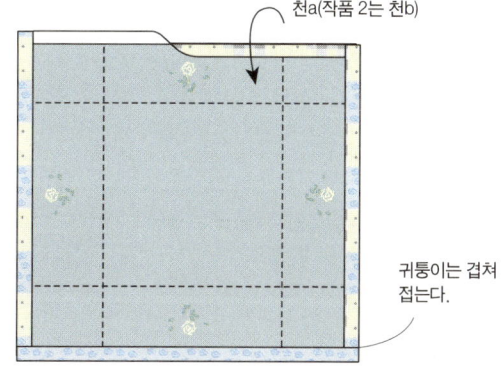

천a(작품 2는 천b)

귀퉁이는 겹쳐 접는다.

⑥ 레이스b를 끼우면서 레이스a를 빙 둘러 꿰맨다.

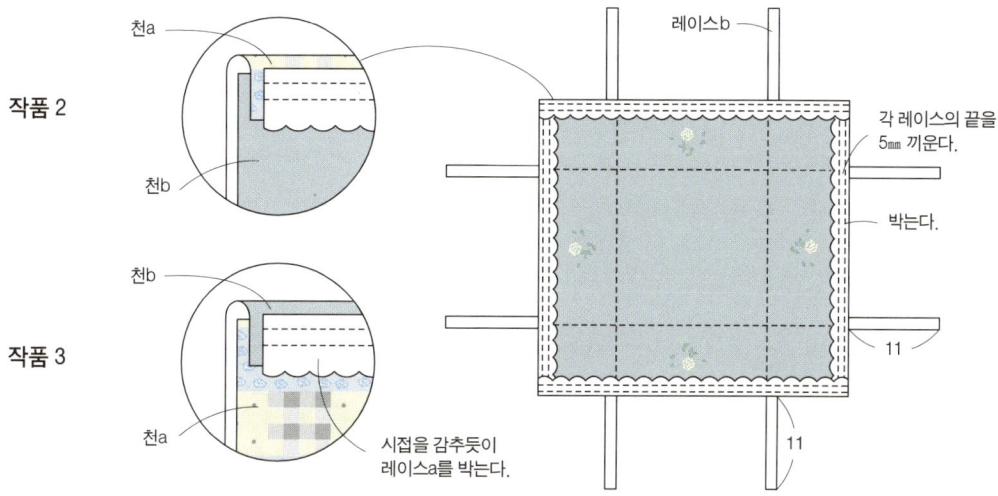

작품 2

천a

천b

레이스b

각 레이스의 끝을 5mm 끼운다.

박는다.

11

작품 3

천b

천a

시접을 감추듯이 레이스a를 박는다.

11

⑦ 레이스b를 묶으면 완성.

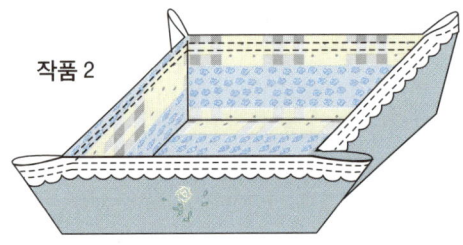

작품 2

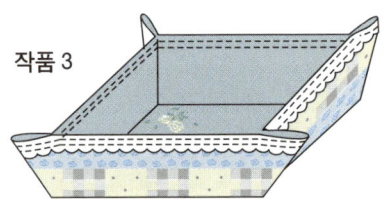

작품 3

★ 자수 실물 크기의 도안

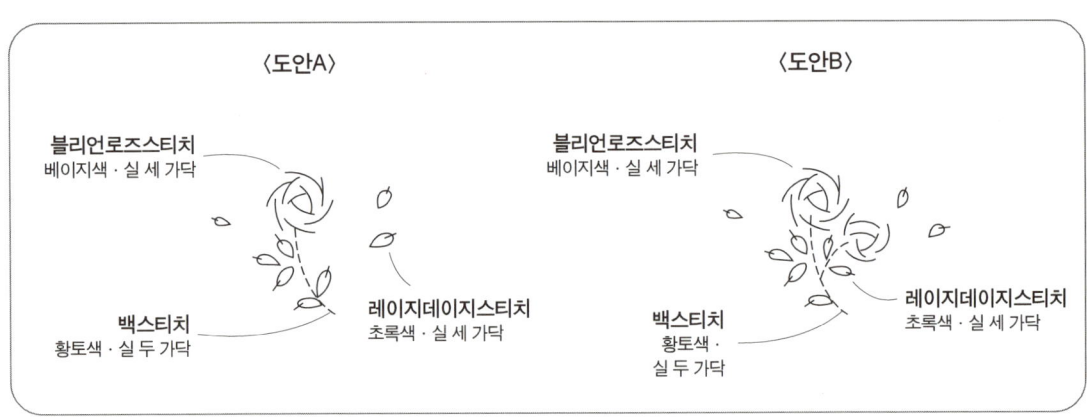

〈도안A〉

블리언로즈스티치
베이지색 · 실 세 가닥

백스티치
황토색 · 실 두 가닥

레이지데이지스티치
초록색 · 실 세 가닥

〈도안B〉

블리언로즈스티치
베이지색 · 실 세 가닥

백스티치
황토색 ·
실 두 가닥

레이지데이지스티치
초록색 · 실 세 가닥

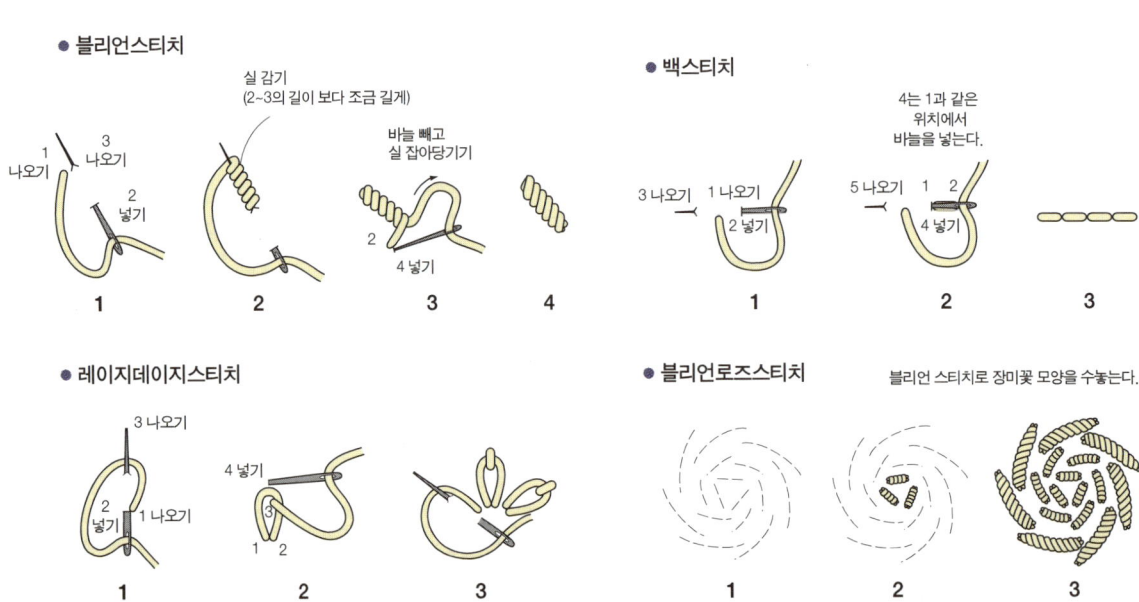

● 블리언스티치

실 감기
(2~3의 길이 보다 조금 길게)

바늘 빼고
실 잡아당기기

1 나오기   3 나오기

2 넣기

4 넣기

1   2   3   4

● 백스티치

4는 1과 같은
위치에서
바늘을 넣는다.

3 나오기   1 나오기

2 넣기

5 나오기   1   2

4 넣기

1   2   3

● 레이지데이지스티치

3 나오기

2 넣기   1 나오기

4 넣기

3

1   2

1   2   3

● 블리언로즈스티치

블리언 스티치로 장미꽃 모양을 수놓는다.

1   2   3

134

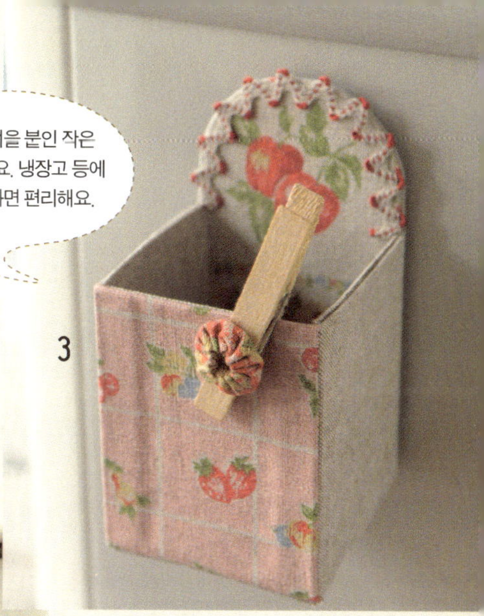

뒷면에 자석을 붙인 작은 수납 상자에요. 냉장고 등에 붙여 사용하면 편리해요.

3

주방 잡화 수납 상자

상자에 철사고리를 달아 벽에 걸어두면 편하게 쓸 수 있어요.
메모나 조리법을 꽂아둘 수 있는 집게는 주방의 필수품이지요.

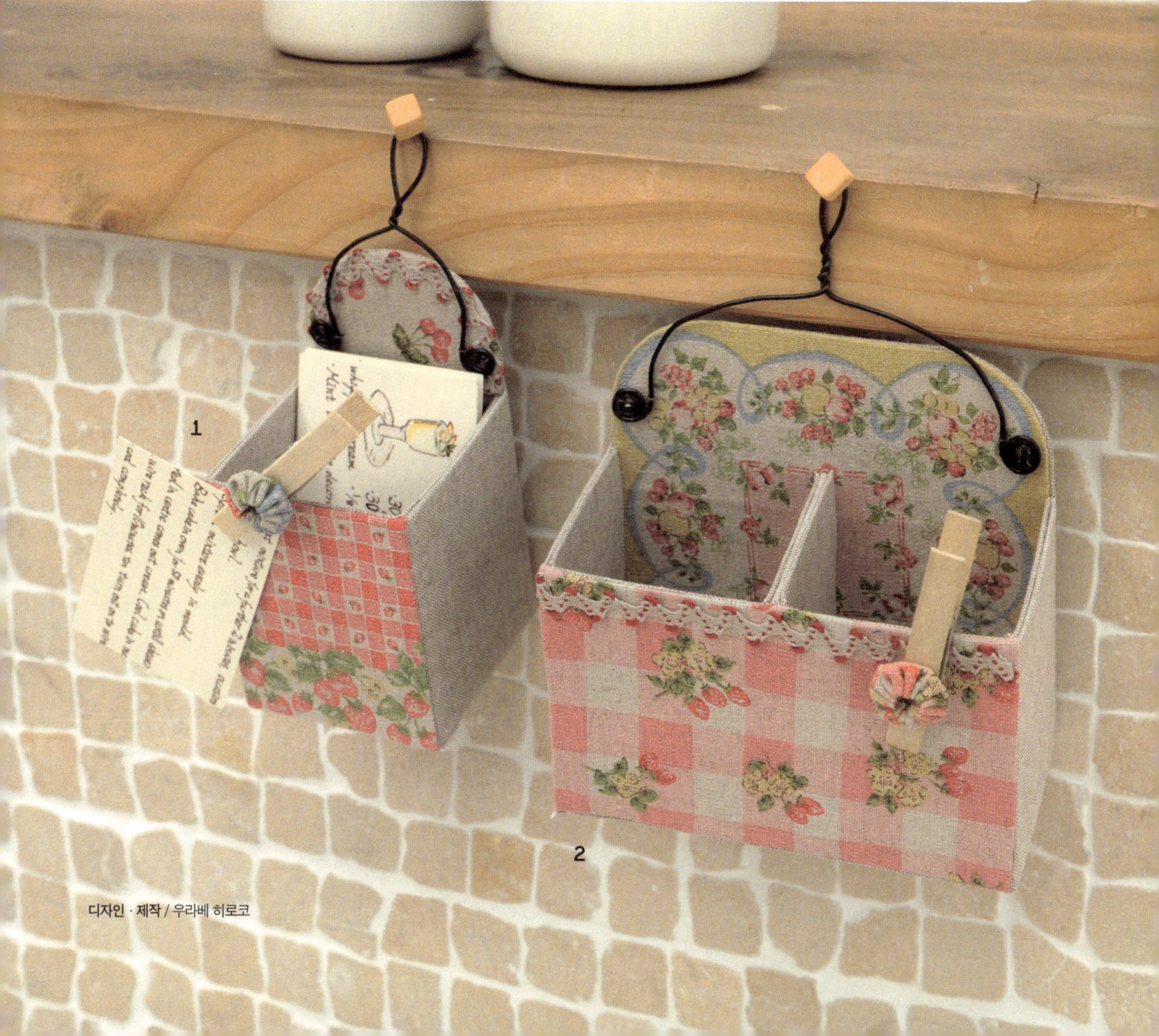

1

2

디자인 · 제작 / 우라베 히로코

▶▶ 준비물 (작품1)

- 우유팩(1,000㎖) 2개
- 천a(리넨·민무늬) 25×40㎝
- 천b(리넨·격자무늬) 15×15㎝
- 천c(리넨·프린트) 15×10㎝
- 자바라 테이프(폭 10㎜) 15㎝
- 집게 1개
- 〈작품 40〉 철사(두꺼운 것) 28㎝,
  (가는 것) 20㎝
- 〈작품 42〉 자석(지름 18㎜) 4개

★ 우유팩 재단하기

우유팩 1

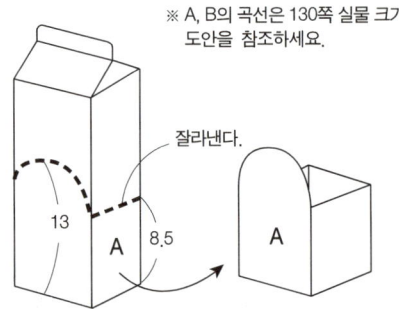

※ A, B의 곡선은 130쪽 실물 크기 도안을 참조하세요.

잘라낸다.

13

A 8.5

A

우유팩 2

우유팩(1,000㎖)을 펼친 모습

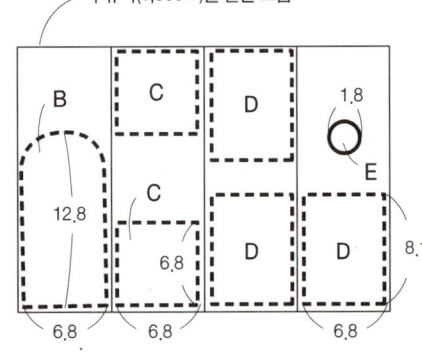

B

12.8

C

C

6.8

D

D

D

D

1.8

E

8.1

6.8

6.8

6.8

★ 만드는 방법

① 본체의 둘레에 천a를 붙인다.

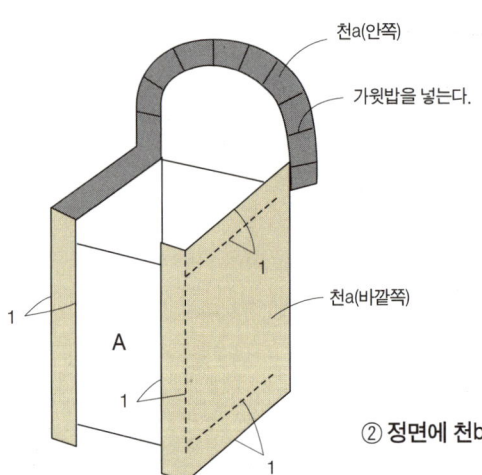

천a(안쪽)

가윗밥을 넣는다.

천a(바깥쪽)

A

1

1

1

1

② 정면에 천b를 붙인다.

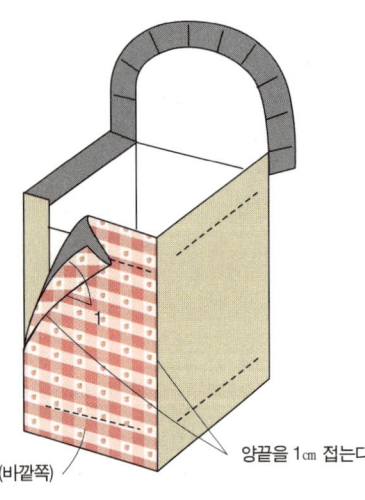

천b(바깥쪽)

양끝을 1㎝ 접는다.

③ 천의 시접을 입구로 접어 넣는다.

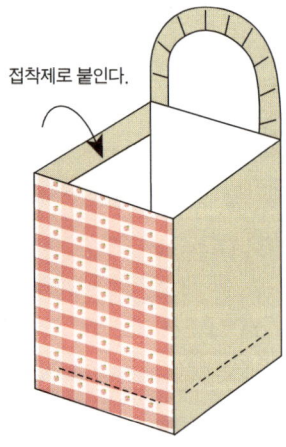

접착제로 붙인다.

136

④ 바닥을 만든다.

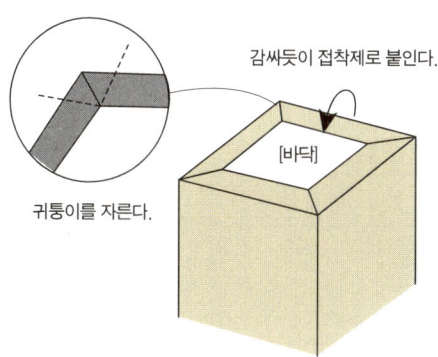

귀퉁이를 자른다.

감싸듯이 접착제로 붙인다.

[바닥]

⑤ 바깥 바닥을 만든다.

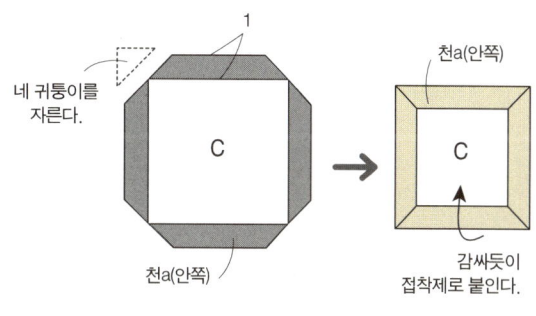

네 귀퉁이를
자른다.

1

C

천a(안쪽)

천a(안쪽)

C

감싸듯이
접착제로 붙인다.

⑥ 본체에 바깥 바닥을 붙인다.

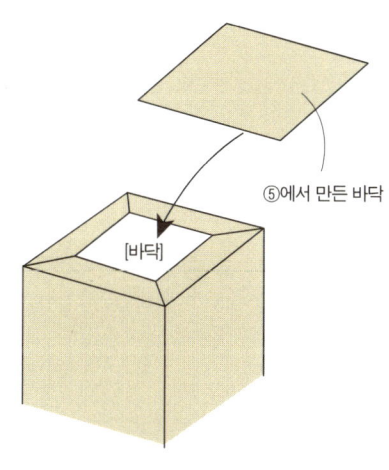

⑤에서 만든 바닥

[바닥]

⑦ 내벽을 만든다.

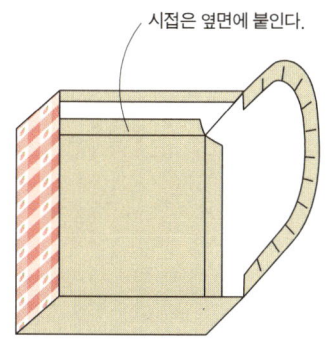

천c(바깥쪽)

내벽①
B 1장

각 조각에
천을 붙인다.

검은 부분은
붙이지 않고
놔둔다.

천a(안쪽)

내벽②
D 1장

안쪽 바닥
C 1장

내벽②
D 1장

천a(바깥쪽)

천a(바깥쪽)

내벽①
B 1장

천a(안쪽)

⑧ 안쪽 바닥을 붙인다.

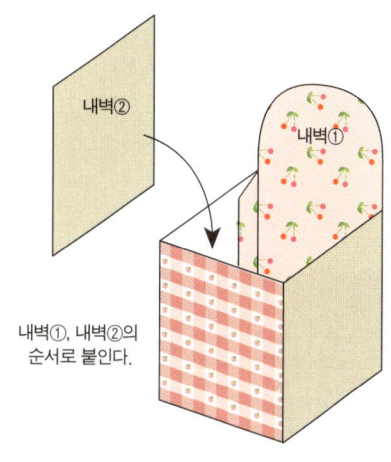

시접은 옆면에 붙인다.

⑨ 본체에 내벽을 붙인다.

내벽②

내벽①

내벽①, 내벽②의
순서로 붙인다.

⑩ 본체에 자바라 테이프를 붙인다.

⑪ 요요 퀼트를 만들어 집게에 붙인다.

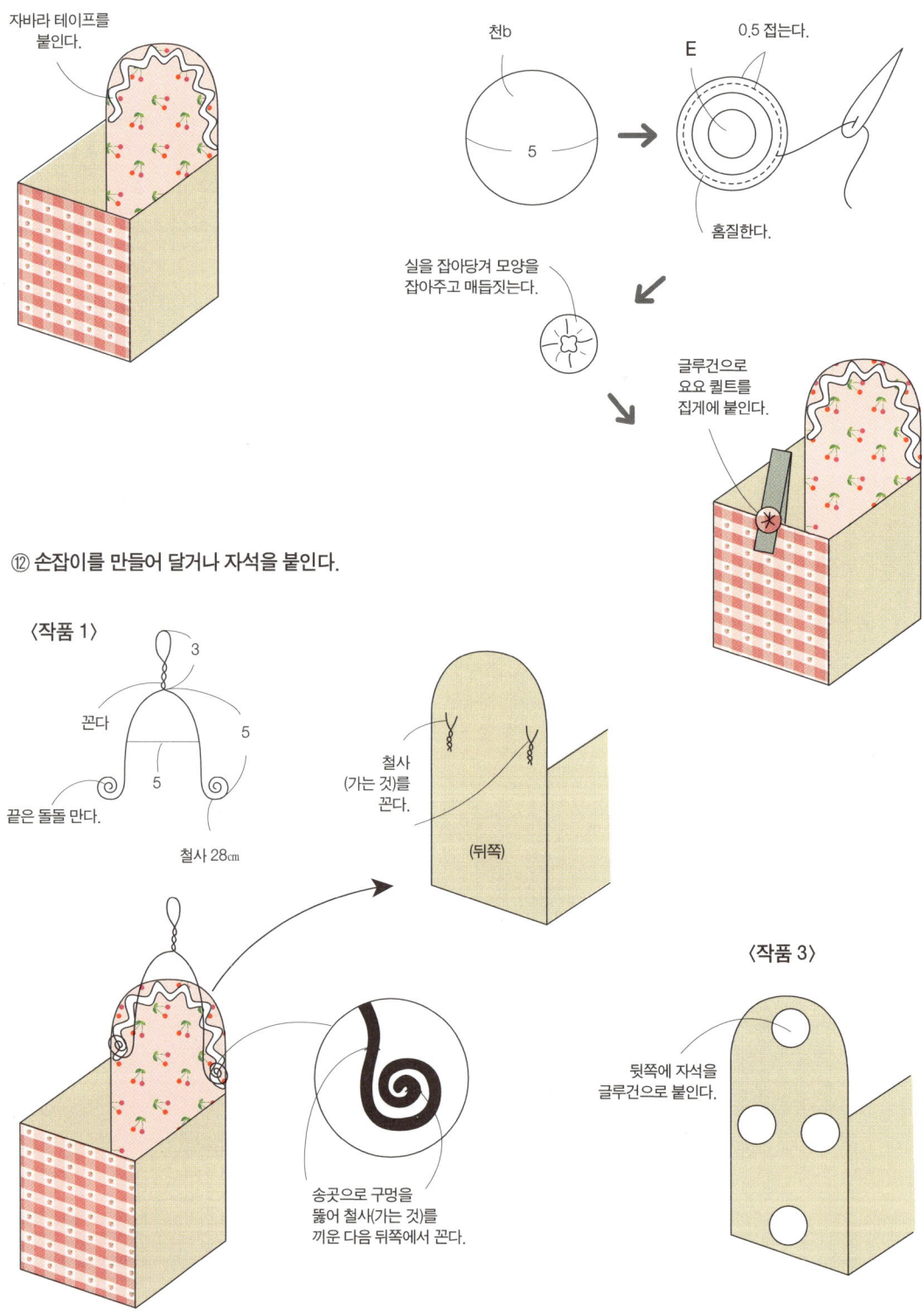

자바라 테이프를
붙인다.

천b

0.5 접는다.

E

5

홈질한다.

실을 잡아당겨 모양을
잡아주고 매듭짓는다.

글루건으로
요요 퀼트를
집게에 붙인다.

⑫ 손잡이를 만들어 달거나 자석을 붙인다.

〈작품 1〉

3

꼰다

5

5

5

끝은 돌돌 만다.

철사 28㎝

철사
(가는 것)를
꼰다.

(뒤쪽)

〈작품 3〉

뒷쪽에 자석을
글루건으로 붙인다.

송곳으로 구멍을
뚫어 철사(가는 것)를
끼운 다음 뒤쪽에서 꼰다.

★ 우유팩 재단하기

우유팩 1

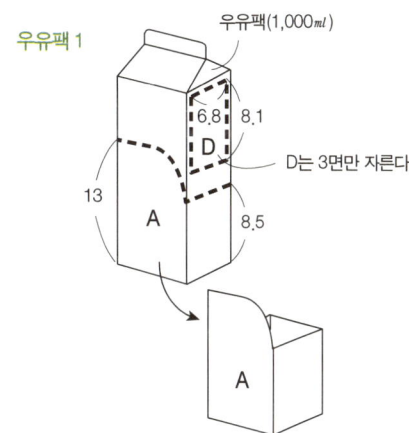

우유팩(1,000㎖)

6,8   8,1

D

D는 3면만 자른다.

13

A   8,5

A

우유팩 2

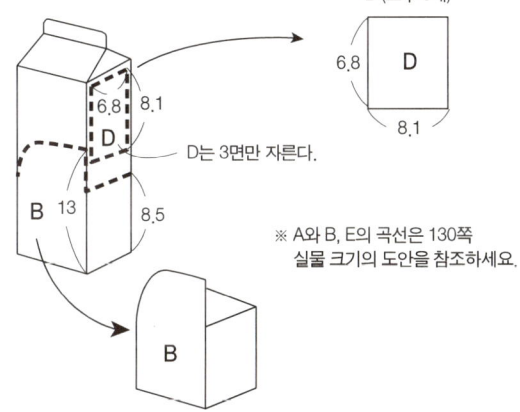

6,8   8,1

D

D는 3면만 자른다.

B   13   8,5

B

D (모두 6개)

6,8   D   8,1

※ A와 B, E의 곡선은 130쪽 실물 크기의 도안을 참조하세요.

우유팩 3

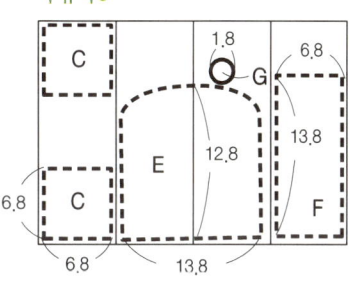

C   1,8   O G   6,8

C   E   12,8   13,8   F

6,8

6,8   13,8

★ 만드는 방법

① 본체를 만든다.

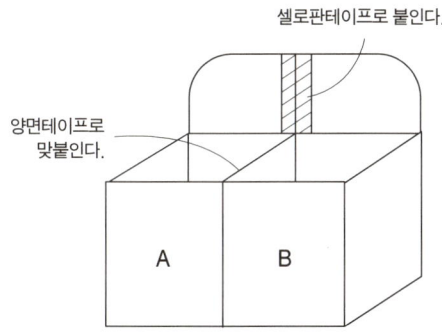

셀로판테이프로 붙인다.

양면테이프로 맞붙인다.

A   B

② 본체의 둘레에 천a를 붙인다.

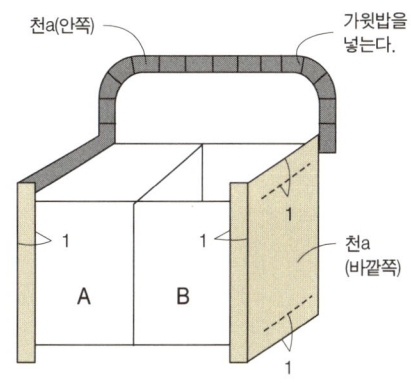

천a(안쪽)

가윗밥을 넣는다.

1   1

A   B   천a (바깥쪽)

1

③ 정면에 천b를 붙인다.

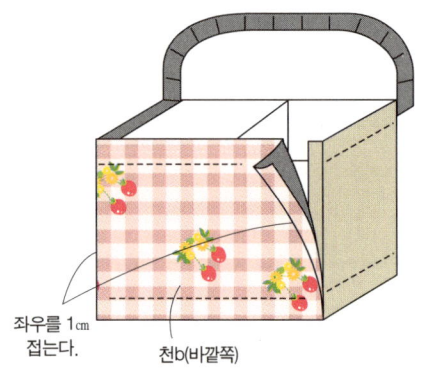

좌우를 1㎝
접는다.

천b(바깥쪽)

④ 시접을 입구로 접어 넣고 천 조각을 붙인다.

천 조각(천a)

4

6.8

접는다

천a
(바깥쪽)

2

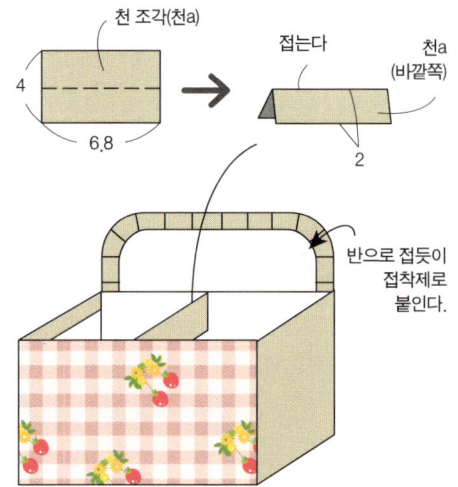

반으로 접듯이
접착제로
붙인다.

⑤ 바닥에 시접을 붙인다.

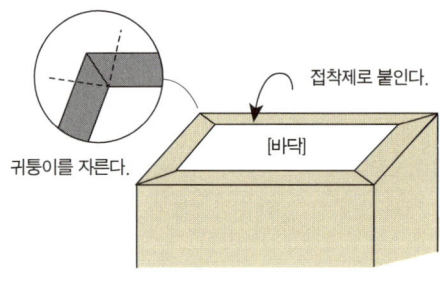

귀퉁이를 자른다.

[바닥]

접착제로 붙인다.

⑥ 바깥 바닥을 만든다.

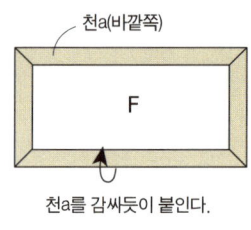

천a(바깥쪽)

F

천a를 감싸듯이 붙인다.

⑦ 본체에 바깥 바닥을 붙인다.

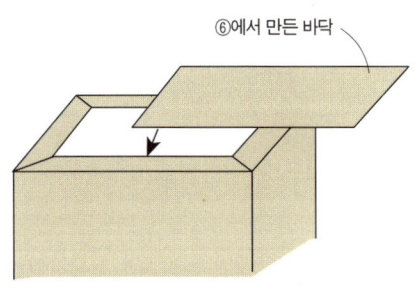

⑥에서 만든 바닥

⑧ 뒤판의 내벽을 만든다.

천c로 감싸듯이 붙인다.

가윗밥

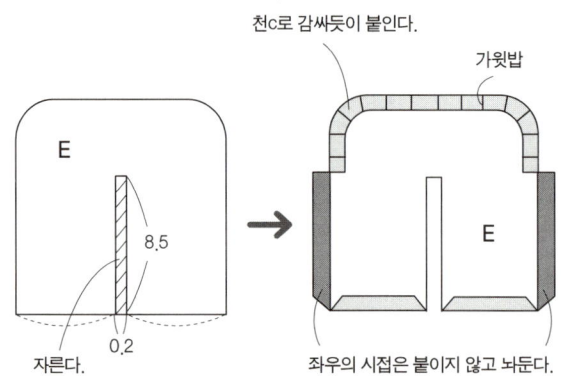

E

8.5

0.2

자른다.

E

좌우의 시접은 붙이지 않고 놔둔다.

⑨ 내벽을 만든다.

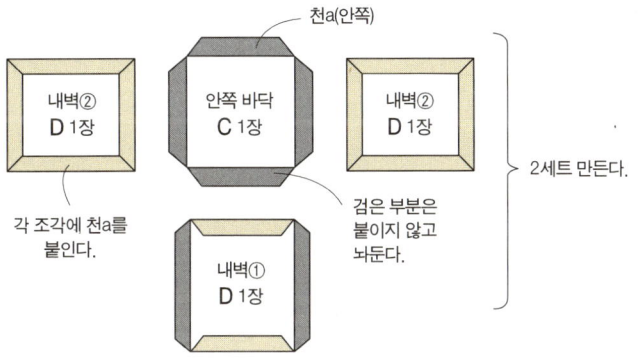

천a(안쪽)

내벽②
D 1장

안쪽 바닥
C 1장

내벽②
D 1장

2세트 만든다.

각 조각에 천a를
붙인다.

검은 부분은
붙이지 않고
놔둔다.

내벽①
D 1장

⑩ 안쪽 바닥을 붙인다.

시접은 옆면에 붙인다.

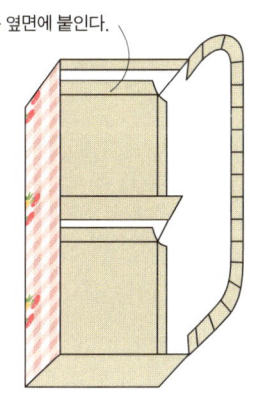

⑪ 본체에 뒤판의 내벽을 붙인다.

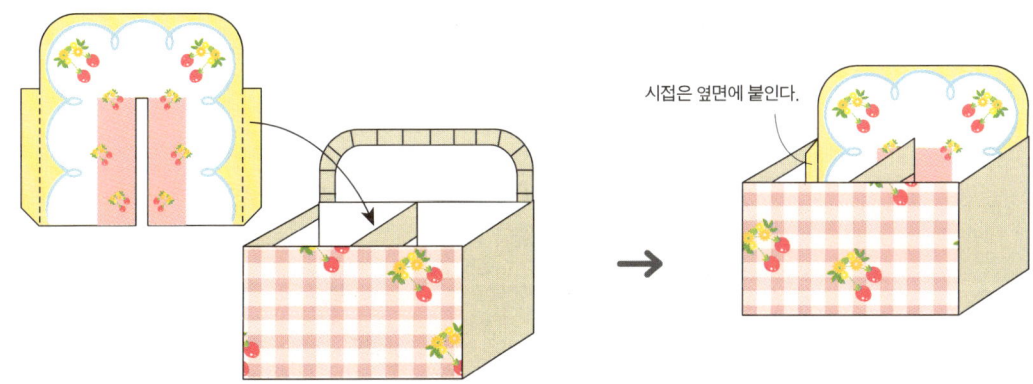

시접은 옆면에 붙인다.

⑫ 본체에 내벽을 붙인다.

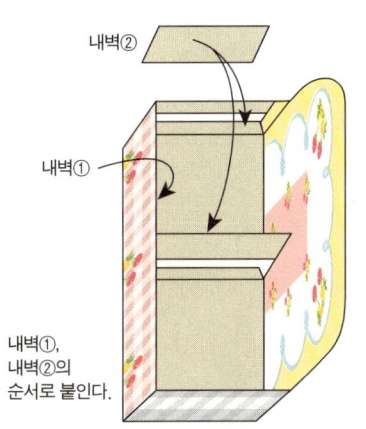

내벽②

내벽①

내벽①,
내벽②의
순서로 붙인다.

⑬ 손잡이를 만든다.

꼰다

철사 35㎝

3

5

11

끝은 돌돌
만다.

⑭ 본체에 장식을 붙이면 완성.

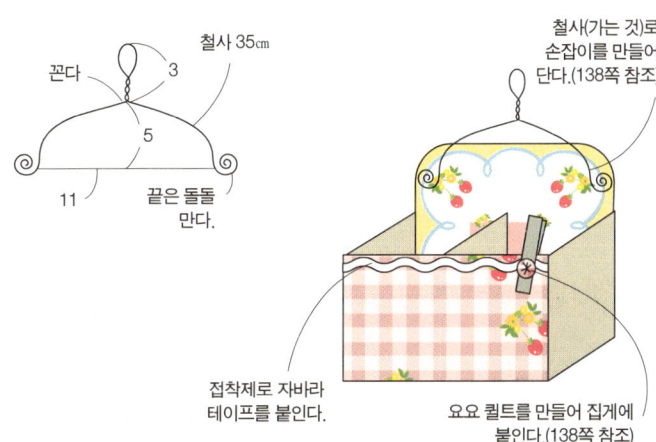

철사(가는 것)로
손잡이를 만들어
단다.(138쪽 참조)

접착제로 자바라
테이프를 붙인다.

요요 퀼트를 만들어 집게에
붙인다.(138쪽 참조)

2

본체, 뚜껑,
밑바닥을 각각
분리할 수 있어요.

빅 사이즈 수납통 &
미니 휴지통

큰 물건도 수납할 수 있는 큼지막한 수납통은 방안을 정리하는 데 안성맞춤
이지요. 작은 휴지통은 비닐로 코팅된 천을 사용했어요. 탁자에 앉아 수공
예품을 만들거나 뜨개질을 할 때 자투리 천과 실밥을 버리기에도 좋아요.

1

2

디자인 · 제작 / Atelier Kotori(사이토 아키코)

▶▶ 준비물 (빅 사이즈 수납통)

· 우유팩(1,000㎖) 11개

· 천a(면 · 프린트) 25×70㎝

· 천b(면 · 격자무늬) 25×45㎝

· 천c(면 · 물방울무늬) 25×55㎝

· 색 도화지 18.5×13㎝

· 징(지름 6㎜) 6개

★ 우유팩 재단하기

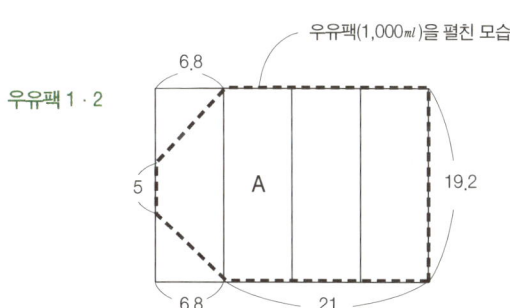

우유팩 1 · 2

우유팩(1,000㎖)을 펼친 모습

6.8

5

A

19.2

6.8

21

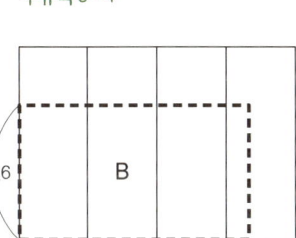

우유팩 3 · 4

13.6

B

23.4

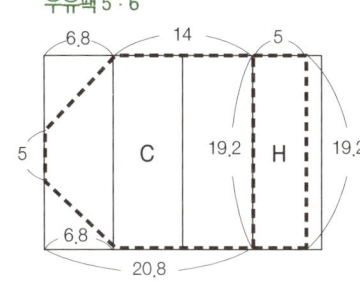

우유팩 5 · 6

6.8   14   5

5

C

19.2

H

19.2

6.8

20.8

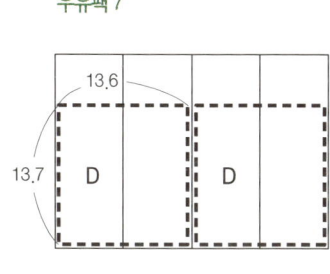

우유팩 7

13.6

13.7

D

D

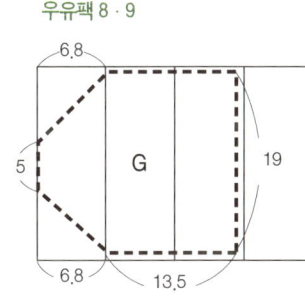

우유팩 8 · 9

6.8

5

G

19

6.8   13.5

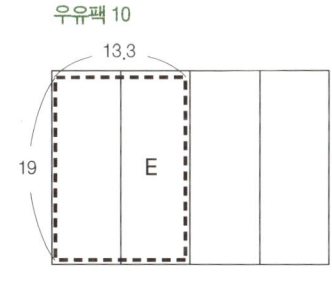

우유팩 10

13.3

19

E

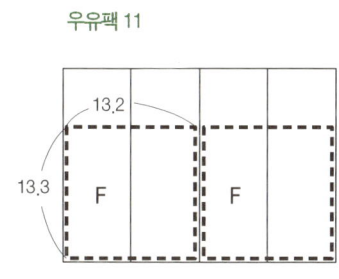

우유팩 11

13.2

13.3

F

F

★ 만드는 방법

① 본체를 조립한다.

셀로판테이프로 바깥쪽 A 2장을 이어붙인다.

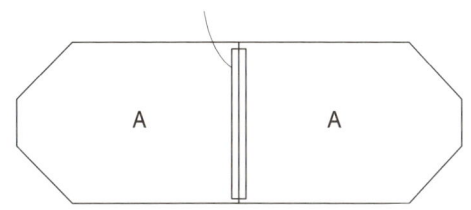

A   A

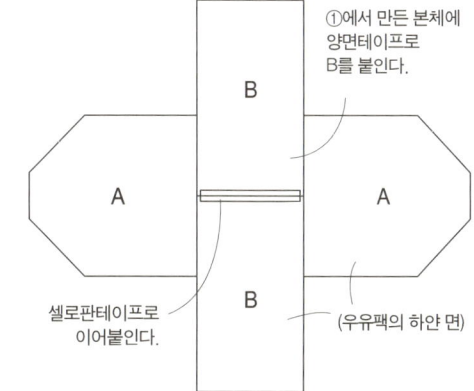

①에서 만든 본체에 양면테이프로 B를 붙인다.

B

A   A

셀로판테이프로 이어붙인다.

(우유팩의 하얀 면)

B

143

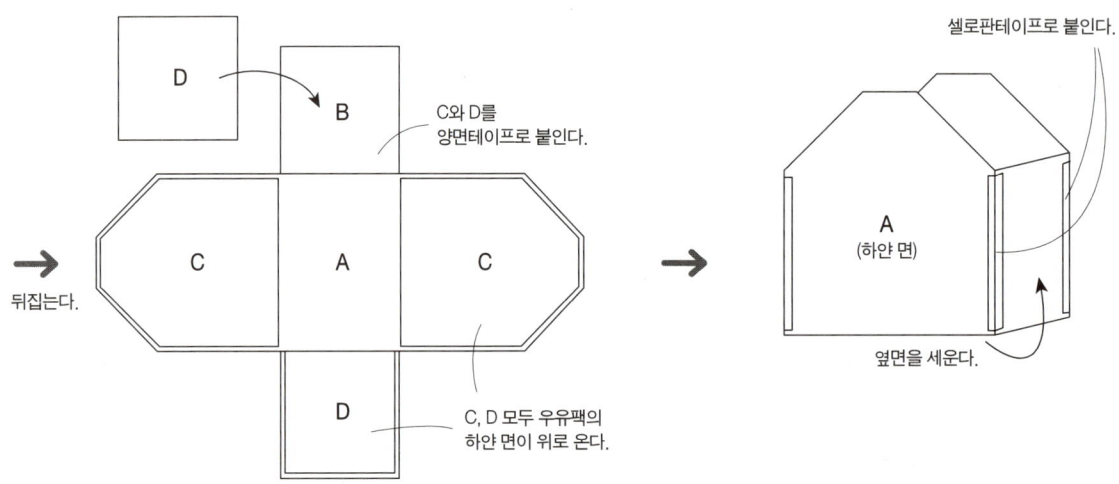

뒤집는다.

C와 D를
양면테이프로 붙인다.

C, D 모두 우유팩의
하얀 면이 위로 온다.

셀로판테이프로 붙인다.

A
(하얀 면)

옆면을 세운다.

② 본체의 옆면에 천a를 붙인다.

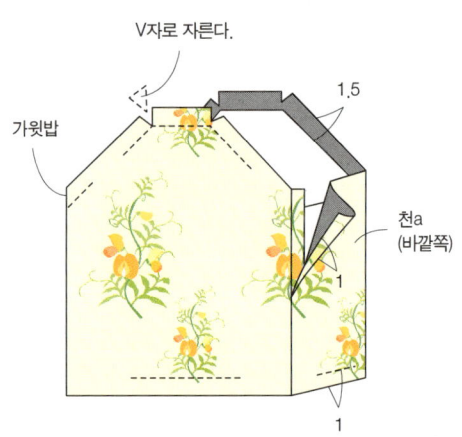

V자로 자른다.

가윗밥

1.5

천a
(바깥쪽)

1

1

③ 시접을 입구로 접어 넣는다.

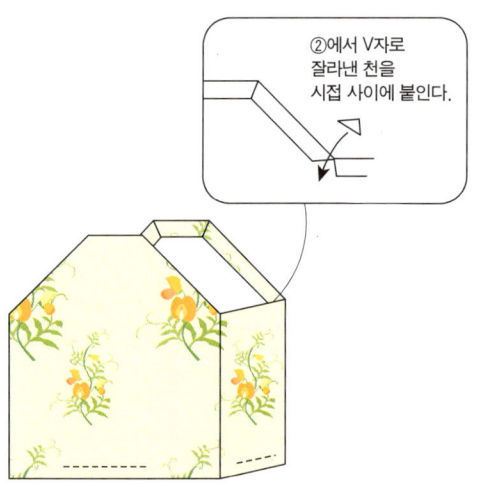

②에서 V자로
잘라낸 천을
시접 사이에 붙인다.

④ 바닥에 시접을 붙인다.

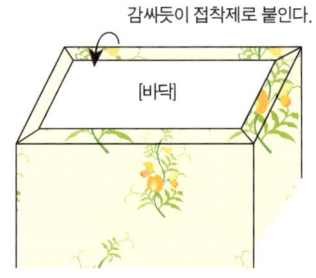

감싸듯이 접착제로 붙인다.

[바닥]

⑤ 본체에 바깥 바닥을 붙인다.

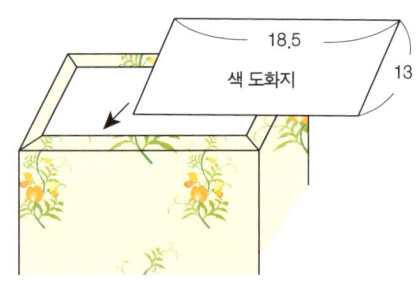

18.5

색 도화지

13

⑥ 내벽을 만든다.

내벽②
G 1장

1

천c(안쪽)

1

내벽①
F 1장

안쪽 바닥
E 1장

내벽①
F 1장

1

1

천c(바깥쪽)

검은 부분은
붙이지 않고 놔둔다.

천c(안쪽)

내벽②
G 1장

천b(바깥쪽)

1

⑦ 본체에 안쪽 바닥을 붙인다.

시접은 옆면에 붙인다.

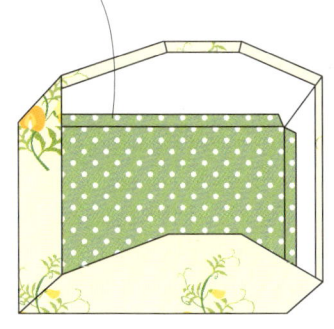

⑧ 본체에 내벽을 붙인다.

내벽①, 내벽②의 순서로 붙인다.

⑨ 손잡이를 만든다.

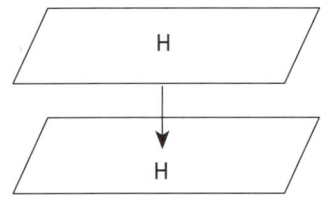

두 조각을 양면테이프로 맞붙인다.
(하얀 면이 밖으로 온다)

⑩ 손잡이에 천c를 붙인다.

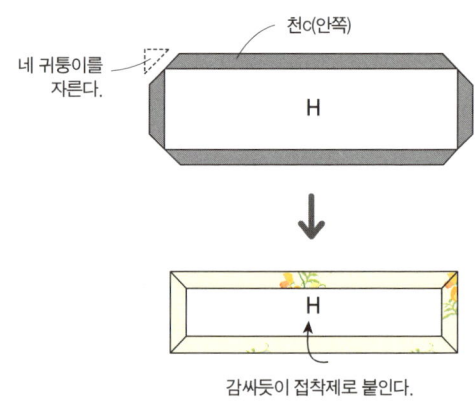

천c(안쪽)

네 귀퉁이를
자른다.

감싸듯이 접착제로 붙인다.

⑪ 천c를 잘라 손잡이의 안쪽에 붙인다.

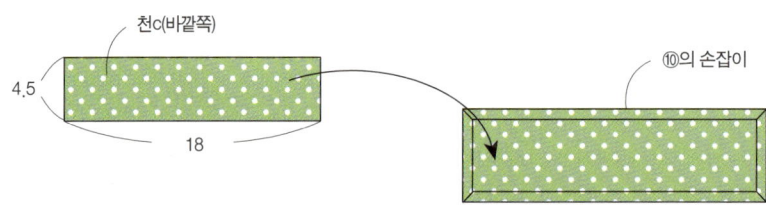

천c(바깥쪽)

4.5

18

⑩의 손잡이

⑫ 손잡이를 본체에 단다.

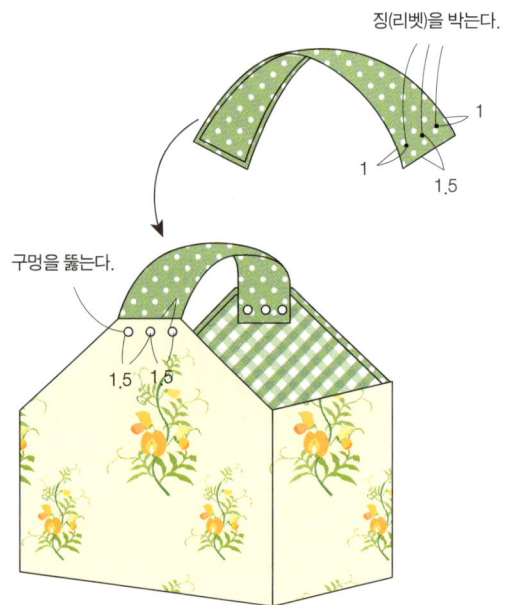

징(리벳)을 박는다.

1

1

1.5

구멍을 뚫는다.

1.5 1.5

⑬ 수납통 완성.

★ 우유팩 재단하기

우유팩 1

우유팩
(1,000㎖)

A를 자르고
그 나머지를 펼친다.

잘라낸다.

A

10.5

10.5

A

7

8

B

B

8

우유팩 2

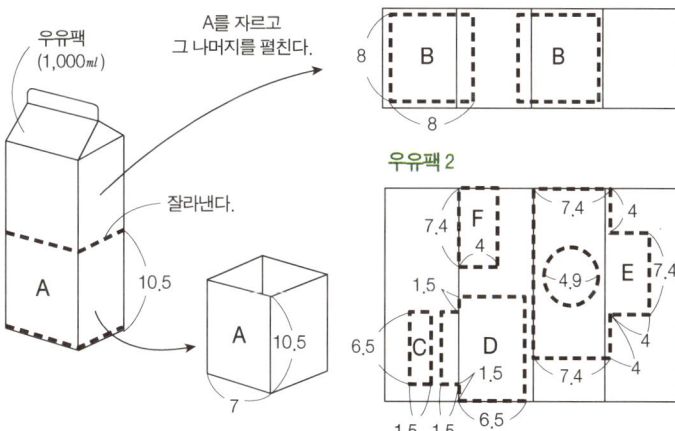

7.4

F

4

7.4

7.4

4

1.5

4.9

E

7.4

6.5

C

D

4

1.5

7.4

4

1.5 1.5

6.5

★ 만드는 방법

① 바닥을 만든다.

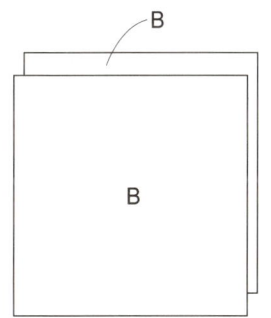

B

B

B

B 2장을 양면테이프로 맞붙인다.
(하얀 면이 바깥으로)

② 바닥에 천a를 붙인다.

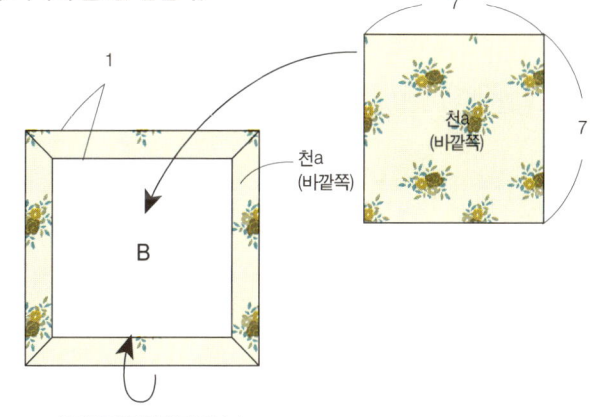

1

7

천a
(바깥쪽)

B

천a
(바깥쪽)

7

감싸듯이 접착제로 붙인다.

③ 토대를 만든다.

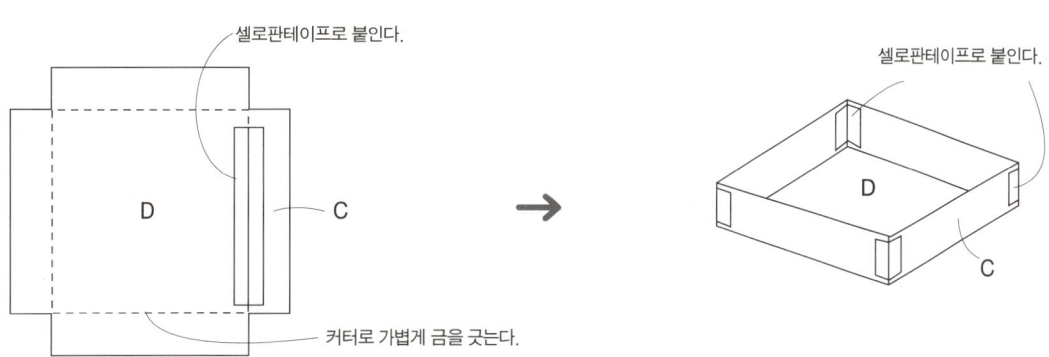

셀로판테이프로 붙인다.

D

C

커터로 가볍게 금을 긋는다.

셀로판테이프로 붙인다.

D

C

④ 토대의 옆면에 천a를 붙인다.

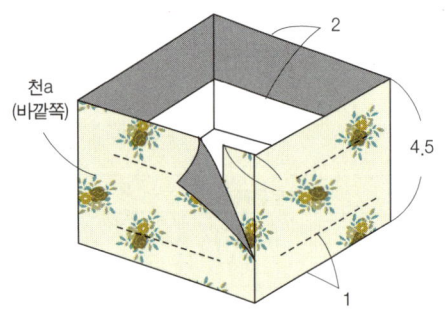

2

천a
(바깥쪽)

4.5

1

⑤ 천a를 안쪽으로 접어 넣는다.

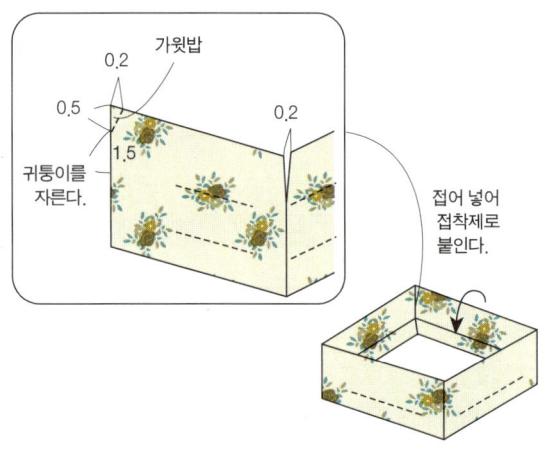

0.2
가윗밥
0.5
0.2
1.5
귀퉁이를
자른다.

접어 넣어
접착제로
붙인다.

⑥ 토대 바닥에 시접을 붙인다.

접착제로 붙인다.

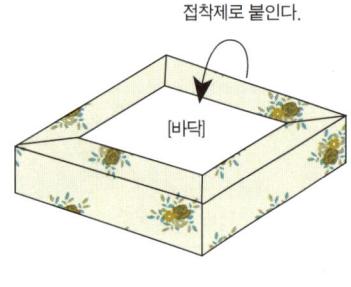

[바닥]

⑦ 본체 안쪽에 천a를 붙인다.

천a(바깥쪽)

6

6

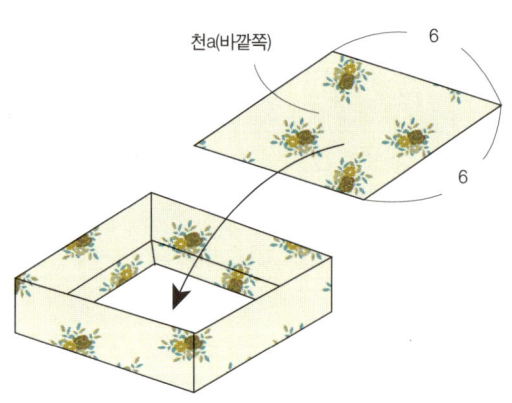

⑧ 바닥에 토대를 붙인다.

⑦에서 만든 토대

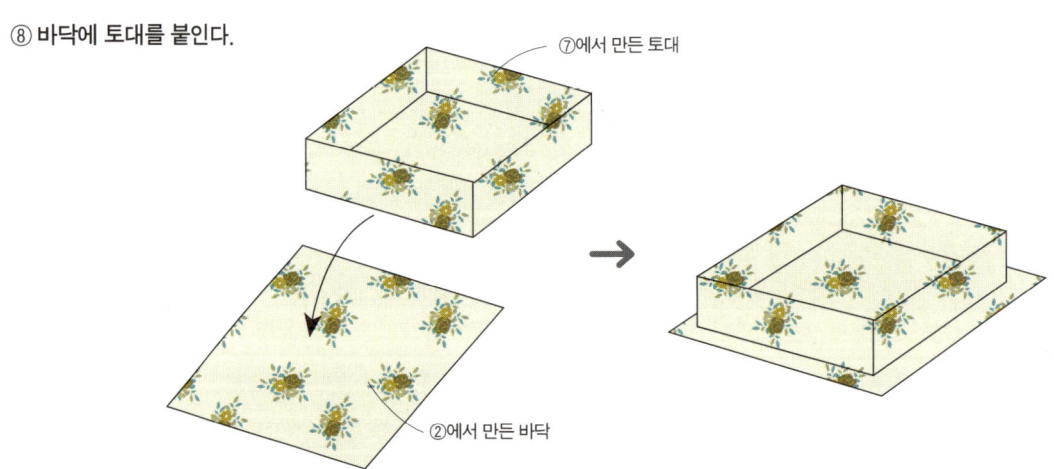

②에서 만든 바닥

148

⑨ 본체의 옆면에 천a를 붙인다.

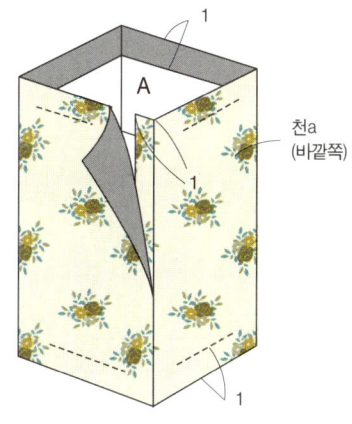

A

1

천a
(바깥쪽)

1

1

⑩ 시접을 위아래로 접어 넣는다.

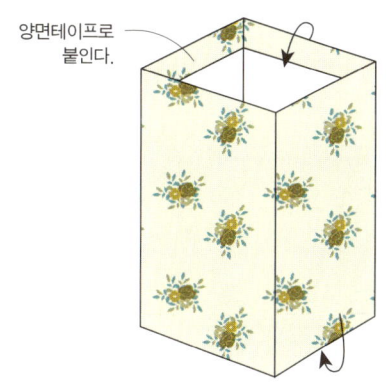

양면테이프로
붙인다.

⑪ 뚜껑을 조립한다.

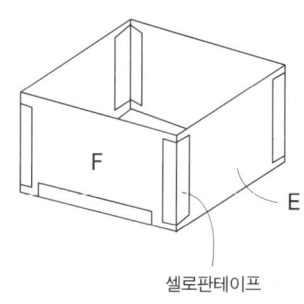

F

E

셀로판테이프

⑫ 뚜껑의 옆면에 붙일 천b를 마름질한다.

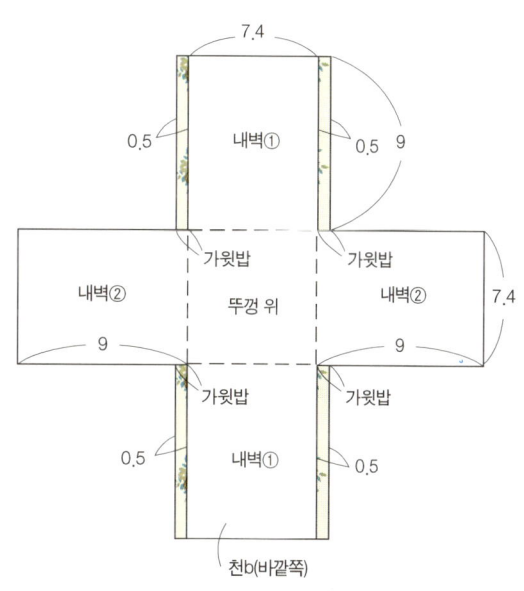

7.4

0.5   내벽①   0.5   9

내벽②   뚜껑 위   내벽②   7.4

가윗밥   가윗밥

9   9

가윗밥   가윗밥

0.5   내벽①   0.5

천b(바깥쪽)

⑬ 뚜껑에 내벽①을 붙인다.

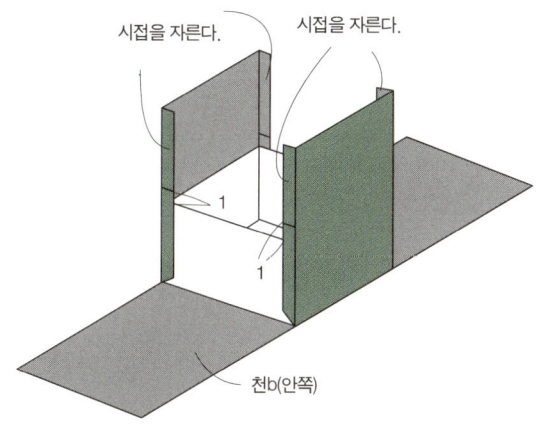

시접을 자른다.   시접을 자른다.

1

1

천b(안쪽)

자른다.

가윗밥을 넣어
시접을 접착제로 붙인다.

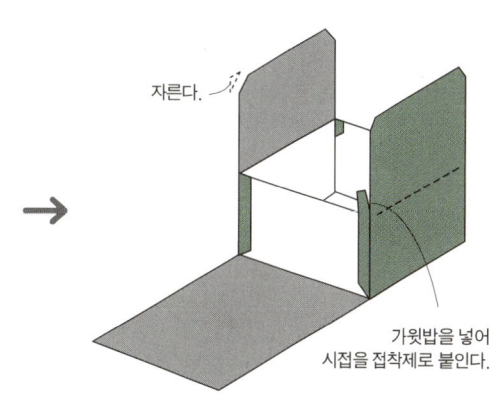

⑭ 뚜껑의 내벽을 안쪽으로 접어 넣는다.　　　⑮ 뚜껑의 입구를 잘라 안쪽으로 접어 넣는다.

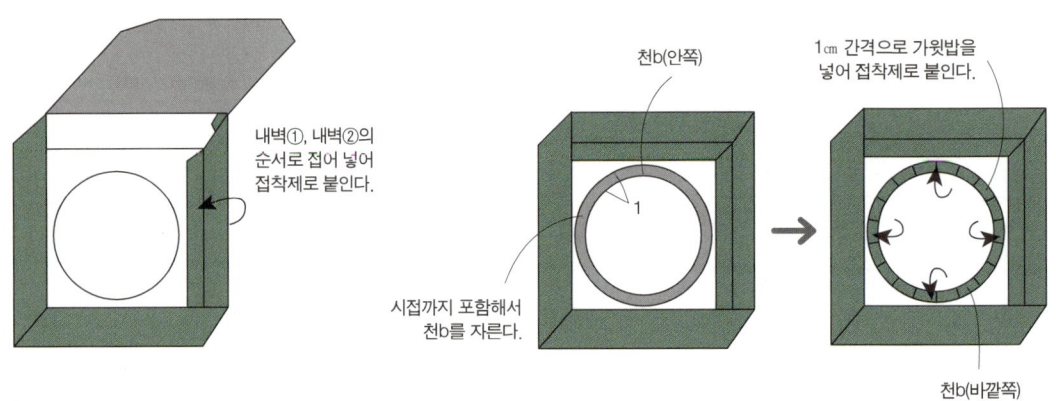

내벽①, 내벽②의
순서로 접어 넣어
접착제로 붙인다.

천b(안쪽)

1㎝ 간격으로 가윗밥을
넣어 접착제로 붙인다.

1

시접까지 포함해서
천b를 자른다.

천b(바깥쪽)

⑯ 안쪽 뚜껑을 붙인다.

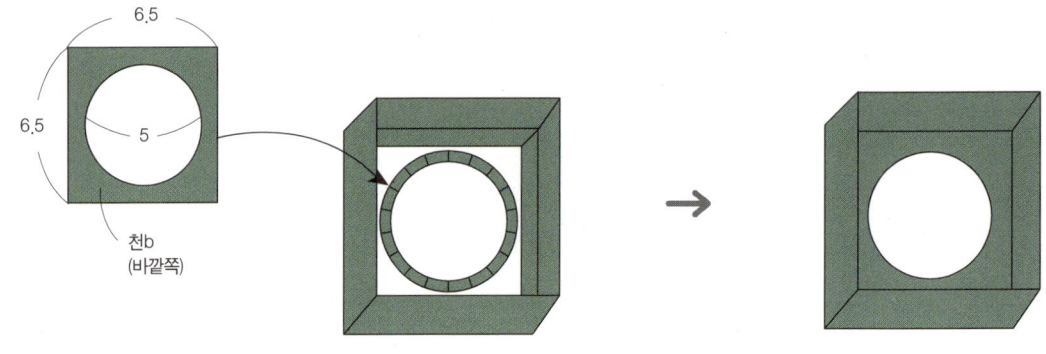

6,5

6,5

5

천b
(바깥쪽)

⑰ 미니 휴지통 완성.

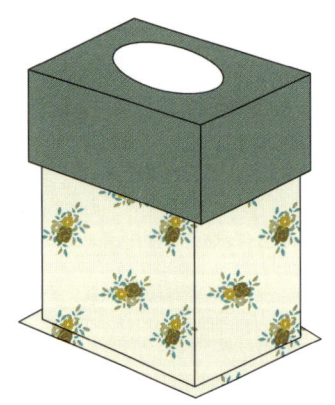

뚜껑은 매직 테이프로
고정했어요.

요술 수납 상자

상자를 여는 순간 수납공간 세 개가 짜잔!
우유팩의 형태를 그대로 살린 아주 재미있는 수납 상자예요.

디자인 · 제작 / Atelier Kotori(사이토 아키코)

★ 우유팩 재단하기

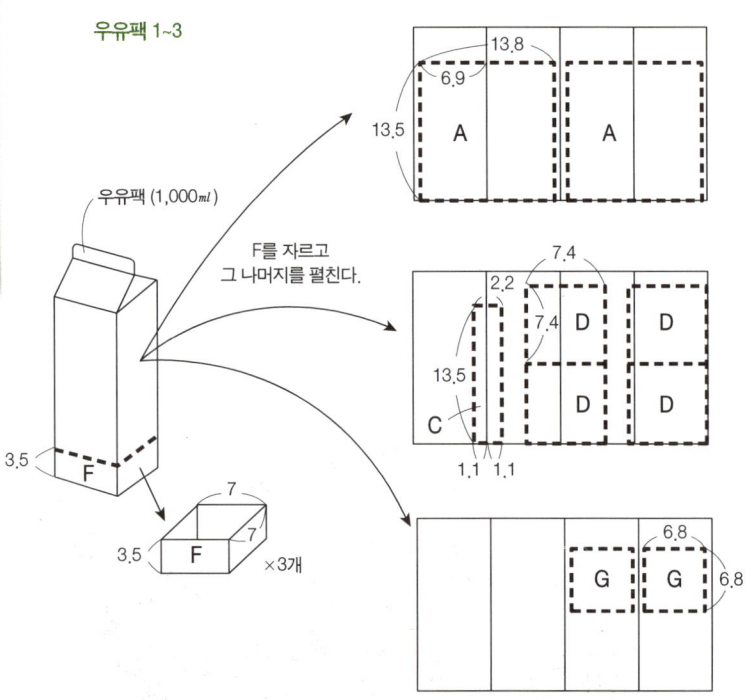

우유팩 1~3

우유팩 (1,000㎖)

F를 자르고
그 나머지를 펼친다.

×3개

우유팩 4

우유팩(1,000㎖)을 펼친 모습

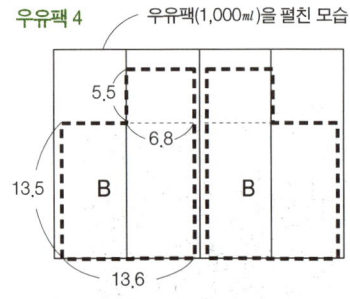

우유팩 5

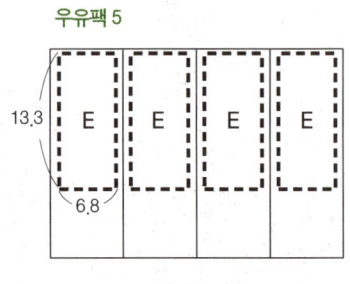

우유팩 6

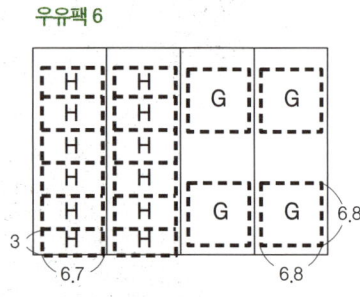

★ 만드는 방법

① A, B, C를 각각 반으로 접어 붙인다.

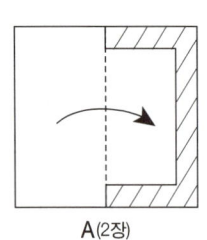

A(2장)

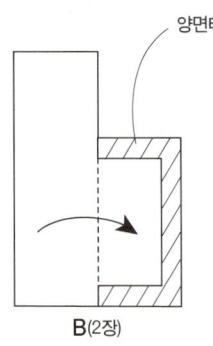

양면테이프

B(2장)

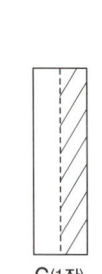

C(1장)

② 천a에 ①의 조각들을 붙여 바깥 가리개를 만든다.

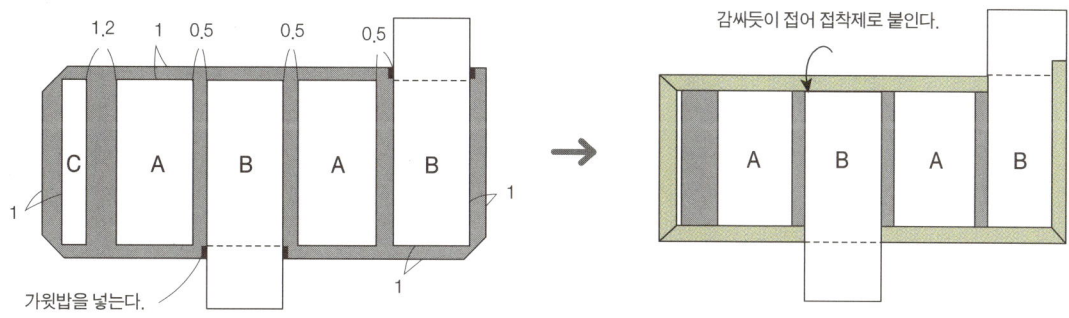

1.2   1   0.5   0.5   0.5

C   A   B   A   B

감싸듯이 접어 접착제로 붙인다.

A   B   A   B

가윗밥을 넣는다.

③ D와 E를 천a에 붙여 안쪽 가리개를 만든다.

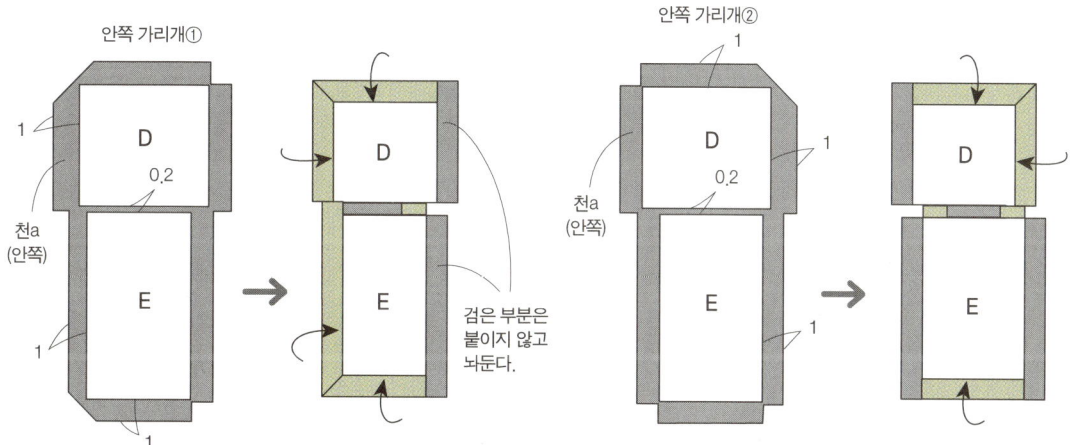

안쪽 가리개①

1

D

0.2

천a
(안쪽)

1

E

1

D

E

검은 부분은
붙이지 않고
놔둔다.

안쪽 가리개②

1

D

0.2

천a
(안쪽)

1

E

1

D

E

④ 바깥 가리개에 안쪽 가리개를 붙인다.

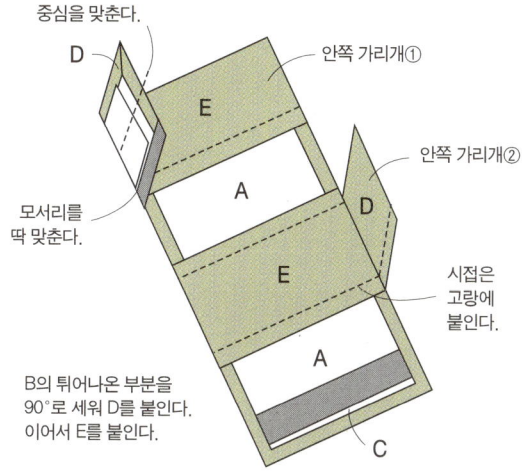

중심을 맞춘다.

D

E

안쪽 가리개①

A

모서리를
딱 맞춘다.

E

안쪽 가리개②

D

시접은
고랑에
붙인다.

A

B의 튀어나온 부분을
90°로 세워 D를 붙인다.
이어서 E를 붙인다.

C

⑤ D의 시접을 A에 붙인다.

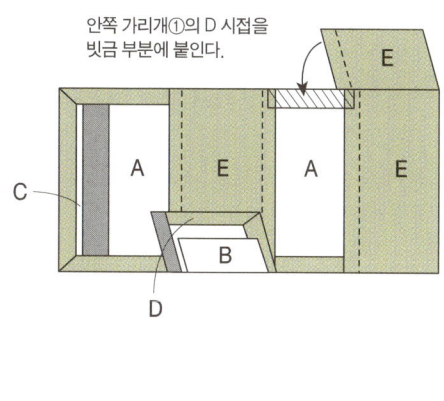

안쪽 가리개①의 D 시접을
빗금 부분에 붙인다.

E

A   E   A   E

C

B

D

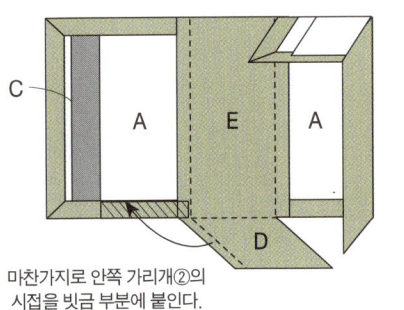

C

A

E

A

마찬가지로 안쪽 가리개②의
시접을 빗금 부분에 붙인다.

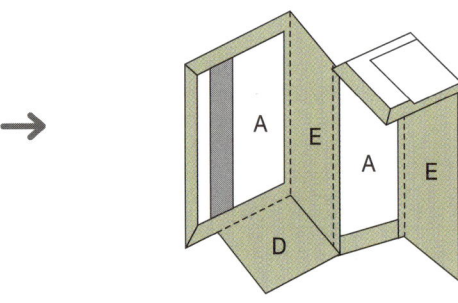

A

E

A

E

D

⑥ 천a를 잘라 A와 C의 고랑을
감추듯이 붙인다.

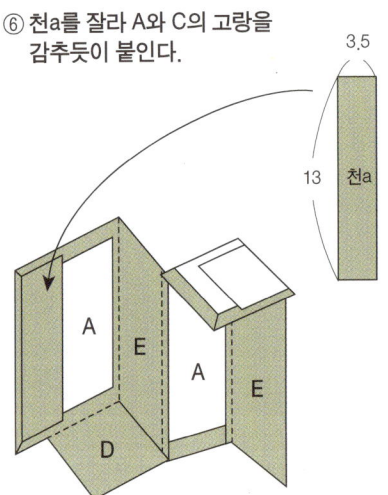

3,5

13 천a

⑦ E 2장에 천a를 붙여서 A에 붙인다.

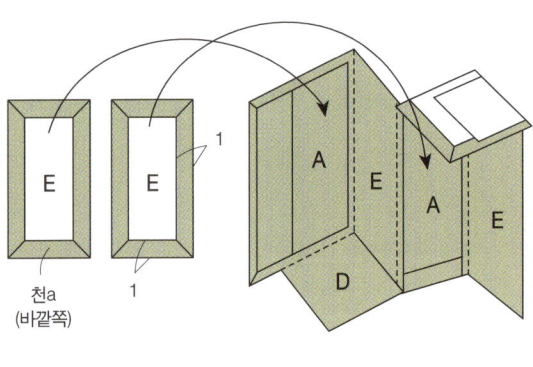

E

E

1

A

E

A

E

D

천a
(바깥쪽)

1

⑧ D 2장에 천a를 붙여서 B에 붙인다.

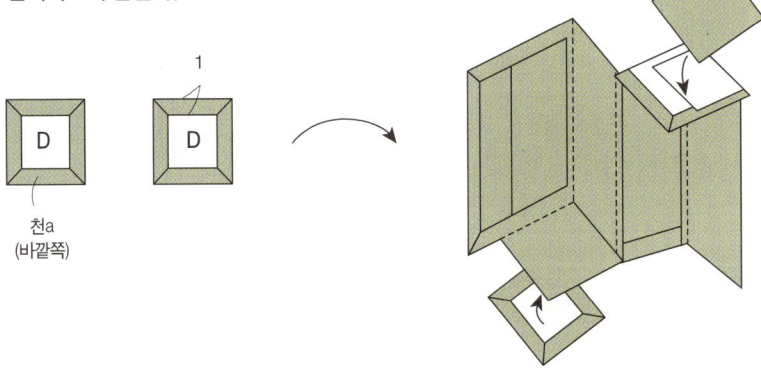

1

D

D

천a
(바깥쪽)

⑨ F 3개의 옆면에 각각 천을 붙여서 상자를 만든다.

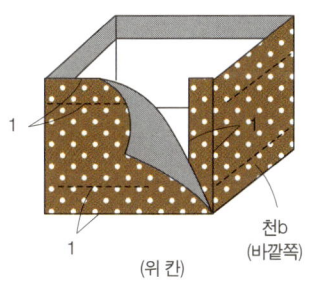

1

1

(위 칸)

천b
(바깥쪽)

1

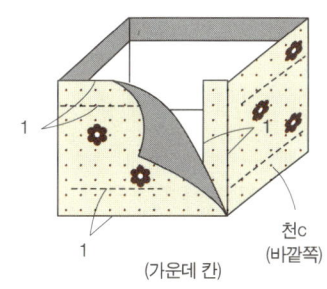

1

1

천c
(바깥쪽)

(가운데 칸)

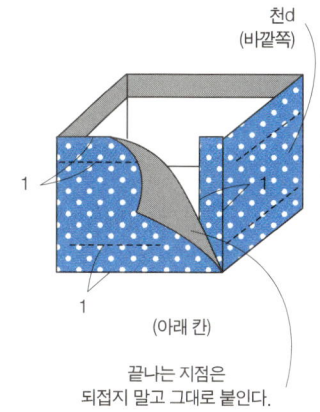

천d
(바깥쪽)

1

1

1

(아래 칸)

끝나는 지점은
되접지 말고 그대로 붙인다.

⑩ 시접을 입구로 접어 넣는다.

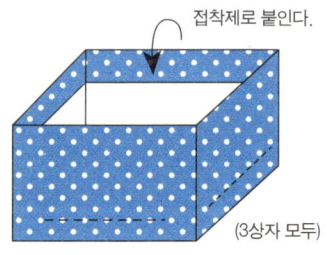

접착제로 붙인다.

(3상자 모두)

⑪ 바닥에 시접을 붙인다.

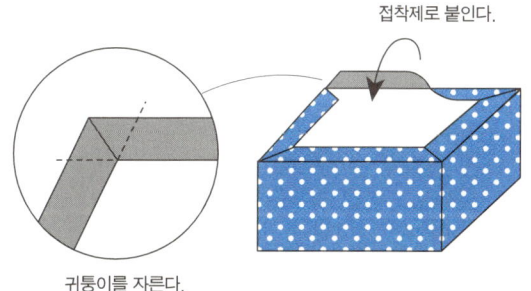

접착제로 붙인다.

귀퉁이를 자른다.

⑫ 바깥 바닥을 만든다.

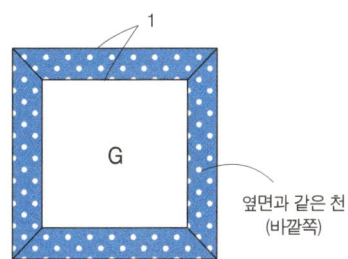

1

G

옆면과 같은 천
(바깥쪽)

⑬ 바깥 바닥을 붙인다.

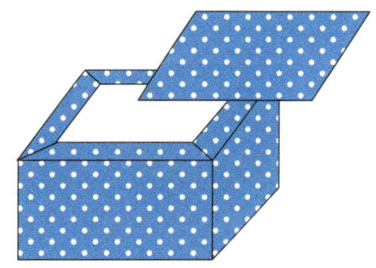

⑭ 상자의 내벽을 만든다.

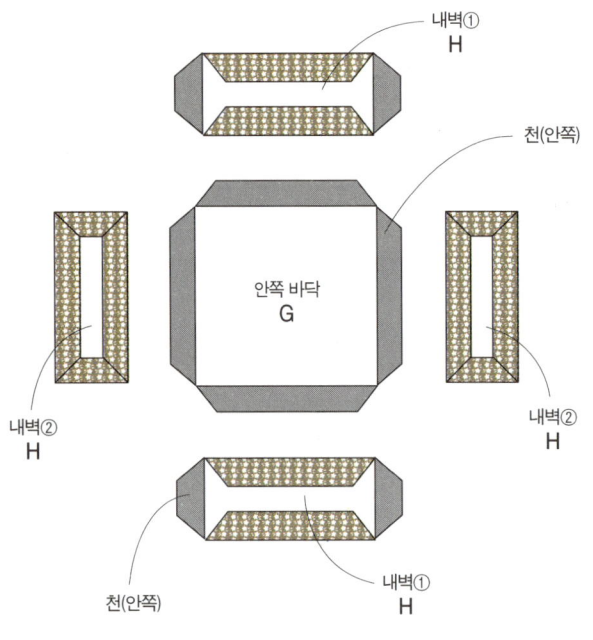

내벽①
H

천(안쪽)

안쪽 바닥
G

내벽②
H

내벽②
H

천(안쪽)

내벽①
H

×3(천 배합은 아래표를 참조)

천 배합 표

	위 칸	가운데 칸	아래 칸
내벽①, ②	천c	천a	천e
안쪽 바닥	천e	천d	천c

⑮ 안쪽 바닥을 붙인다.

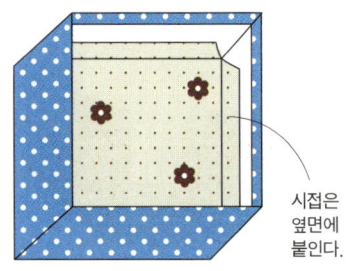

시접은
옆면에
붙인다.

⑯ 내벽을 붙인다.

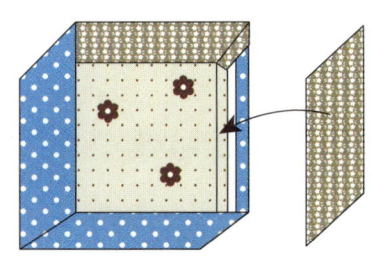

내벽①, 내벽②의 순서로 붙인다.

⑰ 완성된 상자를 바깥 가리개에 붙인다.

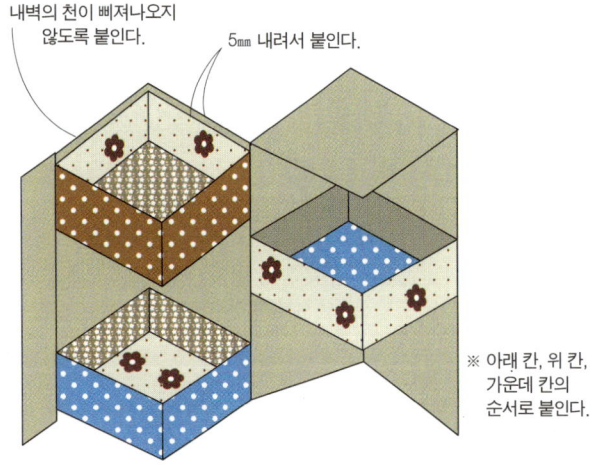

내벽의 천이 삐져나오지
않도록 붙인다.

5㎜ 내려서 붙인다.

※ 아래 칸, 위 칸,
   가운데 칸의
   순서로 붙인다.

⑱ 매직 테이프를 붙이면 완성.

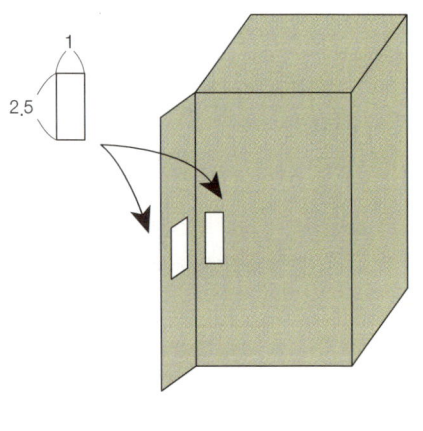

1

2.5

네임택 & 카드지갑

우아한 꽃무늬 네임택과 귀여운 토끼무늬 카드지갑이에요.
우유팩은 꼭 수납 상자가 아니어도 다양하게 활용할 수 있어요.
카드지갑 만드는 방법을 응용해서 북 커버도 만들어 보세요.

1

2

디자인 · 제작 / sentiment doux

▶▶ 준비물 (네임택)

- 우유팩(500㎖) 1개
- 천a(밤색 · 민무늬) 15×15㎝
- 천b(리넨 · 민무늬) 15×15㎝
- 꽃무늬 레이스(3×3㎝) 1개
- 레이스a(폭 7㎜) 45㎝
- 레이스b(폭 7㎜) 26㎝
- 이름을 적은 판지 6.5×4㎝

★ 우유팩 재단하기

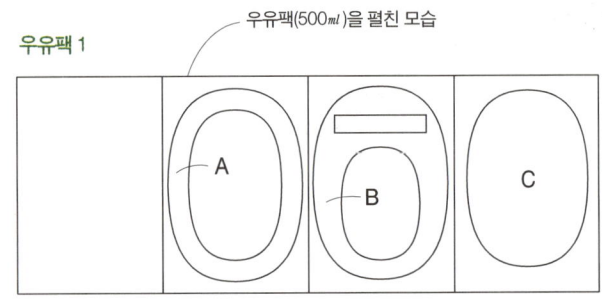

우유팩 1

우유팩(500㎖)을 펼친 모습

※ 160쪽 실물 크기의 도안 참조

★ 만드는 방법

① A에 천a를 감싸듯이 붙인다.

② B에 천b를 감싸듯이 붙인다.

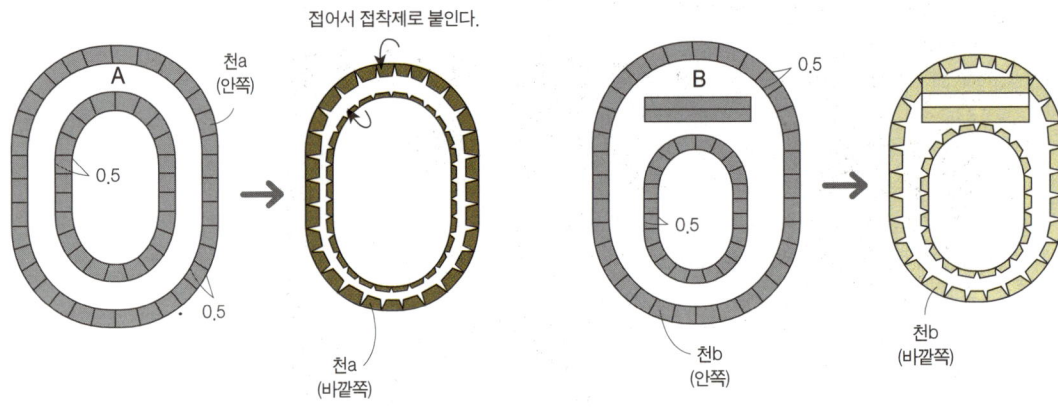

접어서 접착제로 붙인다.

A
천a (안쪽)
0.5
0.5
천a (바깥쪽)

B
0.5
0.5
천b (안쪽)
천b (바깥쪽)

③ A와 B의 바깥쪽에 레이스를 붙인다.

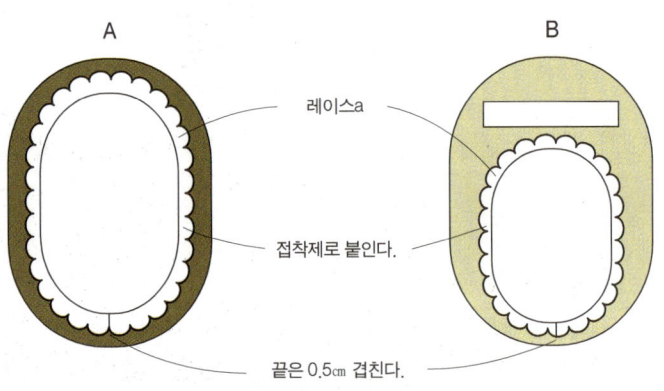

A
B

레이스a

접착제로 붙인다.

끝은 0.5㎝ 겹친다.

④ C의 바깥쪽에 천을 붙인다.

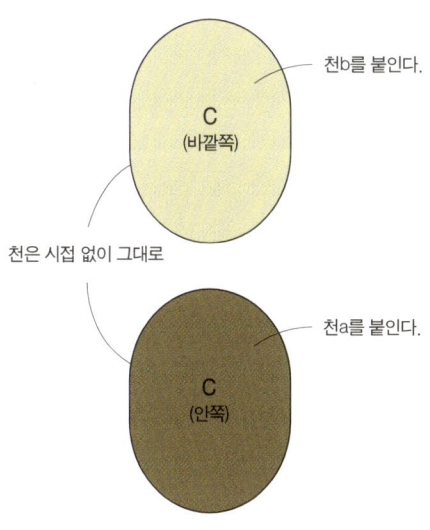

천b를 붙인다.

C
(바깥쪽)

천은 시접 없이 그대로

천a를 붙인다.

C
(안쪽)

⑤ A, B, C를 겹친다.

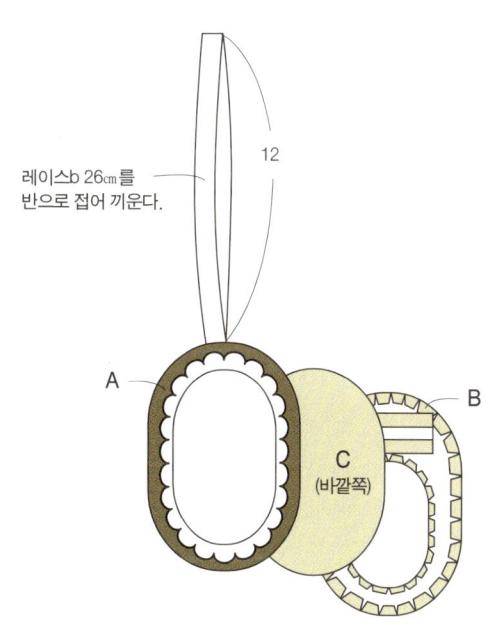

12

레이스b 26㎝를
반으로 접어 끼운다.

A

B

C
(바깥쪽)

⑥ 가장자리를 꿰맨다.

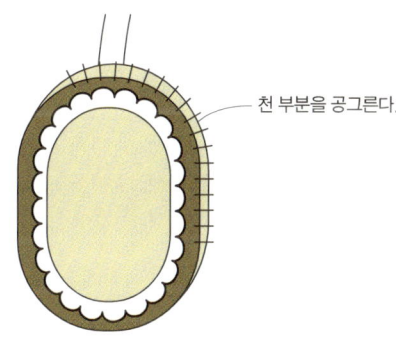

천 부분을 공그른다.

⑧ 카드를 넣으면 완성.

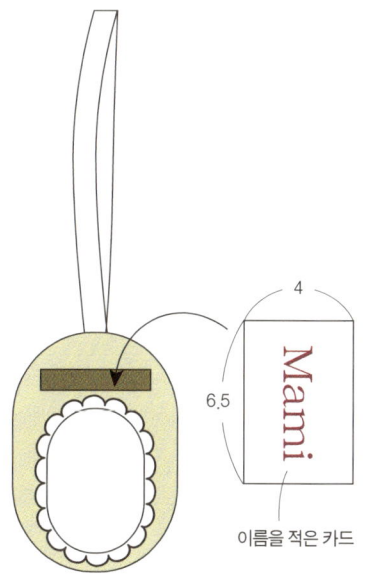

4

Mami

6.5

이름을 적은 카드

⑦ 무늬 레이스를 붙인다.

접착제로
붙인다.

★ 실물 크기의 도안

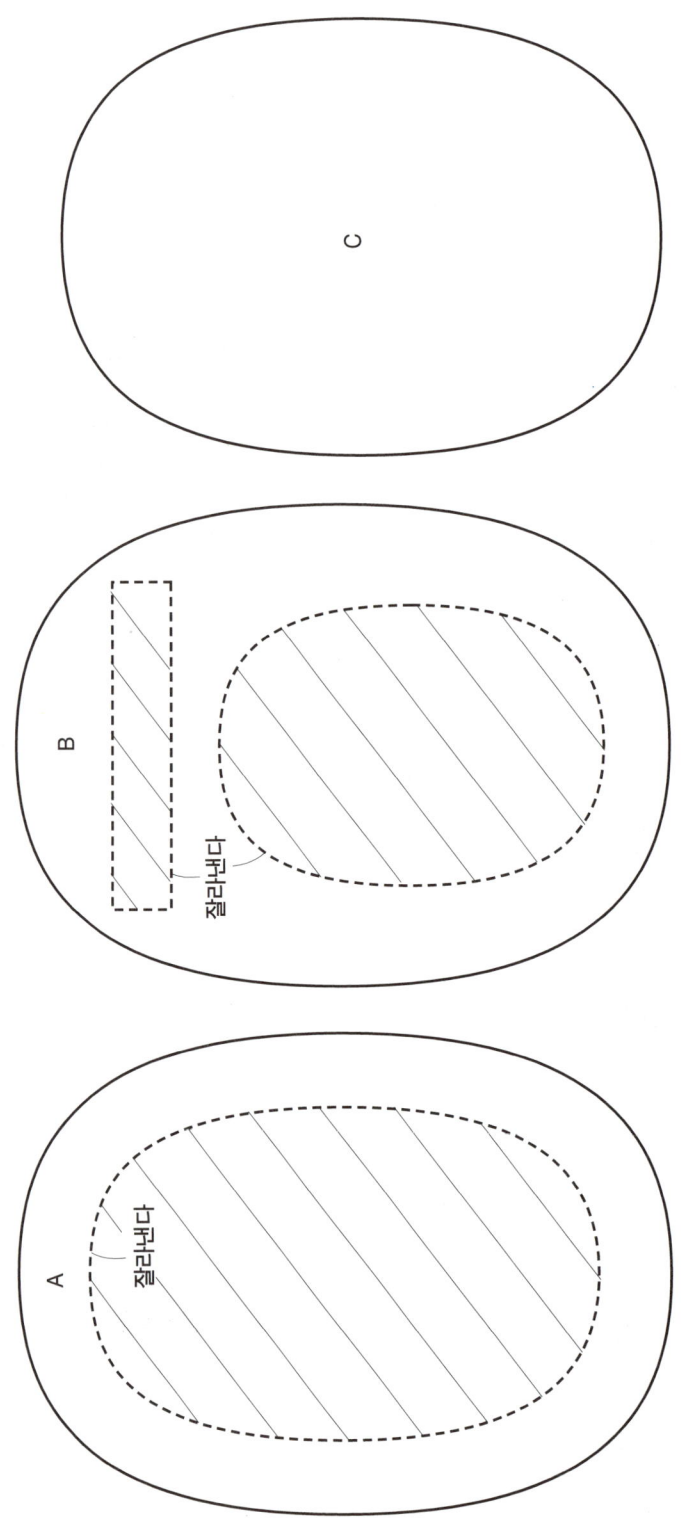

▶ 준비물 (카드지갑)

· 우유팩(1,000㎖) 2개

· 겉감(리넨 · 민무늬) 30×15㎝

· 안감(면 · 꽃무늬) 20×15㎝

· 레이스(폭 10㎜) 30㎝

· 단추(12㎜) 1개

· 둥근 고무줄 10㎝

· 가죽 4.5×5㎝

· 진주 구슬(3㎜) 3개

· 장미 구슬(8㎜) 1개

★ 우유팩 재단하기

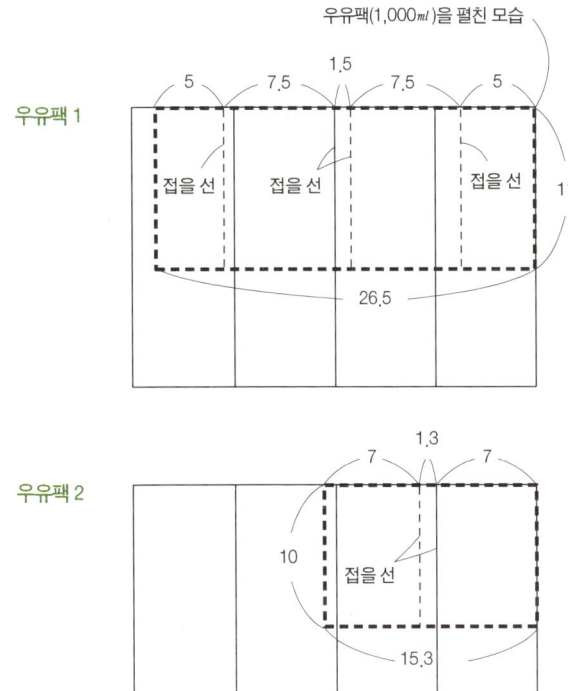

우유팩(1,000㎖)을 펼친 모습

우유팩 1

5 7.5 1.5 7.5 5

접을 선 접을 선 접을 선 11

26.5

우유팩 2

7 1.3 7

10 접을 선

15.3

★ 만드는 방법

① 본체 겉면과 안쪽 면에 접을 선을 표시한다.

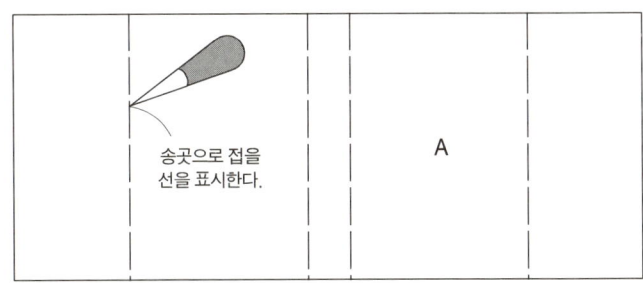

송곳으로 접을
선을 표시한다.

A

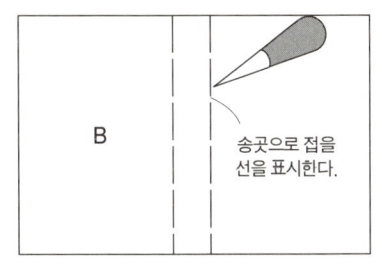

B

송곳으로 접을
선을 표시한다.

② 본체 겉면에 겉감을 붙인다.

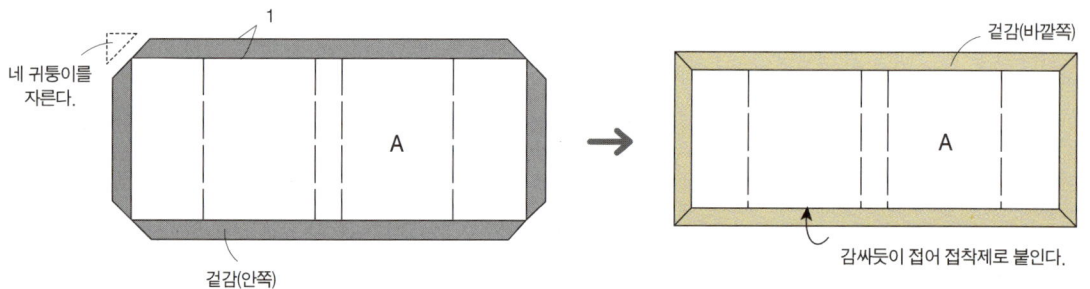

네 귀퉁이를
자른다.

1

겉감(안쪽)

겉감(바깥쪽)

A

A

감싸듯이 접어 접착제로 붙인다.

③ 본체 안쪽 면에 안감을 붙인다.

1

안감(바깥쪽)

감싸듯이 접어 접착제로 붙인다.

④ 본체 겉면에 레이스와 아플리케를 붙이고 단추를 단다

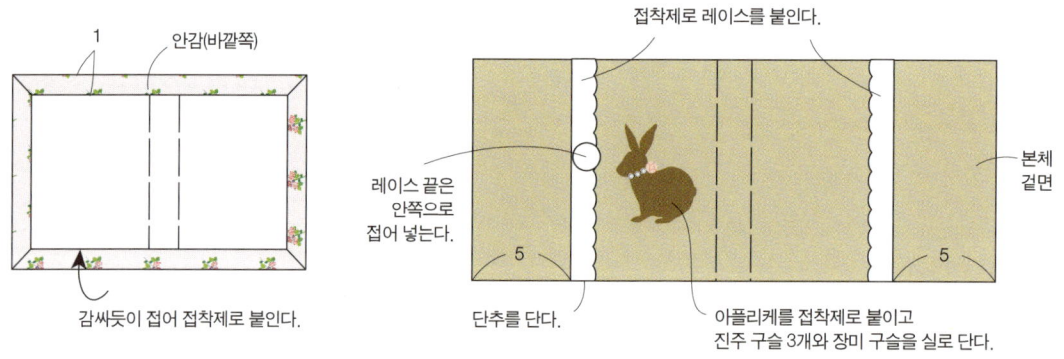

접착제로 레이스를 붙인다.

레이스 끝은
안쪽으로
접어 넣는다.

5

5

본체
겉면

단추를 단다.

아플리케를 접착제로 붙이고
진주 구슬 3개와 장미 구슬을 실로 단다.

⑤ 본체 겉면에 둥근 고무줄을 단다.

송곳으로 구멍을 뚫어 둥근 고무줄을 꿰고,
안쪽에서 매듭짓는다.

3.5

1.7

둥근 고무줄(3.5㎝를 남긴다)

안쪽에서 매듭짓는다.

A
(안쪽)

⑥ 본체 겉면과 안쪽 면을 붙인다.

안쪽 면
B

⑦ 접을 금을 따라 본체를 접어 꿰맨다.

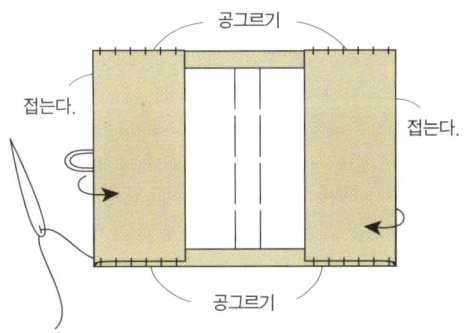

공그리기

접는다.
접는다.

공그리기

⑧ 투명 카드 케이스를 넣는다.

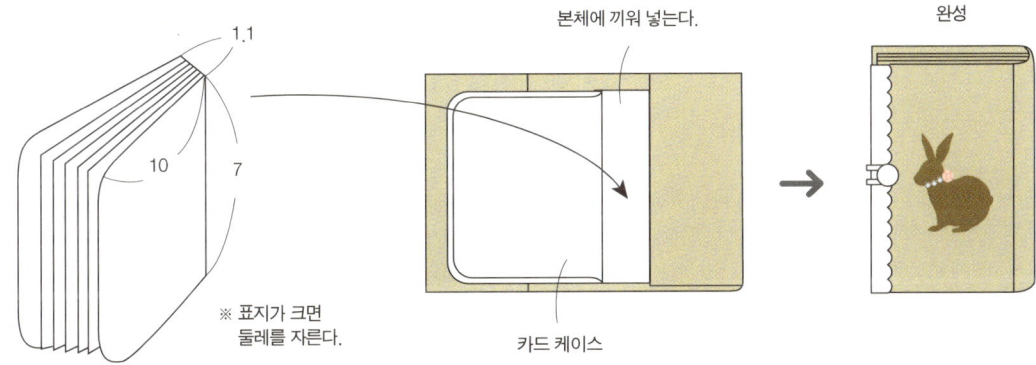

1.1

10   7

※ 표지가 크면
둘레를 자른다.

본체에 끼워 넣는다.

카드 케이스

완성

★ 실물 크기의 도안

아플리케
(가죽 · 1장)

1

2

문패 & 메모꽂이

문패는 누구나 쉽게 만들 수 있어요. 예쁜 천을 붙이면 근사한
소품이 탄생하지요. 하얀 물방울무늬와 레이스가 귀여운 메모꽂이는
주방에 두고 냅킨꽂이로도 활용할 수도 있어요.

3

디자인 · 제작 / 야마토 지히로

▶▶ 준비물 (문패)
· 우유팩(1,000㎖) 1개
· 천(면 · 프린트) 20×45㎝
· 레이스(폭 15㎜) 55㎝
· 리본(폭 5㎜) 12㎝

★ 우유팩 재단하기

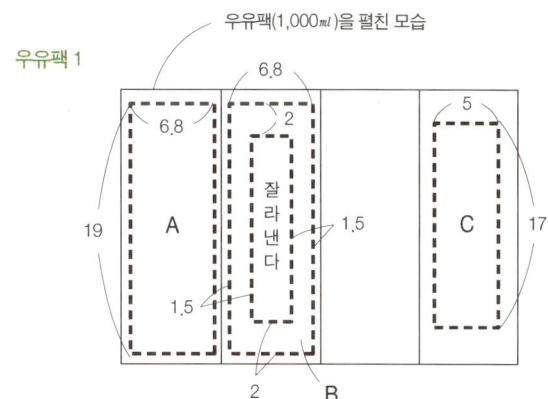

우유팩(1,000㎖)을 펼친 모습

우유팩 1

A 6.8 / 6.8 / 2 / 19 / 1.5 / 1.5 / 잘라낸다 / 2 / B / C / 5 / 17

★ 만드는 방법

① A에 천을 감싸듯이 붙인다.

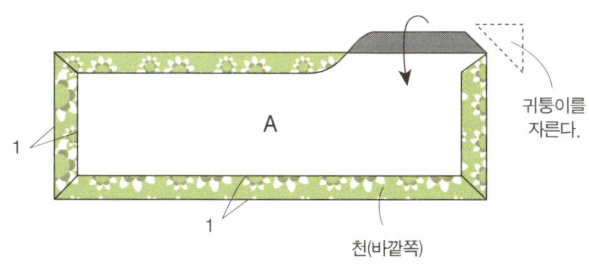

귀퉁이를 자른다.

1 / A / 1 / 천(바깥쪽)

② B에 천을 붙인다.

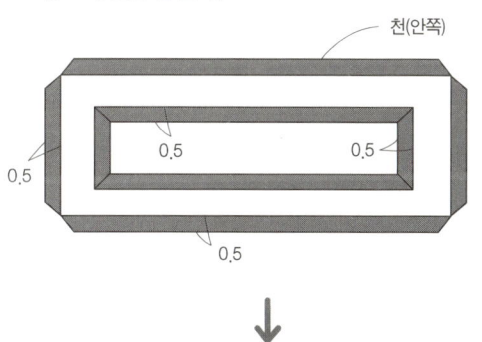

천(안쪽)

0.5 / 0.5 / 0.5 / 0.5

천으로 감싸듯이 접착제로 붙인다.

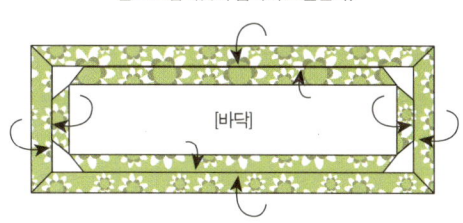

[바닥]

③ B에 레이스와 리본을 붙인다.

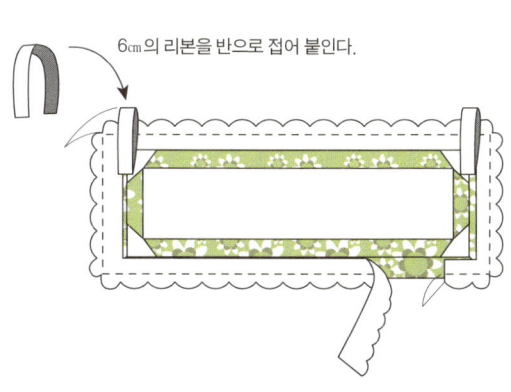

6㎝의 리본을 반으로 접어 붙인다.

④ C의 중앙에 글자를 쓴다.

C
(하얀 면)

⑤ B의 뒤쪽에 C를 붙인다.

B

C

C의 글자가 네모 칸의 중앙에 오도록 붙인다.

⑥ ⑤의 뒤쪽에 A를 붙이면 완성.

A

★ 실물 크기의 도안

⟨작품 1⟩

BED ROOM

⟨작품 2⟩

TOILET

166

★ 우유팩 재단하기

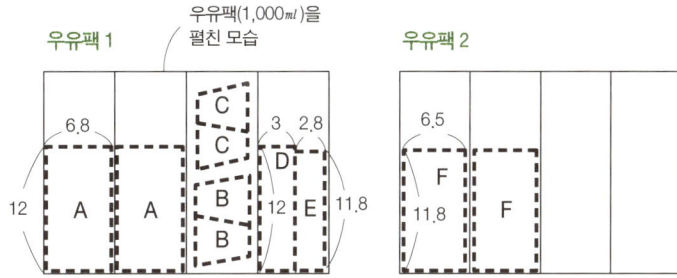

우유팩(1,000㎖)을 펼친 모습

우유팩 1

6.8

12 · A · A

C
C
B
B

3 · 2.8

D

12 · E · 11.8

우유팩 2

6.5

11.8 · F · F

※ B, C는 168쪽 실물 크기의 도안을 참조하세요.

★ 만드는 방법

① 본체를 조립한다.

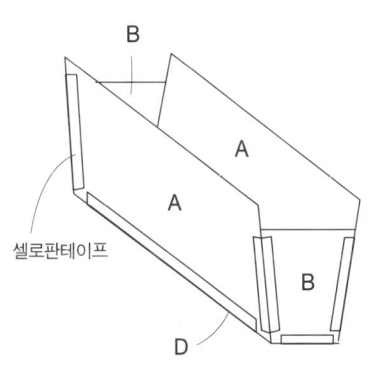

B

A

A

셀로판테이프

B

D

② 본체의 옆면 A와 바닥에 천을 붙인다.

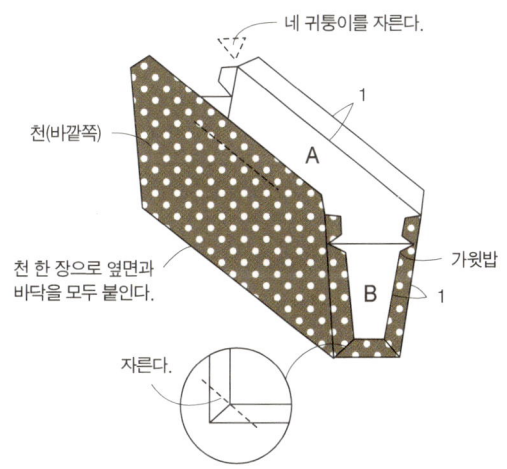

네 귀퉁이를 자른다.

천(바깥쪽)

1

A

천 한 장으로 옆면과 바닥을 모두 붙인다.

가윗밥

1

B

자른다.

③ 본체의 옆면 B에 천을 붙인다.

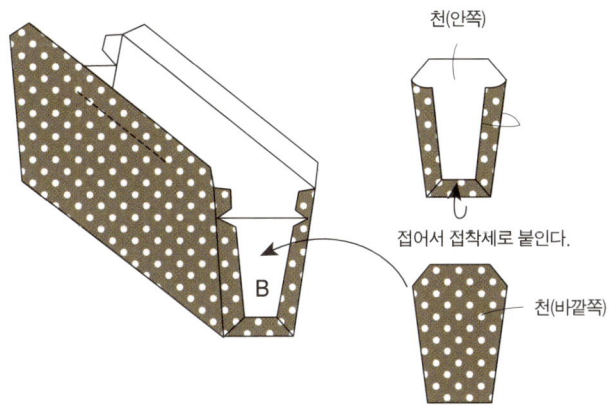

천(안쪽)

접어서 접착세로 붙인다.

천(바깥쪽)

B

④ 시접을 입구로 접어 넣는다.

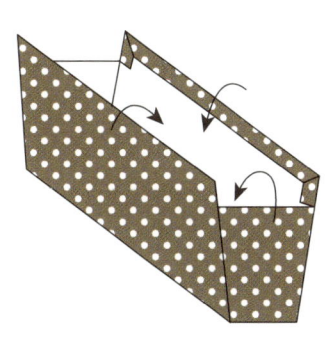

⑤ 본체에 레이스를 붙인다.

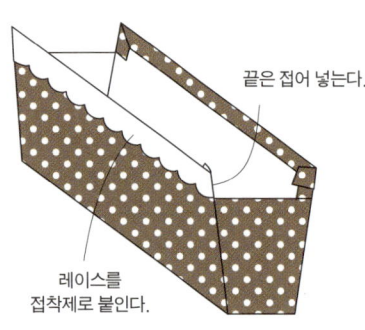

끝은 접어 넣는다.

레이스를
접착제로 붙인다.

⑥ 본체의 내벽을 만든다.

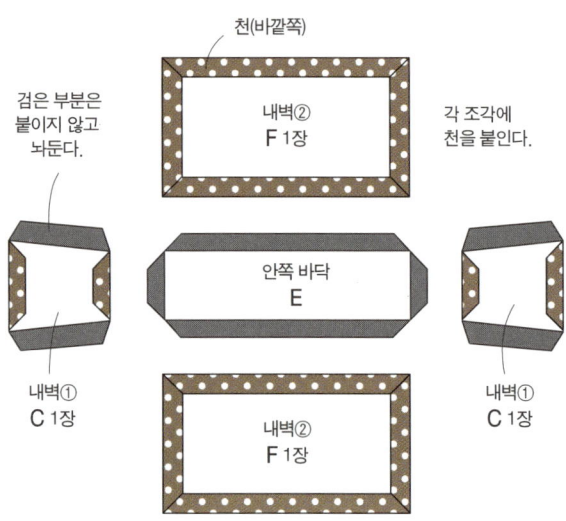

천(바깥쪽)

검은 부분은
붙이지 않고
놔둔다.

내벽②
F 1장

각 조각에
천을 붙인다.

안쪽 바닥
E

내벽①
C 1장

내벽②
F 1장

내벽①
C 1장

⑦ 본체에 안쪽 바닥을 붙인다.

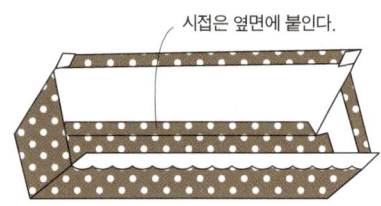

시접은 옆면에 붙인다.

★ 실물 크기의 도안

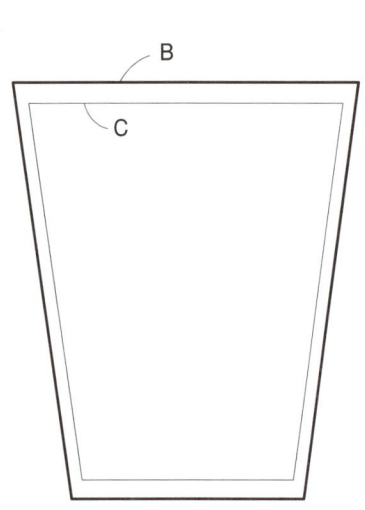

B

C

⑧ 본체에 내벽을 붙인다.

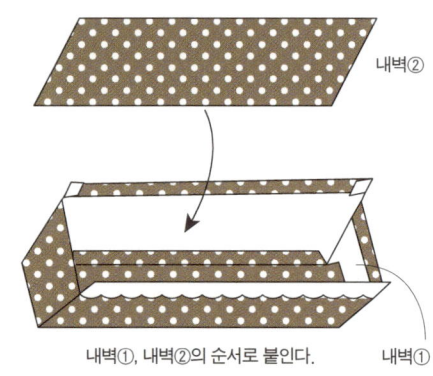

내벽②

내벽①, 내벽②의 순서로 붙인다.

내벽①

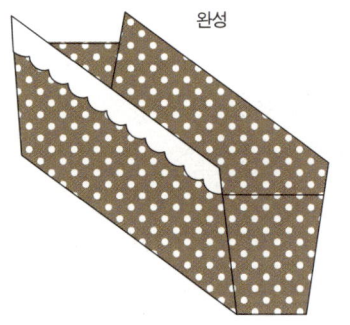

완성

팬시 테이블

우유팩은 생각보다 튼튼해요.
우유팩 여러 개를 하나로 뭉쳐서 육각형 테이블을 만들었어요.

디자인 · 제작 / 야마토 지히로

▶ 준비물

· 우유팩(1,000㎖) 24개

· 골판지 60×30㎝

· 천a(밤색 · 민무늬) 35×35㎝

· 천b(면 · 물방울무늬) 90×55㎝

· 레이스(폭 22㎜) 90㎝

· 새틴 리본(폭 24㎜) 120㎝

★ 우유팩 재단하기 · 조합 방법

우유팩 1~24

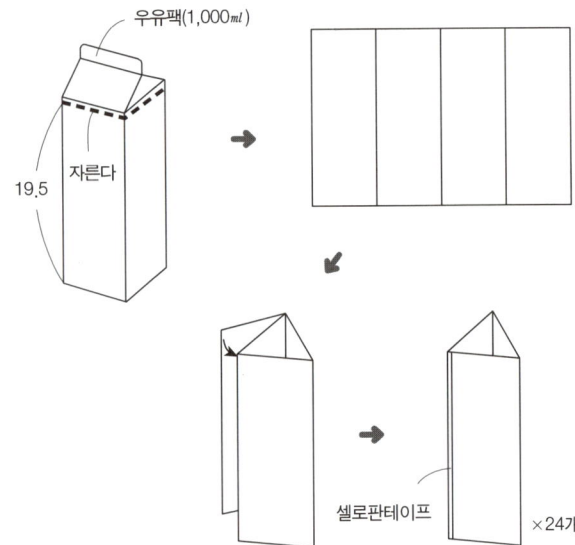

★ 만드는 방법

① 24개를 조합한다.

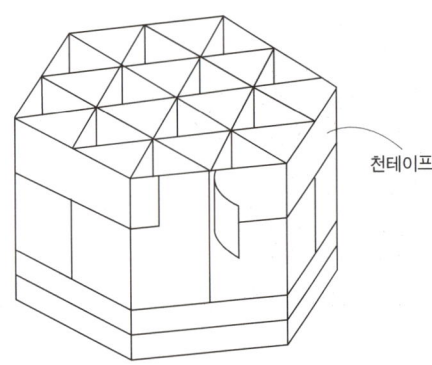

천테이프

③ 앉는 면에 천을 붙인다.

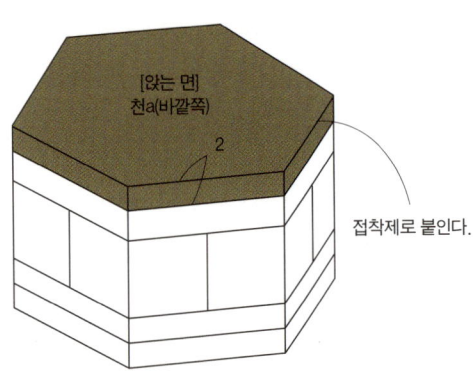

② 앉는 면과 바닥에 골판지를 붙인다.

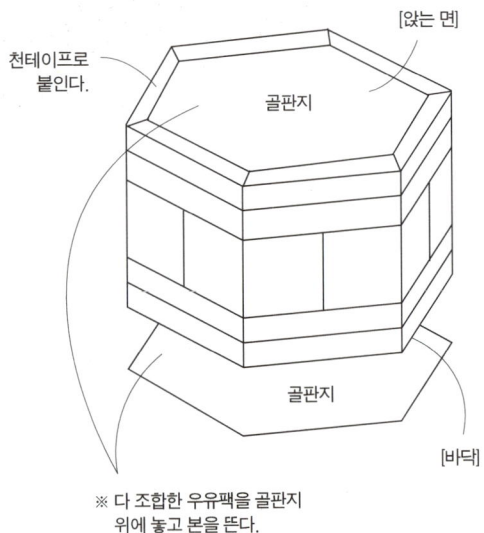

170

④ 둘레에 천을 붙인다.

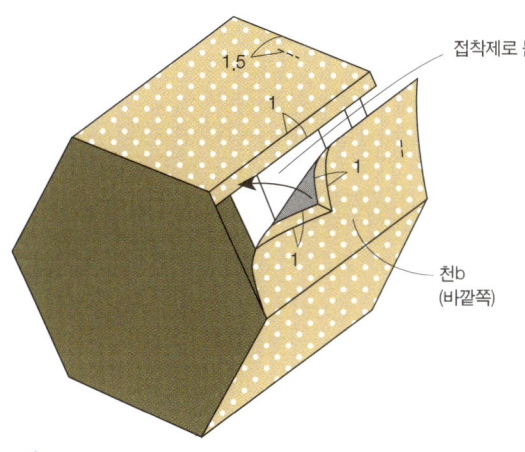

1,5
접착제로 붙인다.
1
1
1
천b
(바깥쪽)

⑤ 바닥에 시접을 붙인다.

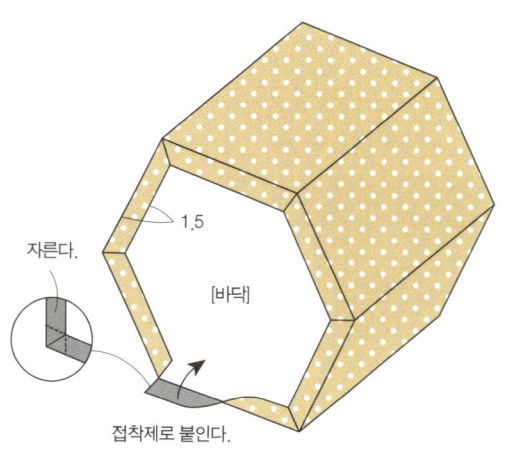

자른다.
1,5
[바닥]
접착제로 붙인다.

⑥ 바닥에 바닥 천을 붙인다.

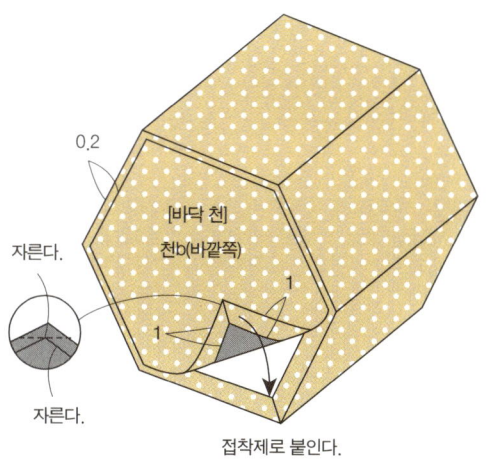

0,2
자른다.
[바닥 천]
천b(바깥쪽)
1
1
자른다.
접착제로 붙인다.

⑦ 레이스와 리본으로 장식하면 탁자 완성.

레이스를
붙인다.

리본을
두른다.

큐티 의자

우유팩 안에 광고지를 채우면 깔고 앉아도 끄떡없어요.
앉는 부분에 퀼트 솜을 넣으면 푹신해서 좋아요.

디자인 · 제작 / 야마토 지히로

▶▶ 준비물

· 우유팩(1,000㎖) 18개

· 골판지 45×25㎝

· 천(면 · 격자무늬) 90×50㎝

· 퀼트 솜 45×25㎝

· 레이스(폭 4㎝) 90㎝

· 구슬(지름 1㎝) 1개

· 꽃무늬레이스(1.5㎝×2.5㎝) 5개

· 광고지 적당량

★ 우유팩 재단하기 · 조합 방법

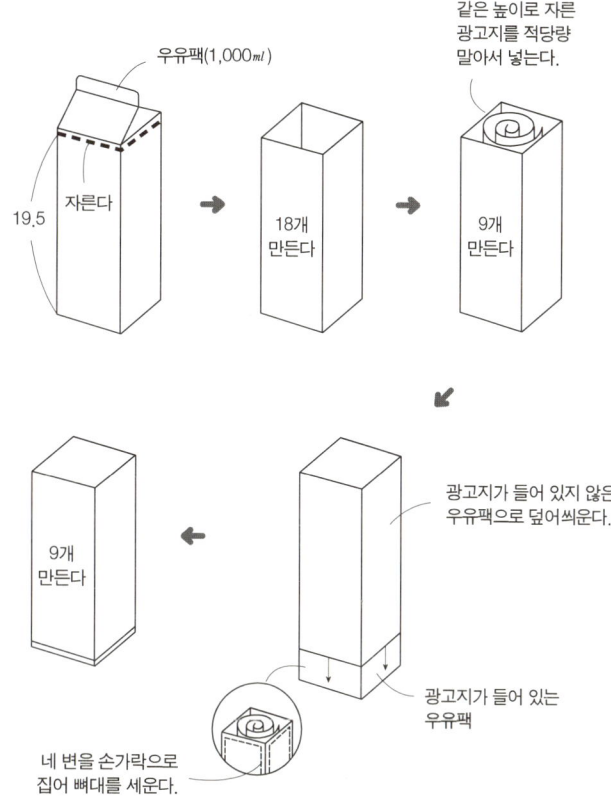

우유팩(1,000㎖)

같은 높이로 자른
광고지를 적당량
말아서 넣는다.

19.5 자른다

18개
만든다

9개
만든다

광고지가 들어 있지 않은
우유팩으로 덮어씌운다.

9개
만든다

광고지가 들어 있는
우유팩

네 변을 손가락으로
집어 뼈대를 세운다.

★ 만드는 방법

① 9개를 모아 의자 모양을 만든다.

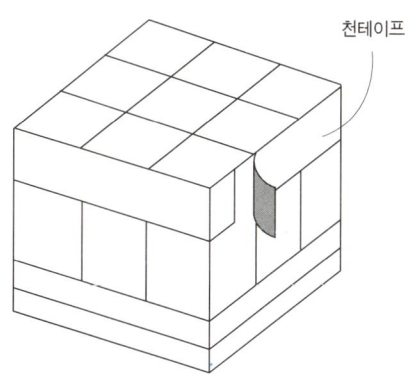

천테이프

② 앉는 면과 바닥에 골판지를 붙인다.

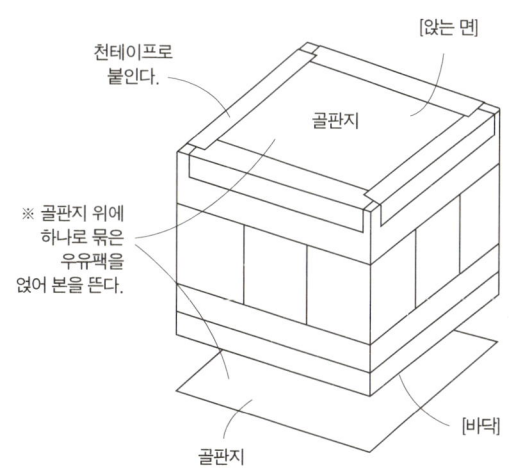

천테이프로
붙인다.

[앉는 면]

골판지

※ 골판지 위에
하나로 묶은
우유팩을
얹어 본을 뜬다.

[바닥]

골판지

③ 앉는 면에 퀼트 솜을 붙인다.

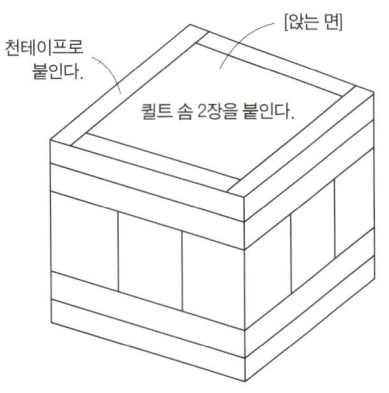

천테이프로
붙인다.

[앉는 면]

퀼트 솜 2장을 붙인다.

④ 앉는 면에 천을 붙인다.

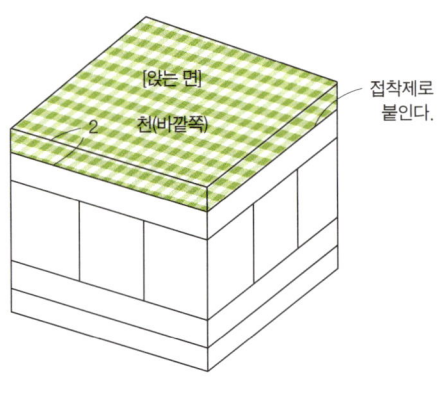

[앉는 면]

천(바깥쪽)

2

접착제로
붙인다.

⑤ 둘레에 천을 붙인다.

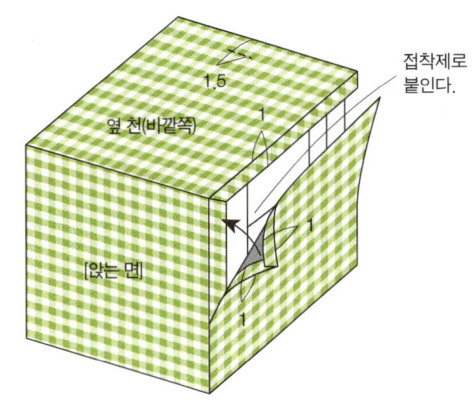

1.5

접착제로
붙인다.

옆 천(바깥쪽)

1

1

[앉는 면]

1

⑥ 바닥에 시접을 붙인다.

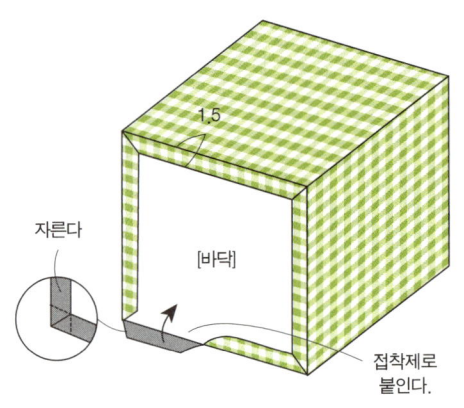

1.5

자른다

[바닥]

접착제로
붙인다.

⑦ 바닥에 바닥 천을 붙인다.

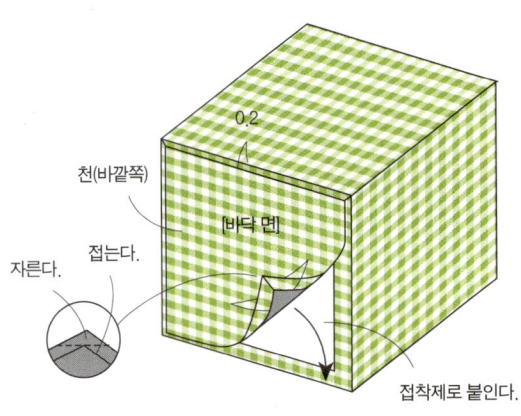

0.2

천(바깥쪽)

[바닥 면]

자른다.

접는다.

접착제로 붙인다.

⑧ 의자 완성.

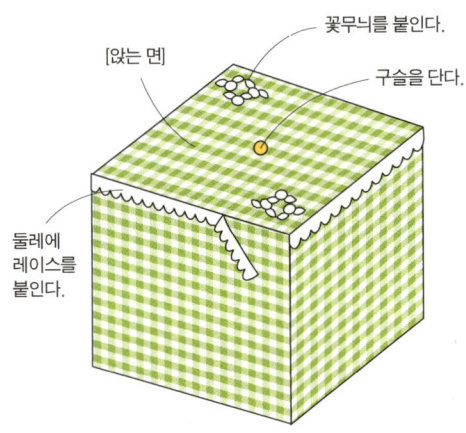

꽃무늬를 붙인다.

[앉는 면]

구슬을 단다.

둘레에
레이스를
붙인다.